没有科学的评价

就没有科学的管理与决策

本书系国家社会科学基金重大项目"基于大数据的科教评价信息云平台构建和智能服务研究"（批准号：19ZDA348）的研究成果之一

评价科学

理论·方法·应用

EVALUATION SCIENCE
Theory · Method · Application

邱均平　张　蕊　文庭孝　等◎著

科学出版社

北　京

内 容 简 介

本书从理论、方法、标准、指标、事业、教育和应用七个方面全面系统地构建了评价科学的理论体系和内容体系，试图突破科学评价的组织、专业、学科、行业、机构等实践因素的局限，构建一个具有一般指导意义的，较为全面、系统的评价科学学科体系。

本书可供信息管理、信息系统、电子商务、图书情报学、教育评价学、科技管理、科技评价、科技预测、公共管理、管理科学与工程等领域的高校师生以及各级管理和决策人员、科技工作者、广大社会公众阅读和参考。

图书在版编目（CIP）数据

评价科学：理论·方法·应用 / 邱均平等著. —北京：科学出版社，2021.12

（评价科学研究与应用丛书）

ISBN 978-7-03-068302-1

Ⅰ. ①评… Ⅱ. ①邱… Ⅲ. ①教育评估-研究 Ⅳ. ①G40-058.1

中国版本图书馆 CIP 数据核字（2021）第 043221 号

责任编辑：朱丽娜 高丽丽 / 责任校对：杨 然
责任印制：徐晓晨 / 封面设计：润一文化

科 学 出 版 社 出版

北京东黄城根北街 16 号
邮政编码：100717
http://www.sciencep.com

固安县铭成印刷有限公司 印刷

科学出版社发行 各地新华书店经销

*

2021 年 12 月第 一 版 开本：720×1000 1/16
2021 年 12 月第一次印刷 印张：17 1/2 插页：1
字数：315 000

定价：99.00 元

（如有印装质量问题，我社负责调换）

前　　言

没有科学的评价，就没有科学的管理与决策，已成为一种社会共识。随着评价活动在社会各行各业普遍开展，以及评价活动的日益科学化，评价理论、方法与应用开始受到全社会的高度关注和普遍重视，评价理论、方法与应用也逐步成熟，不断突破学科、专业、领域、行业等的限制，向综合化方向发展，一门囊括各类评价活动的评价科学学科已经形成。

综观当前的评价活动，一般在三个层面展开：一是从哲学层面开展的评价活动，涉及事实认识、价值认识与判断等，主要包括价值评价、社会评价、道德评价等，主要应用于认识论和价值论领域；二是从各学科层面开展的评价活动，涉及对象的认识与描述、判断与选择、改进与完善等，主要包括环境评价、过程评价、影响评价、绩效评价、管理评价等，主要应用于政治、科技、经济、文化、教育、信息、管理与决策等领域；三是从社会生活层面开展的评价活动，涉及文化、观念、政策、制度、法律、法规、伦理、道德、习俗、规则等，主要是价值认同与观念选择的问题，涉及人们生活的方方面面。由此可知，人类的一切活动都需要评价，都包含着评价。评价活动首先是在不同层面各自展开，随着社会的发展，不同层面的评价活动开始相互渗透和融合，向综合化、复杂化的方向发展。从目前评价活动发展的现状来看，价值评价、科技评价、资产评价、大学评价、科研评价、教育评价、人才评价、质量评价等正成为人们关注的焦点。

评价问题由来已久，近年来已引起了社会各界的普遍关注。科学评价活动在全球范围内普遍开展，各行业和各学科领域都对此进行了广泛而深入的研究，积累了丰富的实践经验，取得了丰硕的研究成果，形成了评价学、价值评价学、科学评价学、环境评价学、教育评价学、企业评价学等分支学科，为评价科学理论研究打下了坚实的基础。因此，融合各行业和各学科领域的科学评价理论，用于指导评价活动实践，促进评价活动健康发展，是当前评价科学实践应用和理论研究的迫切要求。国内外许多学者、专家和实践工作者对评价科学理论与实践进行了大量的研究，发表了大量研究论文，出版了多部相关著作。但是，这些论文和著作都是从各自的行业或学科领域出发，很少从宏观的、整体的学科角度进行理论升华和系统研究。同时，其对评价活动、评价对象的研究局限在某些特定领域，从而使得这种有限的经验总结和理论研究不具有一般性，很难形成对评价活动规律性的认识，也很难应用到其他行业领域。目前，评价活动又在全球范围内如火如荼地展开，其影响和波及面越来越广。在这种新的形势和背景下，评价科学理论研究的滞后严重地制约了评价活动实践和应用的开展。因此，从学科理论的高度对各行业和各学科丰富的评价实践经验进行系统总结和理论升华，构建系统、完整的评价科学学科体系显得十分必要。基于此，我们根据多年来的评价研究成果和评价实践经验，试图构建一个包括评价理论、评价方法、评价指标、评价标准、评价教育、评价科学事业和评价应用在内的完整的评价科学理论体系和内容体系，以满足不同类型、不同层次的评价活动的需要。因此，本书的出版具有重要的科学理论价值和实际指导意义。

本书是对邱均平教授团队多年从事科学评价实践活动经验和理论研究的高度总结。评价科学是以评价活动、评价现象和评价规律为研究对象的科学学科群，是在大学评价、教育评价、环境评价、经济评价、科技评价、资产评价等评价分支学科的基础上形成的评价科学体系。本书从理论、方法、标准、指标、事业、教育和应用七个方面全面系统地构建和阐述了评价科学的基本内容。本书在写作过程中既有理论升华，又有实践应用，还有对评价科学事业和教育的概括与展望，理论与实践高度统一，知行合一；既突出了广度，又体现了深度，恰当地把握了广度和深度的有机结合；既表现出了大胆创新，又反映了科学继承，两者相得益彰；既反映了评价科学理论研究的最新进展，又强调了评价科学方法、标准与指标的综合应用，实现了两者的有机融合。

本书是国内较早地从科学理论高度和学科建设角度进行研究的评价科学理论著作，是在我们近20年研究及实践的基础上撰著而成。本书试图突破科学评价的组织、专业、学科、行业、机构等实践因素的局限，构建一个具有一般指导意义的较为全面、系统的评价科学学科体系。这个体系包括评价理论、方法、标准、指标、事业、教育和应用等方面。

本书由邱均平主持撰写，提出详细的撰稿大纲；邱均平、文庭孝、张蕊、汤建民、杨思洛、谭春辉、宋艳辉、胡小洋共同撰写初稿；最后由邱均平、张蕊（常务）完成了统稿工作。在撰写过程中，我们参考和借鉴了一些中外文献资料，在此对参考文献的作者表示衷心感谢！

评价科学的涉及面十分广泛，研究内容纷繁复杂，而且发展变化迅速，限于我们的学识和水平，对有些问题的研究还不够透彻，因而书中难免存在疏漏和不足之处，恳请专家、学者和广大读者不吝赐教、批评指正，以便我们在后续研究中不断完善。

邱均平

资深教授、博士生导师

中国科教评价研究院院长

浙江高等教育研究院院长

数据科学与信息计量研究院院长

浙江高校新兴智库主任

中国科学评价研究中心（武大）创始人、首届主任（12年）

《评价与管理》杂志主编

2021年5月于杭州电子科技大学

目　　录

第一章

绪　论

第一节　评价科学发展的背景

评价科学是科学管理与决策的基础，没有科学的评价，就没有科学的管理与决策。在知识经济时代，科学管理与科学决策受到前所未有的重视，专门领域的评价活动普遍开展，形成了科技评价、经济评价、环境评价、价值评价、教育评价、大学评价、期刊评价、竞争力评价、机构评价、人才评价、医疗评价、图书馆评价、人文社会科学成果评价、科研评价、学术评价、成果评价等专门的评价领域和评价分支学科，并且围绕评价科学，国内外出台了一系列政策、法律、法规等以保障评价实践有序进行，为评价科学研究与应用提供了良好的社会环境。

一、理论背景

国内外评价科学已经在评价科学理论、专门评价学和评价科学应用三个方面取得了较为丰富的研究成果，为评价科学的构建奠定了坚实的理论基础。其中，评价科学理论研究主要集中在评价学科构建研究、评价学科理论梳理和整合等方面。专门评价学和评价科学应用研究主要集中在评价科学学、教育评价学、师德评价学、档案评价学、司法评价学、土地评价学、统计评价学、环境评价学、大学评价学、期刊评价学、图书馆评价学等领域。[①]

　　国内已经出现了一批评价科学研究的相关论著和译著，这些论著分别从不同的领域和角度研究了评价科学理论、方法、应用和实践问题，但尚未形成完整、统一的学科体系。例如，邱均平等撰写的《评价学：理论·方法·实践》（科学出版社2010年版）、《人文社会科学评价理论与实践》（武汉大学出版社2012年版）、《教育评价学：理论·方法·实践》（科学出版社2016年版）；冯平撰写的《评价论》（东方出版社1995年版）；陈新汉撰写的《权威评价论》（上海人民出版社2006年版）；伊恩·赫斯特撰写的《价值评估》（经济管理出版社2011年版）；罗伯特·A. G. 蒙克斯等撰写的《企业价值评估》（中国人民大学出版社2015年版）；卜卫等撰写的《社会科学成果价值评估》（社会科学文献出版社1999年版）；荆林波主编的《中国人文社会科学期刊AMI综合评价报告》（中国社会科学出版社 2020 年版）；中国评价科学研究中心发布的《中国学术期刊评价报告》；中国科技信息研究所发布的《中国科技期刊引证报告》（科学技术文献出版社 2011年版）；中国科学院文献情报中心发布的《中国科学引文索引》；马谦杰等撰写的《信息资源评价理论与方法》（经济科学出版社2002年版）；丁敬达撰写的《人文社会科学网络学术信息资源评价理论与方法研究》（武汉大学出版社2017年版）；刘晓英撰写的《图书馆评价研究》（知识产权出版社2015年版）；等等。相关评价科学分支学科需要进一步整合，统一认识，以形成完善的评价科学理论、方法与应用体系，统领学科发展。[②]

二、实践背景

　　评价科学实践蓬勃发展，专门的评价机构纷纷涌现，评价活动制度化、法制化的程度不断提高，第三方评价市场正在形成，为评价科学的产生和发展提供了良好的实践基础和肥沃的生长土壤。

（一）评价行业蓬勃发展

　　我国的科技评价、经济评价、环境评价、价值评价、教育评价、大学评价、期

[①]　邱均平，文庭孝等. 评价学：理论·方法·实践[M]. 北京：科学出版社，2010，31.
[②]　姜春林. 从科学计量看我国人文社会科学评价研究的现状[J]. 情报资料工作，2010（3）：33-36.

刊评价、竞争力评价、机构评价、人才评价、医疗评价、科研评价、学术评价、成果评价、高校图书馆评价、公共图书馆评价等评价领域蓬勃发展，受到社会各界的高度关注，为评价科学各分支学科的发展奠定了实践基础。

（二）专门评价机构成立

伴随评价科学实践活动的盛行，我国先后出现了一系列专门的评价科学机构，在评价科学活动和评价科学事业发展中发挥了重要作用。评价科学领域的专门评价机构有科学技术部科技评估中心、武汉大学中国评价科学研究中心、中国科教评价研究院（杭州电子科技大学）、中国社会评价科学研究院（中国社会科学院）、管理创新与评估研究中心和第三方评估研究支撑中心（中国科学院科技战略咨询研究院）、中国科学文献计量评价研究中心（中国知网）、知识技术研发中心［中国科学院文献情报中心开发了中国科学引文数据库（Chinese Science Citation Database，CSCD）］、科学计量与科技评价研究中心（中国科技信息研究所）等。医学领域的评价机构有医疗服务评价研究部（国家卫生健康委医院管理研究所）、复旦大学医院管理研究所等。教育领域的评价机构有教育管理部门的评价机构、民间学术团体的评价组织、社会力量组织的评价机构等。2018年，青岛市教育局宣布建设首家教育评价第三方机构库，来自北京、上海等地的共27家机构入选。[①]

（三）评价活动制度化、法制化

目前，无论是学术界、科教界、企业界还是政府有关管理部门都高度重视评价科学工作。我国先后出台了一系列评价法律、法规、制度等，评价科学活动日益制度化、法制化。2002年6月，科技部、教育部在《关于充分发挥高等学校科技创新作用的若干意见》中强调，简化科研评价环节，适当延长评价周期，使评价工作与科研工作的规律和特点相适应；改变科研评价工作中的急功近利倾向，逐步培育和依托社会中介组织开展评价活动，建立独立的社会化科研评价体系。[②] 2003年5月，《科技部、教育部、中国科学院、中国工程院、国家自然科学基金委员会关于改进科学技术评价工作的决定》发布，该文件是科技评价工作的指导性

---

① 中华人民共和国教育部. 青岛市建成教育评价第三方机构库［EB/OL］. http://www.moe.gov.cn/s78/A11/s3077/201811/t20181113_354461.html［2021-04-26］.

② 中华人民共和国科学技术部，中华人民共和国教育部. 关于印发《关于充分发挥高等学校科技创新作用的若干意见》的通知［EB/OL］. http://www.moe. gov.cn/s78/A16/s8354/moe_790/tnull_1256.html［2021-04-26］.

文件，其中提出了"区别不同评价对象，明确各类评价目标，完善各类评价体系"，"坚持'公平、公正、公开'的评价原则，建立与国际接轨的评价制度，规范科学技术评价行为"，"倡导质量第一，克服浮躁、急功近利等短期行为，坚决反对浮夸作风"①等要求。2003年9月，科技部制定和发布了《科学技术评价办法（试行）》，评价科学的意义和作用受到前所未有的高度重视，各种评价活动空前活跃。

2013年，国务院首次引入第三方评价机制。2014年10月，党的十八届四中全会通过的《中共中央关于全面推进依法治国若干重大问题的决定》指出，对部门间争议较大的重要立法事项，由决策机关引入第三方评价，充分听取各方意见，协调解决，不能久拖不决。2015年政府工作报告中提到，过去一年，国务院"狠抓重大政策措施的落实，认真开展督察，引入第三方评估和社会评价，建立长效机制，有力促进了各项工作"②。2011年，全国哲学社会科学规划办公室组织编写了《国家哲学社会科学研究"十二五"规划纲要》，指出要建立分类评价标准和多元评价体系。③2019年2月，《教育部2019年工作要点》发布，明确深化教育评价体系改革等34项重点。④

（四）第三方评价市场正在形成

第三方评价是评价科学发展的重要方向，代表着评价科学的专业化，是评价科学理论发展的重要实践基础。第三方评价也称第三方评估，这一概念是与政府绩效管理、政府绩效评价的概念联系在一起的。在第三方评价中，"第三方"的独立性、中立性、客观性被认为是保证评价结果公正的起点，而"第三方"的专业性和权威性则被认为是保证评价结果公正的基础。2015年9月16日，李克强总理主持召开国务院常务会议，听取政策落实第三方评估汇报，将"第三方评价"引入政府管理和政策落实评价、监督中。⑤

---

① 中华人民共和国科学技术部，中华人民共和国教育部，中国科学院等. 2003. 科技部、教育部、中国科学院、中国工程院、国家自然科学基金委员会关于改进科学技术评价工作的决定［EB/OL］. http://www.moe.gov.cn/jyb_xxgk/gk_gbgg/moe_0/moe_9/moe_36/tnull_428.html［2020-09-09］.

② 中央政府门户网站. 李克强：过去一年创新社会治理 促进和谐稳定［EB/OL］. http://www.most.cn/yw/201503/t2015 0305_118417.htm［2019-12-20］.

③ 姜春林. 从科学计量看我国人文社会科学评价研究的现状［J］. 情报资料工作，2010（3）：33-36.

④ 中华人民共和国教育部. 教育部2019年工作要点［EB/OL］. http://www.moe.gov.cn/jyb_xwfb/gzdt/gzdt/s5987/201902/t20190222_370722.html［2021-11-15］.

⑤ 中央政府门户网站. 李克强主持召开国务院常务会议（2015年9月16日）［EB/OL］. http://www.gov.cn/guowuyuan/2015-09/16/content_2933058.htm［2021-04-26］.

从西方国家实行"第三方评价"的经验来看，第三方是指处于第一方（被评对象）和第二方（顾客、服务对象）之外的一方。"第三方"与"第一方"、"第二方"既不具有任何行政隶属关系，也不具有任何利益关系，所以一般也会被称为"独立第三方"。在西方，多数情况下是由非政府组织（non-government organization，NGO），即一些专业的评价机构或研究机构充当"第三方"。这些非政府组织可以保证作为"第三方"的独立性、专业性、权威性的要求。

在我国的政府改革实践中，参与政府绩效管理的"第三方"被赋予了不同于西方"第三方"的多种内涵，出现了政府绩效第三方评价、教育第三方评价、科技第三方评价、工业第三方评价、工程第三方评价等第三方评价市场。以"第三方"自身的组织成分作为分类依据，我国的"第三方评价"模式主要有高校专家评价模式、专业公司评价模式、社会代表评价模式和民众参与评价模式四种。随着"第三方评价"市场的发展，一些新的"第三方评价模式"也相继被创造出来，如随机模式（市民随机被动参与）、甘肃模式、浙江大学模式、武汉模式、华南理工大学模式、国务院督查模式等，甚至出现了第三方评价平台和第三方评价网，如上海国信社会服务评估院第三方评估网。"第三方评估高层论坛"自2015年以来已连续举办四届，受到社会各界的高度关注。由国务院发展研究中心研究员李志军主编的《第三方评估理论与方法》已由中国发展出版社出版发行。①

三、技术背景

评价科学离不开技术支持，现代信息技术手段是评价科学现代化、网络化、科学化、智能化的基本保障，网络化评价、数据化评价、评价数据库、智能化评价、大数据评价等成为评价科学发展的重要趋势，也是评价科学发展所处的重要技术背景。

大数据对评价科学理论、方法论、方法、流程和环境都产生了巨大的影响。大数据环境对科研方式、科学交流、数据存储技术、数据挖掘与分析技术、政府政策制定等产生了巨大的影响。在大数据环境下，评价科学活动出现了许多新的特点②：①评价对象更加丰富。科研目标、对象、主体、方法、工具、流程、成

---

① 李志军. 第三方评估理论与方法[M]. 北京：中国发展出版社，2016.
② 邱均平，柴雯，马力. 大数据环境对科学评价的影响研究[J]. 情报学报，2017（9）：871-877；张安淇，李元旭. 大数据时代评价科学面临的变革与坚守——以人文社会科学为例[J]. 情报杂志，2018（9）：71-77.

果都趋于多样化，评价科学的对象不断扩充，如非正式出版的科研数据与科研记录、学者在线学术交流与科研活动、新的科研方法与工具。②大数据评价。计算机与网络技术的快速发展，解决了数据采集、处理、组织、管理、挖掘和分析等评价科学中的难题，为大数据评价奠定了技术基础。③评价指标、工具、方法更加多样化。云计算和大数据等技术为数据分析提供了便利。④专门评价机构获得认同，更能够驾驭复杂的数据和工具。⑤过程透明、反馈机制灵敏。大数据使评价科学活动的每一个流程都可以被跟踪和数据化，更加公正、客观。⑥评价结果更接近价值评价而非量化评价。新指标体系、定量评价与定性评价结合使评价科学成为更能揭示对象价值的综合评价。

四、教育背景

评价科学的健康发展离不开人才的支持。随着我国各行业领域的评价科学活动蓬勃发展，社会对评价科学人才的需求日益旺盛。国内许多高校采用了不同的方式培养评价科学所需的相关人才，但不同学科培养评价科学人才的侧重点不同，如图书情报学（信息计量与评价科学）、教育学（教育评价）、管理科学（绩效评价、综合评价）、科学学（科学计量与评价）、科技管理（科研评价、政策评价）、环境科学（环境评价、生态评价）等，甚至部分高校和研究机构的博士点已经将评价科学作为重要的学术研究方向之一，如武汉大学情报学博士点、大连理工大学科技哲学博士点。中国科学学与科技政策研究会、中国高等教育学会教育评估分会、全国高校社会科学科研管理研究会、科学计量学和信息计量学专业委员会等学术团体也定期组织评价科学学术会议，推动评价科学人才培养与交流。一些与评价科学有关的重要国际、国内学术研讨会在评价科学人才培养中发挥了重要作用，如国际科学计量学与信息计量学（International Scientometrics and Informetrics Institute，ISSI）研讨会、全国科学计量学与科教评价研讨会、中国高等教育学会教育评价研讨会、人文社会科学评价暨科研绩效评价学术研讨会、中国期刊质量与发展大会等。

第二节　评价科学研究的意义

一、学术价值

评价科学研究有利于促进评价科学作为横断科学的形成与发展。横断科学的研究对象不只是某一领域或某一对象，而是横向贯穿于众多领域甚至全部领域，如图书情报学、数学、信息科学等。一系列学科领域都会涉及评价科学问题，如食品科学、档案学、司法学、土地资源管理、统计学、环境科学、期刊管理、教育学、图书馆学、管理学等众多学科、行业领域都有评价问题，体现了评价科学的横断学科属性。研究和构建评价科学可以使评价各学科和行业领域形成一个体系，催生新的交叉学科领域，从而为评价科学研究和应用提供更为广阔的空间。

二、应用价值

（一）有利于评价科学、科研管理与科学决策的发展

科学技术是当今社会发展的动力，对其进行客观、明确的分析与评价，对于科学制定科技政策与科研管理战略是不可或缺的。首先，评价科学既是科研管理与科学决策的基础和依据，也是科研管理与科学决策的重要环节。因为科研管理和决策的必要前提就是要对管理与决策对象进行认知和了解，而评价科学正是认识和了解科研管理与决策对象的重要手段。其次，科研管理与科学决策还是评价科学的重要对象和内容，因为科研活动绩效评价、科研管理绩效评价、科研决策效果跟踪与评价是对政府、科研机构科研管理与决策最有效的监督。此外，评价科学不仅为科研管理与科学决策提供直接依据，还是检验和印证科研管理绩效、决策方案优劣与决策方案执行效果的有效量度。因此，评价科学在科研管理与科学决策中起着双重作用。

随着管理科学化、民主化的发展，评价科学在科研管理和民主决策中发挥着越来越重要的作用。科学评价在科研管理和决策中的作用是综合性和全面性的。

从国家宏观科研决策的高度来看，评价科学可以为一个国家在一定时期内的科研政策制定、科研资源配置，以及就如何支持诸如基础研究中各个学科、技术研究项目、科学研究机构或者优先突破高新技术哪些领域等的重大科研决策提供参考。从微观科研决策的层面来看，评价科学一般可以起到以下几方面的作用[①]：一是作为科研计划制订、科研项目立项的依据；二是用来检验科研活动的效率、效果或绩效，以促进科研管理者、科研经费资助者或科研人员本身对科研执行状况的了解，并为进一步的科研管理决策提供依据；三是作为科研机构之间横向比较的依据；四是作为给予科研机构、科研人员荣誉（如科学奖励、职称评定等）和提高待遇、福利的依据。正如科技部发言人石定寰所言："对科学技术活动开展评价是社会民主化的要求，是政府实现预算和管理透明的必然趋势，客观上促进了对科学技术在社会和经济发展中重要作用的认同。由于评价强调了对研究开发活动的长期效益，有助于将具体科学技术活动与国家目标结合，并有效地服务于国家利益。"[②] 评价科学在科研管理中的作用主要体现在以下三个方面：①评价科学是科研管理的基础和依据；②评价科学是科研人员客观了解自身的水平和学术影响力的需要；③评价科学是保证整个科学系统正常运行的基本机制。

（二）有利于保证评价科学实践活动可持续发展

目前，评价科学活动引起了全球各界的普遍关注和高度重视，评价科学活动在各行各业开展得如火如荼。在评价科学活动中积累的大量丰富和宝贵的经验，需要总结、概括、提炼，并且上升为评价科学理论，使评价科学从经验活动走向成熟科学，从"必然王国"走向"自由王国"。没有系统、完善的评价科学理论指导的评价科学实践活动，是一种低层次的重复劳动，无法实现突破、创新和发展，其准确性和科学性也难免会受到各种质疑。因此，评价科学理论研究也日益被提上议事日程，成为我们需要解决的关键问题。评价科学理论也是目前制约评价科学活动快速、健康发展的瓶颈。评价科学理论研究滞后于实践，制约着评价科学实践活动的发展，需要从理论上进行突破和创新，寻找评价科学的理论基础和理论来源，为评价科学实践提供理论支持，指导评价科学活动健康、快速发

---

① 肖洁. 承诺就要兑现，坦然接受评估[N]. 科学时报，2001-12-17（1）.
② 佚名. 科技部发言人就《科学技术评价办法》答记者问[EB/OL]. http://www.fmprc.gov.cn/ce/cefi/chn/jjmy/t105810.htm[2021-11-15].

展。实践反复证明，理论是实践的指路明灯，没有科学的理论，就没有科学的实践。可以说，没有科学的评价理论，就没有科学的评价活动。

评价科学理论研究决定着评价科学活动能否找到自身的理论根基，发展成为一门真正的、成熟的科学和学科，而不是在科学的殿堂外徘徊，身处经验科学的行列。实践超前、理论滞后，是当前评价科学发展的基本现状。评价科学实践和应用的广泛开展，对评价科学理论提出了迫切要求。评价科学实践与应用的深入、健康发展依赖于评价科学理论的快速、健康发展。因此，深入研究评价科学实践活动，将零散的、局部的、具体的评价科学实践经验整理、概括、提炼为系统评价科学理论，是目前评价科学研究的重点。

（三）有利于促进评价科学事业健康顺利发展

随着评价科学实践和应用的长期发展，评价科学事业已成为政治、经济、科技、教育等领域不可缺少的一部分，是科学管理和科学决策的基础，正发展成为一项重要的社会产业，尤其是第三方评价，受到各国政府和组织的高度重视。客观、科学、有效地发挥评价科学在科学管理和科学决策中的支撑作用，具有十分重要的现实意义和应用价值。因此，评价科学事业健康顺利发展离不开评价科学理论和方法的指导，评价科学研究是促进评价科学事业健康顺利发展的保障。

（四）有利于促进评价科学体系自身健康发展

评价科学体系为研究评价活动、评价现象和评价规律的评价学科群。目前，评价科学、评价学和评价科学理论呈现出一盘散沙的局面。尤为重要的是，长期以来，评价科学一直处于实践超前、理论滞后，经验主导、体系不全，重应用、轻理论的发展状态，导致评价科学一直游离于科学行列之外，不成体系，严重影响了评价科学实践和应用的健康发展。因此，在现有评价经验的基础上，融合各领域零散的评价实践经验与评价科学理论，上升为系统、完善的评价科学体系，已成为评价科学领域的头等大事。评价科学体系包括理论体系、方法体系和应用体系三个部分。有了完善的评价科学体系作为指导，评价科学才会获得更加健康有益的发展。

三、社会意义

（一）构建评价科学体系是社会系统协调发展的需要

科学发展规律不仅需要从科学系统内部探讨，而且必须把科学放到人类社会发展的大背景之中，从科学与社会的互动关系角度进行研究。同时，人们的各种社会行为和实践活动中都蕴含着形式多样的评价科学活动。正是因为如此，随着社会的发展，评价科学作为科学价值认识的一种重要方法和手段，引起了人们的高度关注。评价科学已经渗透到人类社会生活的方方面面，人们总是自觉或不自觉地对周围的人、事、物进行各种评价，也总是自愿或不自愿地接受来自各方面的评价，并据此来调整自己的活动。由此可见，评价科学已经成为社会评价系统的重要组成部分，是社会发展自我调节的一种重要方式，成为社会监督和管理的一种重要形式。由此可见，社会发展须臾离不开评价科学，评价科学也成为社会发展的调节器，成为社会发展的原动力。科学的评价理论不仅能促进评价科学活动自身的健康发展，也能促进社会的协调发展。评价科学具有强大的导向功能，评价科学理论是人类社会发展过程中不同阶段人们价值观念的综合体现，因此科学的评价理论能促进社会的良性发展，反之则会阻碍社会的良性发展，甚至会导致社会发展出现恶性循环。因为广义上的评价科学理论不仅仅是指我们应用于评价科学活动的评价理论与方法，还包括各种社会文化、规章制度、法律法规、伦理道德和风俗习惯等社会评价标准和体系，并且都与评价科学活动的发展息息相关。不同的价值观念会不断地渗透到评价科学理论之中，被评价科学理论吸收和改造；反过来，评价科学理论也会对人们的价值观念的形成产生巨大影响，并在人们的实践活动中得到明确的反映。

（二）构建评价科学体系是培养评价科学人才的现实需要

评价科学实践、应用和事业的快速健康发展离不开评价科学人才，评价科学活动的广泛开展需要大批的评价科学人才。目前，评价科学研究领域分散，没有形成统一的评价科学理论和学科体系，导致评价科学人才培养广泛分布于其他专门学科，还没有形成独立的评价科学人才培养体系，严重阻碍了评价科学实践和事业的快速发展。因此，构建完善的评价科学体系，培养社会需要的评价科学高级专门人才，是评价科学事业发展的现实需要。

第三节　评价科学研究现状

一、国外评价科学研究现状

（一）评价科学实践

国外的评价科学始于20世纪20年代的美国。随着科学研究活动在国际竞争和社会发展中的作用与地位的提升，世界各国都普遍重视和高度关注评价科学，并不同程度地开展了评价科学活动和研究工作，如表1-1所示。鉴于评价科学在各国如此盛行，可以将其称为"快速成长的产业"[①]。

表1-1　各国的评价科学实践

国家	实践活动	特点及成果
美国	20世纪初，成立国会服务部，直接针对各委员会及议员提出的各类问题进行研究、分析和评价。经过多年的发展，该项工作在美国已成为制度化、经常性的工作，并建立了科技评价支持系统	1993年，美国第103届国会颁布了《政府绩效与结果法案》，以立法的形式规范了政府部门的绩效评价活动，并将政府资助的科研机构和科研活动纳入了绩效评价的范畴。白宫负责制定科技政策的国家科学和技术理事会（National Science and Technology Council，NSTC）下属的基础科学委员会（Committee on Fundamental Science）于1996年发布了具有指导作用的报告——《评价基础科学》。该报告明确指出，支持科学研究的联邦机构必须设计出符合科学研究特点的评价策略。目前，美国的专业评价科学机构有美国管理科学开发咨询公司、世界技术评价中心、国会服务部等
日本	始于20世纪40年代末，50年代，日本政府和企业就非常重视把技术评价作为管理和推进研究开发的重要手段，并建立了技术评价体系和技术评价支持系统；60年代初，建立了比较完善的科技审议制度；80年代，日本政府决定在日本科技政策的最高决策机构——科学技术会议政策委员会下设立技术评价分委会	20世纪90年代，日本政府相继颁布了一系列与科技评价有关的法律法规，明确了科技评价的地位，极大地促进了日本开放型研究评价体制的建设。1995年11月，日本政府颁布了《科学技术基本法》，明确了科技评价的地位；1997年8月，日本科学技术会议审议通过了《国家研究开发评价实施办法大纲指针》，加快了日本开放性评价科学体制建设的步伐。目前，日本的科技评价机构较多，较重要的就有近20个

[①]　邱均平，文庭孝等. 评价学：理论·方法·实践[M]. 北京：科学出版社，2010，98.

续表

国家	实践活动	特点及成果
德国	20世纪50年代，德国成立了政府科研评价的执行机构——科学委员会，并强调其为德国的科学、教育和研究事业的管理而服务	德国的政府科研评价的执行机构——科学委员会于1957年成立，标志着政府性质的科技评价活动的正式开始。目前，德国已建立了可分为三个层次的比较完善的科技评价体系，评价的标准和规范也在完善之中
英国	自20世纪80年代以来，英国政府在科技评价方面经历了一个逐渐的变革阶段。这些变革促使英国发展了中央和地方的科技评价机构，英国政府已将科技评价工作作为科技宏观管理、制定和实施科技计划过程中不可缺少的内容。但也存在一些问题：无论是政府还是地方机构都缺乏专业人员，信息不完全，数据库也不全面。因此，在英国，科技评价工作仍处于一个逐步完善的阶段	英国的科技评价机构有三级系统：第一级是英国中央政府；第二级是议会、议会委员会和审计署；第三级是地方政府和地方评价机构。重要的评价机构有英国科研政策研究所、科技管理研究中心、英国评价系统有限公司。在英国，科技评价主要是对科技计划或项目的效果进行检查和评价，对国家重大计划、学术机构和项目都做过评价，一般分为立项前评价、中期评价、计划结束后评价三个阶段，但不是所有的评价都必须包括这三个阶段
法国	始于20世纪50年代，现已形成了国家、基层单位和私人机构三个层次的评价网络系统。国家层次的评价如法国的技术评价委员会，主要负责国家下达的计划项目及研究单位的评价；基层单位层次评价为本企业或研究机构自行评价；除了以上两个层次的评价外，还有独立的事务所和个人机构从事科技评价工作	法国政府在1985年做出规定，在没有评价科学体系作为保障之前，任何国家级的科研计划、项目都不能启动。法国的科研评价体系已成为法国科研管理职能中的重要组成部分，是法国政府决策、管理的有效保障。法国科技评价的范围很宽，涉及机构评价、人员评价、项目评价、计划评价、政策评价等领域
韩国	随着评价科学在科学管理和民主决策中的地位不断上升，各国政府对评价科学的关注程度日益提高，韩国政府也非常重视评价科学	1999年2月，韩国政府按照《政府特殊法》的要求，设立了韩国科学技术评价院，作为政府支持的研究院，开展了对韩国科技计划和政府研究机构的评价。2001年7月，随着韩国的《科学技术基本法》发生效力，韩国科学技术评价院的任务和职能进一步增强

（二）评价科学研究

世界各国在评价科学实践活动中都十分注重评价科学研究和评价科学理论积累。国外最初的科研评价采用定性分析方法，同行评议和专家评议是目前较为流行的评价方法，但由于同行评议和专家评议法受主观因素的影响较大，不断受到来自各方的质疑。为此，西方各国逐渐把一些文献计量学、数学和经济学等学科的方法引入科研评价中来，以提高评价结果的科学性和准确性，评价科学逐步进入定性分析和定量分析相结合的阶段。美国国家科学基金会（National Science

Foundation，NSF）于20世纪70年代成立评价办公室之初，就开始探索基础研究及其影响力的定量评价方法，并于1976年形成了这一领域的经典报告《作为评估方法的文献计量学》。实践表明，文献计量指标的评价结果和同行评议结果常常是高度吻合的。目前，对文献计量理论和方法开展前沿研究的是欧洲的一些高校和研究机构，如荷兰的莱顿大学、荷兰技术基金会、英国苏塞克大学和匈牙利科学院等。爱思唯尔（Elsevier）公司出版的著名的《科学计量学》（*Scientometrics*)杂志也是由匈牙利学者编辑的，而更新的电子期刊《网络计量学》（*Cybermetrics*）杂志是由西班牙信息与文献中心主办的。与欧洲的研究相比，美国则在文献计量工具的商业化方面走在了前头，其代表就是美国费城的科学信息研究所（Institute for Scientific Information，ISI）和新泽西的 CHI 研究（CHI-Research，CHI）公司。前者开发的以《科学引文索引》（*Science Citation Index*，SCI）、《工程索引》（*Engineering Index*，EI）和《社会科学引文索引》（*Social Science Citation Index*，SSCI）等为核心的文献计量工具为评价科学活动和理论研究提供了有力保障。美国国家科学研究委员会常年委托这两家公司从事《科学与工程指标》的分析工作。在综合评价方法和评价模型的研究方面，美国匹兹堡大学著名运筹学家塞帝（T. L. Saaty）教授于20世纪70年代提出了用于多目标决策的层次分析（analytic hierarchy process，AHP），并在实践中迅速得到了推广和应用。1978 年，美国得克萨斯大学运筹学家查妮思（A. Charnes）教授、库伯（W. W. Cooper）教授等提出了数据包络分析（data envelopment analysis，DEA）方法，用于评价有限多个单位的相对有效性。自20世纪90年代以来，灰色系统方法、人工神经网络（artificial neural network，ANN）方法、物元分析等方法纷纷被引入评价方法的研究领域，评价理论和方法得到迅速发展。尽管如此，目前很多国家的评价科学，特别是中观和微观层面的评价仍以定性分析为基础，以定量分析为辅助手段，采用的是定性与定量相结合的方法，也有一些国家仍只采用定性分析为主的方法进行评价。例如，美国、法国、日本等国家的科研评价活动目前是采用定性和定量分析相结合的方法，英国和瑞士的科研评价活动以定性方法为主、定量分析为辅，瑞典则基本上采用的是定性分析。从国外评价科学实践和应用发展来看，评价科学研究重点集中在以下几个方面：①制定评价科学的规范；②针对特定的评价对象，选择适用的评价模型和数据处理方法；③对经典的评价科学方法加以改造，以适应特定的评价对象。[①]

---

① 邱均平，文庭孝等. 评价学：理论·方法·实践[M]. 北京：科学出版社，2010，201.

（三）评价科学活动与研究的特点

国外开展的评价科学活动和研究主要有以下几个显著特点。

1. 评价活动的规范化是确保评价质量的重要基础

评价科学活动既是通过立法保障的制度化的工作行为，又是专业性很强、技术含量很高的研究活动。一方面，评价科学已进入制度化和法制化阶段。随着科技地位的日益提升，以及各国政府对科研活动评价的日趋重视，特别是近十多年来信息技术的日益普及和广泛应用，使得大量数据的采集、统计、处理与建模越来越简便易行，评价科学进入国家和政府层面的法制化评价阶段。对科研活动进行经常性、制度化的监测以及采用系统的评价方法进行评价是现代评价科学的主流。如美国国会的评价机构之一国会技术评价办公室，其任务在政府法律中有明确的规定，日本也及时出台了相应的科技评价法律法规，诸多国家都制定了与评价科学有关的法律法规。另一方面，为了确保评价质量，许多评价机构都制定了专业化的评价规范，要求从事评价活动的人员必须具备一定的资格和特定的能力，要对使用数据的可靠性和评价结果的局限性加以说明，评价活动的设计和实施必须符合规范要求，尤其是强调所采用的评价方法的合理性一定要经过论证。

2. 独立性、客观性是进行评价科学活动的首要原则

为科研管理和决策服务是评价科学活动的宗旨，为了给科研管理者和决策者提供有用的分析结果和可靠的信息，必须保证评价方法的选择，评价活动的设计、实施及评价报告的完成是独立的、客观的。评价科学活动为科研管理和决策服务的宗旨并不会违背评价活动自身的规律，而独立性、客观性也并不会妨碍委托者与评价者之间的信息沟通和交流。

3. 评价目标的明确化是确保评价质量的关键要素

评价目标越明确的项目，其评价结果发挥的作用就越大。作为委托者，以达到决策必要的最小化的评价目标来确定评价任务是比较明智的，不要期望一次评价能解决所有可能出现的问题。在评价过程中，评价者通常都是选用一些较为成熟、简明和实用的评价方法。

4. 以需求为导向是评价科学活动的根本出发点

坚持决策导向要重视评价科学理论和方法的创新。无论是形成评价问题，建立评价方法，还是确定评价结果的表达形式，都是以委托者的需求为依据和导向的，同时各评价机构还应注意要加强对评价理论和方法的研究。通常情况下，一个大的评价项目会针对具体评价问题的特点，设计一套具体评价方法，这也是评

价活动具有生命力的原因之一。

5. 评价科学的对象日趋广泛

国外评价科学的对象正在不断扩大，日益延伸、拓展到包括研究人员、研究小组、研究团体、实验室、研究机构与大学、研究领域、研究项目、研究计划、研究成果、科技政策、科技管理，乃至一个国家的科技实力和科技竞争能力以及对经济和社会发展的贡献等在内的各类评价。科学研究活动已经被当作一个有机整体和系统来进行评价。

6. 评价科学产业化已成为发展趋势

评价科学工作的复杂性和综合性，评价科学理论与方法的不断发展，使得评价科学工作的专业色彩越来越浓，专业性的评价机构也应运而生，专业性中介评价机构快速发展，科研绩效评价已经成为一个"快速成长的产业"。

7. 评价科学指标不断扩展

评价指标由过去强调科学研究活动定量的近期直接"产出"（output），如发表论文、出版专著、发明专利、获得奖励等，扩展为关注影响覆盖学术界和社会经济诸方面的中长期的综合性"成果"（outcome），如国际合作水平、国际竞争能力、科技综合实力、高水平人才的培养与流向、技术创新形式、科技成果转化能力、市场化和商品化前景、经济回报、对文化的整体贡献、生态环境影响、管理绩效等。

（四）评价科学应用研究

评价科学在诸多学科和行业领域都得到了成功的应用，也积累了丰富的实践经验。

1. 综合评价

综合评价（comprehensive evaluation，CE）又称多指标综合评价、系统综合评价，是指对以多属性体系结构描述的对象系统做出全局性、整体性的评价，即对于评价对象的全体，根据所给的条件采用一定的方法赋予每个评价对象一个评价值（又称评价指数），再据此择优或排序。影响评价有效性的相关因素有很多，而且综合评价的对象也常常是社会、经济、科技、教育、环境和管理等一些复杂系统，因此，雷德尔（S. L. Riedel）指出，进行综合评价是一件极为复杂的事情。综合评价是教育、科技、经济、社会、管理等领域广泛进行的一类活动，评价对象通常都具有多个不同的属性，所以综合评价要对被评价对象的综合价值进行判断。综合评价的主要目的是系统地揭示被评价对象系统的状态和发展规律，为科学、民主决策提供信息。综合评价的结果会直接影响决策的正误。

2. 教育评价

教育评价是对教育活动满足社会与个体需要的程度做出判断的活动，是对教育活动现实的（已经取得的）或潜在的（还未取得，但可能取得的）价值做出判断，以期达到教育价值增值的过程。国外的教育评价研究经历了长期的发展，包括四个发展阶段，表现出不同的研究特点，如表1-2所示。

表1-2　国外教育评价研究的发展阶段和研究特点

研究时间	发展阶段	研究特点
19世纪中叶到20世纪30年代	心理测验时期	教育测量的研究取得了一系列的成果，在考试的定量化、客观化与标准化方面取得了重要的进展。其强调以量化的方法对学生的学习状况进行测量。然而，当时的考试与测验只要求学生记诵教材的知识内容，较为片面，无法真正反映学生的学习过程
20世纪40—50年代	目标中心时期	泰勒（Tyler）提出了以教育目标为核心的教育评价原理，即教育评价的泰勒原理，并明确提出了"教育评价"（education evaluation）的概念，从而把教育评价与教育测量区分开来，教育评价学就是在泰勒原理的基础上发展起来的。在西方，人们一般都把泰勒称为"教育评价之父"
20世纪60—70年代	标准研制时期	以布鲁姆（B. Bloom）为代表的教育家提出了对教育目标进行评价的问题，美国教育学家斯克里文（M. Scriven）、斯塔克（R. E. Stake）和开洛洛（L. E. Kellogg）等对教育评价理论的发展做出了巨大的贡献。学者把1967年界定为美国教育评价发展的转折点
20世纪70年代以后	结果认同时期	这一时期非常关注评价结果的认同问题，关注评价过程，强调评价过程中给予个体更多被认可的可能。总之，其重视评价对个体发展的建构作用，因此，这一阶段又被称为"个体化评价时期"。教育评价涉及的范围很广泛，大致可分为学生评价、教师评价、教学评价、课程评价、学校与教育机构评价、教育政策与教育项目评价等方面。如果按教育层次加以区分，则可以分为基础教育评价、高等教育评价、职业技术教育评价及成人教育评价等方面。若按照评价的价值取向分类，又可以分为目标取向的评价、过程取向的评价和主体取向（发展性教育）的评价。目前，教育评价经过长期的发展已成为一门成熟的学科——教育评价学

3. 竞争力评价

经济学、工商管理、企业管理等领域的学者较早从经济学的角度研究了国家、产业和企业层面的竞争力问题，并使用不同的指标对不同层次主体的竞争能力进行了比较分析，这就是竞争力评价。因此，就目前进行的竞争力评价来看，较为普遍的有国家竞争力评价、区域竞争力评价、产业竞争力评价、企业竞争力评价、科技竞争力评价、核心竞争力评价等。对于什么是"竞争力"，目前还没有一个统一和确切的定义。如果从最基本或最广义的层面上来解释，竞争力一般是指一个行为主体与其他行为主体竞争某种（些）相同资源的能力。世界经济论坛（World Economic Forum，WEF）给竞争力下的定义为：一个国家或地区保持经济持续高速增长的能力，一个国家或地区的竞争力以经济开放程度、政府作用、金融市场的发展水平、基础设施、技术水平、企业管理水平、劳动力以及司法制度健全程度等8项指标来衡量。[①]

4. 经济评价

经济评价是指为了确定一个对象（如项目、技术等）的价值、质量和可取性所做的研究，其核心是评价和确定一个对象的成本与效益之间的净值，或者说一个对象的效果得失之差值。各行各业都存在经济评价问题，又可称为投入-产出分析、成本-效益分析。经济评价包括项目经济评价、技术经济评价、国民经济评价、宏观经济评价、微观经济评价、产业经济评价等。

5. 环境评价

环境评价又称为环境质量评价，是指按照一定的评价标准和评价方法对一定区域范围内的环境质量进行说明、评定和预测。在地学等科学领域，本来就有对一定区域的自然环境条件或某些自然资源（如矿产、水源、土壤、气候、林地）进行评价的传统。由于环境污染和生态破坏日益严重，环境质量评价已经具有新的含义。自20世纪60年代中期起，人们对环境质量评价进行了广泛的研究，并开始用环境质量指数描述环境质量。环境质量评价有下述类型：按地域范围可分为局地的、区域的（如城市的）、海洋的和全球的环境质量评价；按环境要素可分为大气质量评价、水质评价、土壤质量评价等，就某一环境要素的质量进行评价，称为单要素评价，就诸要素综合进行评价，称为综合质量评价；按时间因素可分为环境回顾评价、环境现状评价和环境影响评价；按参数选择可分为卫生学参数质量评价、生态学参数质量评价、地球化学参数质量评价、污染物参数质量评价、经济学参数质量评价、美学参数质量评价、热力学参数质量评价等。环境质量变异过程是各种环境因子综合作用的结果，包括如下三个阶段：一是人类活动导致环境条件的变化，如污染物进入大气、水体、土壤，使其中的物质组分发生变化；二是环境条件发生一系列链式变化，如污染物在各介质中迁移、转化，变成直接危害生命有机体的物质；三是环境条件变化产生综合性的不良影响，如污染物作用于人体或其他生物，产生急性或慢性的危害。因此，环境质量评价是以环境物质的地球化学循环和环境变化的生态学效应为理论基础的。环境质量评价的基本目的是为环境规划、环境管理提供依据，同时也是为了比较各地区受

---

① 赵宏斌. 教育竞争力是国家竞争力的基石[J]. 中国国情国力，2008（7）：7-9.

污染的程度。

6. 价值评估或价值评价

价值评价有两个层面的含义：一是经济学领域的价值评价，如资产评价、企业价值评价等。在这里，价值评价是指买卖双方对标的（股权或资产）购入或出售做出的价值判断。投资者通过一定的方法计算目标企业的价值，从而为交易是否可行提供价格基础。二是哲学领域的价值评价，如价值认识、价值判断等。在这里，价值评价是指一定关系中的主体（评价者）用一定的评价标准对客体（评价对象）有无价值以及价值大小等做出肯定或否定判断的一种认识活动，与一般认知过程的不同在于，它要运用一定的尺度、标准即价值标准去衡量价值有无与大小，因而价值评价的科学性取决于价值标准的科学性。

（五）评价科学体系

1. 竞争力评价体系

在宏观层面，竞争力评价体系可追溯到1979年世界经济论坛发布的全球竞争力报告。经济合作与发展组织（Organization for Economic Co-operation and Development，OECD）自1961年成立起，就致力于通过建立科学的统计数据库，对各成员国的政策进行监督和评价，意在帮助各成员国的政府实现可持续性经济增长和就业，保证成员国人民的生活水准上升，同时保持金融稳定，从而为世界经济发展做出贡献。OECD作为较有权威和影响力的国际组织之一，通过定量数据分析制定了可供国际社会衡量与对比教育发展的教育指标体系（indicators of education systems，INES）。这些指标和相关教育发展情况发布在每年的《教育概览》（*Education at a Glance*）中，成为比较教育的宝典。

在中观层面，竞争力评价体系包括相关国家政府部门对高等教育质量的评价和认证以及媒体机构发布的大学及学科专业排名。1983年，《美国新闻与世界报道》公布了全球首个大学排行榜，随后英国、中国、德国、加拿大、日本、西班牙、法国、荷兰分别发布了大学排名。

在微观层面，具体可见相关机构及媒体的系所绩效及专业评价。自1979年以来，年度全球竞争力报告大会就确立了使得经济体保持持续稳定发展和长期繁荣的因素。2004年，世界经济论坛引入了全球竞争力指数（global competitiveness index，GCI），作为衡量国家竞争力的一个相当全面的指数，该指数综合考虑了影响国家竞争力的微观经济和宏观经济基础。世界经济论坛将竞争力定义为决定一个经济体生产力水平的制度、政策以及其他要素的集合。每一个要素都在某一方面或某种程度上反映了"竞争力"，而这些互不相同的构成因素加权平均就是全球竞争力指数。世界经济论坛将这些组成要素归类为"竞争力的12大支柱"，12大支柱反映了生产力和竞争力生态系统驱动因素的范围、复杂程度，具体包括制度、基础设施、信息通信技术采用、宏观经济稳定性、健康、教育与技能水平、产品市场、劳动力市场、金融体系、市场规模、企业活力、创新能力，认为竞争力的重大支柱是技术创新。通过改善制度、加强基础设施建设、降低宏观经济的不稳定性，以及提高公众的人力资本水平，我们能获得可观的收益，但是所有这些因素运行的结果最终将导致收益递减。另一些支柱，如劳动力、金融和商品市场，其运行结果也是类似的。因此，从长远来看，当所有其他因素的运行只能导致收益递减的时候，唯一能够提升生产力水平的因素就是技术创新了。

2. 科技评价体系

《弗拉斯卡蒂手册》是对科技活动进行测度的基础，研究与发展（research and development，R&D）活动是科技活动最基本和核心的内容。从20世纪60年代开始，OECD成员国就按照这一手册系统地开展了有关R&D活动的统计调查。一些非OECD国家也逐步按照《弗拉斯卡蒂手册》实施了本国的R&D活动调查。联合国教育、科学及文化组织（United Nations Educational，Scientific and Cultural Organization，UNESCO）也以该手册为核心内容，分别于1978年和1979年制定了《科技统计国际标准化建议案》《科技活动统计手册》。显然，《弗拉斯卡蒂手册》为实施R&D活动统计调查的国际标准化和规范化奠定了基础。自OECD编撰的《弗拉斯卡蒂手册》问世以来，"测度科学技术活动"的科技统计系列手册（又称"弗拉斯卡蒂"丛书）一直推动着科技统计的迅速发展。目前，弗拉斯卡蒂系列手册还包括《技术国际收支手册》、《技术创新手册》（即《奥斯陆手册》）、《专利手册》、《科技人才资源手册》（即《堪培拉手册》）等。

3. 大学评价体系

大学排行榜是社会公众洞察大学质量的重要窗口。目前，国际公认程度较高的五个世界大学排名分别是中国科学评价研究中心的"世界一流大学及一流学科排行榜"、上海交通大学世界一流大学研究中心的"软科世界大学学术排名"（Shanghai Ranking's Academic Ranking of World Universities，ARWU）、《泰晤士高等教育》（原名《泰晤士高等教育增刊》）的"世界大学排名"（Times Higher Education World University Rankings，THE's）、英国的"QS世界大学排名"（Quacquarelli Symonds World University Rankings）和《美国新闻与世界报道》的"全球最好大学排名"（U. S. News & World Report World Rankings，UNWR）。

　　《美国新闻与世界报道》大学排行榜久负盛名，起初是为了给学生和家长择校提供参考。英国《泰晤士高等教育》的大学排名在世界范围也有较大影响，最新的指标权重围绕大学的职能——教学、研究、知识转移、国际视野做了较大调整，即工业收入（industry income）所占权重为2.5%、国际师资和学生（international mix-staff and student）所占权重为7.5%、教学学习环境（teaching-learning environment）所占权重为30%、研究-产量、收益和声誉（research-volume, income and reputation）所占权重为30%，论文引用影响（citations-research influence）所占权重为30%。英国QS世界最佳大学排名2004年首次发布，排名的目的是评价大学在四个领域——研究、教学、就业能力和国际化的表现。各大学评价指标体系如表1-3所示。

表1-3　国外大学评价指标体系

序号	评价领域		观测点	简称	指标来源	权重（%）
1	教学		教学环境，具体包括教学声誉调查（15%）、师生比（4.5%）、博士/学士比例（2.25%）、教师中博士学位获取比例（6%）、机构收入（2.25%）等	教学环境	THE's	30
2			师生比	师生比	QS世界大学排名	20
3	科学研究	学术声誉维度	研究，具体包括声誉调查（18%）、研究投入（6%）、研究产出（6%）	研究	THE's	30
4			同行评议	同行评议	QS世界大学排名	40
5			全球学术声誉	全球声誉	UNWR	12.5
6			区域学术声誉	区域声誉	UNWR	12.5
7		基本科研维度	被SCIE和SSCI收录的论文数	SCIE&SSCI	ARWU	20
8			论文发表数	论文数	UNWR	10
9			出版书籍数	书籍	UNWR	2.5
10			学术会议	会议	UNWR	2.5
11		卓越科研维度	获得诺贝尔奖和菲尔兹奖的校友折合数	诺贝尔奖和菲尔兹奖校友数	ARWU	10
12			获得诺贝尔奖和菲尔兹奖的教师折合数	诺贝尔奖和菲尔兹奖教师数	ARWU	20
13			各学科领域被引用次数最多的科学家数量	高被引科学家	ARWU	20
14			在Science、Nature上发表论文的折合数	自然科学杂志论文数	ARWU	20
15			师均表现	师均	ARWU	10

续表

序号	评价领域		观测点	简称	指标来源	权重（%）
16	科学研究	科研影响力	前10%高被引的高水平论文数	前10%论文	UNWR	12.5
17			前10%高被引的高水平论文数占全部论文的比例	前10%论文占比	UNWR	10
18			前1%高被引的高水平论文数	前1%论文	UNWR	5
19			前1%高被引的高水平论文数占全部论文的比例	前1%论文占比	UNWR	5
20			引文引用	引文引用	THE's	30
21			教师引文量	师均引用	QS 世界大学排名	20
22			归一化引文影响（篇均引用次数）	篇均引用	UNWR	10
23			总引用次数	总引用数	UNWR	7.5
24	国际化		国际化，具体包括国际教师比例（2.5%）、国际学生比例（2.5%）、国际合作论文比例（2.5%）等	国际化	THE's	7.5
25			国际学生比例	国际学生	QS 世界大学排名	5
26			国际教师比例	国际教师	QS 世界大学排名	5
27			国际合作论文比例	国际合作	UNWR	10
28	社会服务		产业收入	产业收入	THE's	2.5
29			雇主评价	雇主评价	QS 世界大学排名	10

注：SCIE，即 *Science Citation Index-Expanded*（《科学引文索引扩展版》）
资料来源：本表内容为笔者根据相关资料自行整理

4. 图书馆绩效评价体系

国外图书馆绩效评价研究集中于以资源为基础的投入评价和以服务为基础的产出评价两方面，重点围绕高校图书馆绩效、公共图书馆绩效、数字图书馆绩效和图书馆服务质量评价展开，形成了三大图书馆绩效评价体系，即图书馆成效评价体系和绩效评价体系、以提高绩效和用户满意度为目的的图书馆评价体系、以客观因素为主和以主观因素为主的图书馆服务质量评价体系，并拥有各自的评价模型和方法，在指导图书馆绩效评价实践中产生了重要作用。

二、国内评价科学研究现状

（一）评价科学理论研究

尽管国内的评价科学理论研究取得了一定的进展，但仍存在着诸多问题与面临着诸多挑战，在系统化、综合化、体系化、学科化方面还需要进一步完善，主要表现在以下两个方面。

1. 学科建设意识不强，系统性不够

加快构建中国特色哲学社会科学评价体系，是加快构建中国特色哲学社会科学的重要组成部分和重要保障之一，创建评价学及其学科体系，对于调动各级各类哲学社会科学研究人员的积极性、合理配置研究资源、加快"双一流"建设等，均具有重要的理论意义和现实意义。[1]汤建民等认为，评价科学理论中从学科角度进行理论升华和系统研究的不多，元问题层次的研究成果非常缺乏，学科建设的意识还不强。[2]学术评价学的学科体系主要由学术评价基础学科、面向领域的学术评价学、面向对象的学术评价学、学术评价方法学、边缘学术评价学等五个学科群组构成。[3]评价学科的建设可从三方面展开，即问题导向的理论研究、多学科并举研究和学术共同体建设。[4]

2. 学科理论需要梳理、整合、融合

雷仲敏梳理了评价学的基本概念，认为评价涉及主客体属性、价值关系结构、过程、类型、方法等。[5]叶继元指出，合理的评价体系应由评价主体、客体、目的、标准及指标、方法和制度六大要素组成。[6]文庭孝论述了目前评价科学活动出现的一些新动向，认为评价科学理论研究正呈现出一些较为明显的新的

① 姜春林，魏庆肖. 人文社会科学评价研究的爬梳与展望——基于人大复印报刊资料《社会科学总论》的分析[J]. 甘肃社会科学，2018（1）：78-85.

② 汤建民，邱均平. 高校科研业绩量化评价中的常见陷阱及超越策略[J]. 科技进步与对策，2017，34（15）：101-106.

③ 姜春林，魏庆肖. 人文社会科学评价研究的爬梳与展望——基于人大复印报刊资料《社会科学总论》的分析[J]. 甘肃社会科学，2018（1）：78-85.

④ 姜春林. 学术评价学的学科体系及创建策略[J]. 西南民族大学学报（人文社会科学版），2018，39（2）：225-232.

⑤ 雷仲敏. 浅议评价科学及其发展的理论与实践[J]. 青岛科技大学学报（社会科学版），2008，24（4）：60-68.

⑥ 叶继元. 人文社会科学评价体系探讨[J]. 南京大学学报（哲学·人文科学·社会科学），2010（1）：97-110.

发展趋势，例如，评价科学理论的整合研究、评价科学理论研究的国际融合、评价科学学科研究等。① 学术界对评价科学的研究对象、研究内容、学科性质都有过讨论。

（二）教育评价学研究

1. 学科建设

我国的教育评价研究的任务首先是挖掘中国教育评价之源流，教育评价学研究呈现出两大趋势：一是以具有中国特色的教育评价理论为核心，学科体系进一步扩大；二是学科分化派生呈现出生长势头。中国教育评价学的发展阶段和研究特点如表1-4所示。

表1-4　中国教育评价学的发展阶段和研究特点

研究时间	发展阶段		研究特点
公元606年以前	古典教育评价萌生期		包括先秦至魏晋南北朝时期的选士测评活动。育士与选士测评形成了一整套包括教育、考试、选才在内的严密、完整的制度，这是中国教育评价活动的源头
公元606—1905年	科举时期		包括隋唐以来至清末我国古典教育评价的发展历程。以科举考试为主要手段的评价活动，只注重教育结果，而不注重教育过程和其他要素
1905—1949年	近代教育评价活动期		教育评价与教育测量相结合，呈现出多种体制并存的多元化格局。特别是"五四运动"后，教育测验活动蓬勃发展，翻译引进国外测验量表，修改并自编量表，建立学术组织，开设测量课程，出版测量方面的著作
1949年以后	现代教育评价发展期	间续发展阶段（1950—1977年）	20世纪50年代获得一定的发展，50年代末到60年代初，我国教育系统对于以凯洛夫教育学为代表的苏联教育模式，由学习模仿转变为声讨批判。在教育评价学领域，欧美式的教育测验以"资"字号被否定于前，苏式的考评方法以"修"字被批判于后，而教育行政部门并不能指出评价发展的正确方向在哪里，我国的教育评价学研究被迫中断
		理论引进与积累阶段（1978—1987年）	突出特点是发展的持续性、不间断性，使研究成果得到了有效的积累，加上后发优势，使得我国的教育评价学理论研究在短短10年的时间内取得了令人瞩目的成绩
		持续发展与构建学科体系阶段（1988—2018年）	吸收国外教育评价的研究成果，探索具有中国特色的教育评价规律，并开始尝试构建自身的学科体系。这是一个"面对现状、解决问题、提升水平、完善体系、走向世界"的发展阶段

我国教育评价学专著与教材体系研究经历了三个阶段：引进和摸索阶段、构

---

① 文庭孝. 科学评价的理论基础研究[J]. 科学学研究，2007（6）：1032-1040.

建和形成阶段、优化和完善阶段。吴钢认为，要不断地学习世界各国教育评价的先进理论和科学方法，立足国情，有效吸收国外教育评价的先进理论和科学方法，教育评价学专著与教材体系要在教育评价实践中不断充实和完善。① 高新发等认为，教育评价存在的主要问题有专著与教材理论体系有待深入研究、专著与教材方法体系需要着力开发、专著与教材应用案例不能满足需求、专著与教材体例应该进一步多元化。② 黄锐等认为，教育评价的未来走向是：专著与教材体系进一步科学化和多样化，专著与体系不断分化派生次级体系，现代信息技术将会融入专著与教材内容，专著与教材的应用案例将会越来越丰富。③

2. 教育评价学的评价方案研究

20世纪80年代以来，我国广泛开展了各类型、各层次的教育评价活动，教育评价学作为教育管理的重要手段，已得到了广泛的运用。由于实际的需要，各种具体的评价方案研究取得了巨大进展，如教学评价、德育评价、课程评价、体育评价、校长评价、教师评价、学生评价、能力评价、区域教育评价、高等学校教育评价、中小学素质教育评价、教育质量评价、教学管理评价等。

（三）专门评价学研究

我国的评价科学在发展过程中在众多领域形成了一系列专门评价学：①司法评价学。研究设计科学、系统、全面的改革评价体系，为司法改革提供完善的评价方法、程序以及标准，并运用该评价体系阶段性地评价司法改革成果的合理性、合法性、现实性和可推广性，及时评价、巩固改革成果，纠正改革中的偏差，保障改革的正确方向。②食品感官评价学。吴澎等认为，随着近年来越来越多的研究者进行深入和拓展研究，食品感官评价已由一门技术逐渐发展成为一门科学。其整理和总结了食品感官评价科学的概念、类型、程序及研究内容。④ ③物质安全评价学。姜文娟等为完善安全物质学学科体系，有效利用物质本质安全特性，预防和控制物因事故发生，对物质安全评价学进行了定义，并从研究目的及

---

① 吴钢. 教育评价学教材体系建设的基本轨迹与未来走向[J]. 教育现代化，2014（2）：64-69.

② 高新发，王静. 改革开放30年教育学分支学科发展研究——以教育法学和教育评价学为例[J]. 现代大学教育，2009（2）：6-10.

③ 黄锐，马艳丽. 从教育评价学角度看高校教育质量评价模式和方法[J]. 教育教学论坛，2013（52）：121-122.

④ 吴澎，王新春. 食品专业高等教育国际化人才培养模式探索与实践——以山东农大与英国切斯特大学食品专业硕士教育项目为例[J]. 文化创新比较研究，2018，2（31）：110，112.

研究对象等方面解析了其内涵。[①] ④师德评价学。糜海波认为，师德评价学既要坚持师德的主导性，又要体现价值目标的层次性；在师德评价方法的运用上，应注意把握全面性和综合性的原则，这将有利于提升师德评价的质量和效益，积极发挥其对师德建设的导向和促进作用。[②] ⑤档案评价学。周军梳理了档案评价学的研究意义，包括四个方面：一是有利于提高档案部门内部管理绩效；二是有利于优化档案部门管理环境，建立一种良好的档案文化氛围；三是有利于提升检验工作质量和管理水平；四是有利于促进档案事业的全面发展。[③] 此外，还有其他专门评价学，如土地评价学、环境影响评价学、统计评价学、环境评价学、大学评价学、大学诊断评价学、期刊评价学等。

（四）科研评价研究

评价科学工作历来受到科研人员和科研管理部门的高度重视。在我国科学事业的发展进程中，人们一直在探索准确的评价方法。从评价方法来说，我国的科研评价研究大致经历了以下四个发展阶段。[④]

1. 行政评价阶段

中华人民共和国成立后，国家通过计划等行政手段建立了一系列科研机构，并与当时的行政级别挂钩，形成了由部级、局级、处级等研究机构构成的行政体系。这一时期对研究机构和研究人员的评价基本上是以行政手段为主，评价结果也以行政级别的形式体现出来，按相应行政级别享有国家待遇。但随着科研事业的发展，这种行政评价及相应的管理模式的固有缺点就显露出来，如科研脱离实际、机构臃肿等。

2. 同行评议阶段

鉴于行政评价的弊端，我国科研机构借鉴和采用西方科学界早已通行的、更符合科研特点的同行评议方法，旨在评价中利用科学家群体的集体智慧形成正确判断。尤其是自1982年设立中国科学院科学基金委员会，1986年成立国家自然科学基金委员会以来，我国科学史上的同行评议实践活动达到了空前的规模。当时，同行评议制度在我国运用甚广，在许多机构、高校甚至被作为唯一采用的评价科学模式。然而，20世纪90年代以来，同行评议逐渐暴露出一些弊端，由于评

① 姜文娟，吴超. 物质安全评价学的构建研究[J]. 世界科技研究与发展，2016，(6)：1244-1248.
② 糜海波. 师德评价科学路径的应有视域[J]. 伦理学研究，2015 (4)：99-103.
③ 周军. 档案评价学的学科性质研究之我见[J]. 湖北广播电视大学学报，2010，30 (11)：159-160.
④ 邱均平，文庭孝等. 评价学：理论·方法·实践[M]. 北京：科学出版社，2010，330.

价活动缺乏公认的评价标准，加上受诸多学术和非学术因素，如专家的知识结构、学术视野、学术偏好、人情关系以及长官意志残留等因素的干扰，甚至因为评议时间仓促而使同行评议流于形式，使同行评议的科学性和公正性受到越来越多的质疑。

3. 指标量化评价阶段

根据定性和定量、科学性和可行性、模糊与精确相结合的原则，人们针对不同的评价对象制定了不同的评价指标，赋予其不同的权重，由同行专家评价打分，将最后的得分作为同行评议的重要参考。指标量化评价为科研评价提供了更为有益的评价方法。同时，它将量化的数学方法引入质量评价中，促使人们的评价观念发生了变革，为人们继续探索更为科学的技术评价方法做了观念和方法上的准备。但由于这一评价方法仍然依靠人来打分评价，不可避免地仍带有前述同行评议的一些缺点。

4. 科研计量评价阶段

科研计量评价是当前广受关注的评价方式，也是今后一个时期科研评价的发展方向。其方法是根据发表科学论著的数量和引证次数，根据不同的评价要求采用对应的细化指标，运用综合集成的方法求得分值，用以衡量科研机构和科学家的科研贡献与学术水平达到的程度。科研计量评价将正在兴起的科学计量学方法引入同行评议中，为专家评议提供公正、客观的计量统计分析数据，是科学计量学与同行评议的有机结合。[①] 20世纪90年代中期以来，随着科学计量学的兴起和科研计量评价共识的达成，越来越多的科研机构和管理部门将科学计量学方法引入科研评价和科学家绩效评价中，并作为科学决策的重要依据。

（五）人文社会科学评价研究

人文社会科学评价研究经历了三个发展时期[②]：早期的研究集中在科研成果鉴定、评价标准、评价方法及评价指标体系方面；中期主要讨论了学术评价机制问题、评价方法的应用问题、期刊评价问题；后期的研究重点包括国内外人文社会科学评价的对比研究、大数据对学术评价的影响、代表作制度等。1982年以来，我国人文社会科学评价研究主要集中在三个领域：人文社会科学评价指标与

[①] 张国春. 借鉴国际科研计量评价方法构建新的人文社会科学科研评价体系[J]. 社会科学管理与评论，2001（1）：23-28.

[②] 谭春辉，桑静. 我国人文社会科学评价研究三十年——基于CNKI期刊数据库的可视化分析[J]. 情报杂志，2013（12）：132-138.

方法研究；人文社会科学期刊评价指标与方法研究；人文社会评价科学体系、工具、机制、功能等的研究。[①] 当前，人文社会科学评价仍存在六大问题：一是评价标准过于简单；二是追求数量胜过追求质量；三是评价具有行政化倾向；四是评价制度不够健全；五是评价的人情化未得到有效遏制；六是评价形式化较为严重。[②] 因此，评价主体多元化、评价指标科学化、评价制度公正化、评价方法综合化、评价载体信息化等是人文社会科学评价发展的必然趋势。[③]

（六）大学评价研究

在国外，大学评价开展得比较早，也较为规范，除了官方机构开展的评价活动，美国的《美国新闻与世界报道》、英国的《泰晤士高等教育增刊》、加拿大的《麦克林》杂志、德国的《明镜周刊》、日本的《钻石周刊》等媒体进行的大学评价都已初具规模和体系，并产生了普遍影响。1987 年以来，我国已有十多个单位或个人发布了 30 多个大学评价排行榜，并表现出一些自身的发展特征[④]，如表 1-5 所示。从评价的组织者（即评价主体）来看，涉及面较为广泛，包括国家科研院所、大学、政府、信息技术公司及网站；从评价内容来看，国内的大学排行始于官方对大学科技实力的关注，以大学科研能力评价为主；随着社会及广大家长和考生对高校信息需求的增长，分类、分学科专业的评价方法在我国开始初显势头；在评价指标体系、数据源以及发布方式等方面，国内的大学评价体系都各有特色。大学评价研究呈现出一种上升发展趋势，并逐渐成为高等教育优化资源的热点研究问题。在国内，大学评价研究基本上与我国高等教育评价领域的研究同步。与国外相比，国内的大学评价无论在理论还是实践上都与国外存在一定差距，国外的大学评价有很多值得借鉴的经验，因而关于国外大学评价经验的介绍也成为国内大学专业评价研究的重要内容之一。概括起来，大学评价研究主要集中在以下几个方面[⑤]：①基础理论研究和实践探索；②大学动态分类评价；③评价主体选择；④评价指标体系及权重的确定；⑤国外评价经验和方法介绍；⑥国内外评价比较。

---

① 谭春辉，桑静. 我国人文社会科学评价研究三十年——基于 CNKI 期刊数据库的可视化分析[J]. 情报杂志，2013（12）：132-138.

② 姜春林，魏庆肖. 人文社会科学评价研究的爬梳与展望——基于人大复印报刊资料《社会科学总论》的分析[J]. 甘肃社会科学，2018（1）：78-85.

③ 周发源，刘晓敏，汤建军等. 社会评价科学：历史、现状和发展趋势[J]. 湖南社会科学，2013（2）：46-49.

④ 张蕊. 国内外大学评价比较研究[D]. 武汉：武汉大学，2006，32.

⑤ 杨道涛. 中国大学社会评价的理论分析与实证探析[D]. 南京：南京理工大学，2005，73.

表1-5　我国大学评价的现状

时间	组织者	评价内容	指标体系	数据源	发布方式	说明
1987年9月	中国管理科学研究院科学学研究所	对国内87所重点大学进行科学计量指标排序	1个指标：SCI收录论文数	SCI	《科技日报》	我国第一个定量大学评价
1988年1月	中国管理科学研究院科学学研究所	国内重点综合大学、重点工科大学被SCI、EI收录的科技论文数	2个指标：SCI、EI收录论文数	SCI、EI	《光明日报》	
1989年11月	中国管理科学研究院科学学研究所	重点高等院校科学计量多项指标排序	3个指标：国外及全国刊物论文、专利批准、国家级奖项	《高等学校科技统计资料汇编（1985—1987年）》	《学会》杂志	国内第一个采用多指标的大学评价
1991年2月	中国科学技术信息研究所中国科技论文统计与分析课题组	大学科技论文排名	6个指标：SCI发表论文数、EI发表论文数、ISTP发表论文数、国际论文被引篇数、国内论文发表篇数、国内论文被引次数	SCI、ISTP、EI及1286种国内外科技期刊	《中国科技期刊研究》	每年发布一次，至今已发布了12份
1992年4月	湖南大学张英、于一凡、龚志勇、李西田	全国86所重点高校1985—1989年科技活动评价		《高等学校科技统计资料汇编（1985—1989年）》	《科学学与科学技术管理》	国内首次对不同成果取不同权重的大学评价
1992年11月	国家科学技术委员会	中国大学四强	3个指标：在国外刊物上发表的论文数、在国内刊物上发表的论文数、被国际期刊发表的论文引用的次数	SCI、ISTP、EI及1210种国内外科技期刊	迄今唯一以中国政府部委名义发布的大学评价	
1993年至今	中国科技信息研究所中国科技论文统计与分析课题组	中国大学四强、五强、十强	与1991年的评价指标相同	SCI、ISTP、EI及1210种国内外科技期刊	《人民日报（海外版）》	每年公布一次

续表

时间	组织者	评价内容	指标体系	数据源	发布方式	说明
1993年6月至今	广东管理科学院大学评价课题组	8个大学排名，包括综合排名、单项排名，以及学科、专业、研究生院等分类排名	2个一级指标，即人才培养、科学研究，下设二级指标	有关数据库的发文量及相关资料汇编	《中国高等教育评估》、《科学学与科学技术管理》、大学园等网站	
1995年10月	高等学校与科研院所学位与研究生教育评估所（受国家教育委员会委托）	全国33所大学研究生院的评价	3个一级指标，即研究生培养及质量、学科建设及成果、研究生院机构建设，下设子类指标，并附相应的权重	SCI、EI、SSCI收录的期刊文献发表数量及国家教育委员会有关资料、中国科技情报信息中心提供的国内重要刊物发文数量、各研究生院提供的"研究生院评估基本数据汇总表"	《中国高等教育评估》	国内第一个大学研究生院综合排名
1996年2月	《中国高等教育评估》杂志	中国最佳大学30所	学校办学基本条件、学科建设及成果、学生质量等指标		《中国高等教育评估》	国内最短的大学排名，仅499字
1997年12月	中国科学院文献情报中心	中国科学引文数据库CSCD收录论文最多的前20所大学	CSCD收录论文数	CSCD	《中国科学报》	每年发布一次
1998年4月	中南工业大学蔡言厚	我国高校培养高层次人才的综合实力比较（前100名）	博士点、博士后、国家重点学科[含国家重点实验室、国家工程（技术）研究中心、国家文科基地]		《湖南研究生教育》	国内第一个大学高层次人才培养评价
1999年至今	网大（中国）有限公司	中国大学排行榜	沿用《美国新闻与世界报道》体系，每次各做相应的调整		网大网站、《中国青年报》、《南方都市报》	

续表

时间	组织者	评价内容	指标体系	数据源	发布方式	说明
2000年5月至今	南京大学"中文社会科学引文索引"（Chinese Social Sciences Citation Index，CSSCI）课题组	各年度中国社会科学论文统计		当年共收录国内哲学、人文科学、社会科学期刊 496 种，以后每年均做调整	每年度发布一次	
2000年6月	教育部科技司	高校科技实力排名	3个指标：科研经费、校办产业销售收入、高校科技产业年销售收入超过亿元		《中国教育报》	
2001年1月	中央教育科学研究所、《中国青年》杂志社	采用社会公众随机书面（和网上）投票方式，选出"我心目中10所最好的国内大学"			《中国青年》	
2002年至今	浙江大学大学评价课题组	世界一流大学和中国重点大学综合实力评价（科技、人文）、学科综合实力评价（科技、文科）	《世界一流大学综合实力评价》3个一级指标，9个二级指标。《中国重点大学综合实力评价》4个一级指标，12个二级指标，27个三级指标；《大学综合实力评价》5个一级指标，36个二级指标	以教育部、科技部为主的定期发布的统计数据资料，包括数据汇编、数据报表等；国内外有关数据库和印刷型统计资料；中国教育和科研计算机网（China Education and Research Network，CERNET）上公布的统计数据	《评价与管理》	引入国际活力指标
2003年至今	中国校友会	中国高校排行榜	3个一级指标，9个二级指标，34个三级指标	有关政府、教育部门、网络媒体和高校网站	中国校友会网、《21世纪人才报·大学周刊》	大众参与，大众评选
2003年至今	上海交通大学高等教育研究所	世界大学500强	4个一级指标：教育质量、教师队伍、研究产出、效率与效益	网站、数据库	上海交通大学高等教育研究所网站	世界一流大学研究

续表

时间	组织者	评价内容	指标体系	数据源	发布方式	说明
2004年7月至今	中国科学评价研究中心	中国高校科技创新竞争力排行榜；中国高校人文社会科学研究竞争力排行榜；分重点大学、一般大学和民办院校综合竞争力排行榜；研究生院排行榜；分31个省（自治区、直辖市）、11个学科门类、192个专业排行榜；世界大学排行榜；世界科研机构分22个学科排行榜等；12个角度200多个排行榜	①"中国高校人文社会科学研究竞争力评价指标体系"选定一级指标3个、二级指标9个、三级指标22个；②"中国高校科技创新竞争力评价指标体系"选定一级指标3个、二级指标9个、三级指标28个；③"中国高校综合竞争力评价指标体系（重点大学）"选定一级指标4个、二级指标13个、三级指标50个；④"中国高校综合竞争力评价指标体系（一般大学）"选定一级指标3个、二级指标12个、三级指标48个；⑤"中国普通民办高校评价指标体系"选定一级指标3个、二级指标14个；⑥"中国大学本科教育分专业排行榜评价指标体系"选定一级指标4个、二级指标18个；⑦"世界大学科研竞争力评价指标体系"选定一级指标4个、二级指标6个；⑧"世界科研机构（包括大学、研究院所）分22个学科专业科研竞争力评价指标体系"选定一级指标4个、二级指标5个	有关政府部门的统计数据资料（汇编、年鉴、报表等）；国内外有关数据库；有关政府部门、高校的网站；国家有关刊物、书籍、报纸、内部资料等	《中国青年报》、《评价与管理》杂志、《武汉晨报》、《科学时报》、《科技进步与对策》杂志、《高教发展与评估》杂志、中国科学评价研究中心网站及有关公共网站。科学出版社从2005年开始每年出版《中国大学及学科专业评价报告》《中国研究生教育及学科专业评价报告》	目前，国内、外较为全面、系统、深入的大学评价报告；区分了重点、一般、民办院校的大学排行榜；发布了科研创新能力排行榜

续表

时间	组织者	评价内容	指标体系	数据源	发布方式	说明
2005年至今	北京三达信国际教育咨询中心、北京大学人才研究中心（2007年已撤销）、伯乐诚信网"中国高等教育评价组"	中国重点大学排行榜	声誉、综合办学效益、高水平教师比率、师均教学与科研条件、人才培养效益、科学研究效益		伯乐诚信网	聚类排名、综合办学效益排名

注：ISTP，即科技会议录索引（Index to Scientific & Technical Proceedings）

第四节　评价科学发展的趋势

经过多年的研究和实践，在大数据、"互联网+"、人工智能等新的信息技术和社会发展背景下，评价科学出现了一些新的发展趋势。

一、融合化趋势

评价科学发展出现了明显的融合化趋势，主要体现在五个方面：一是学科融合。融合现有评价科学理论、方法、标准和应用研究成果，从学科层面构建完整的评价科学体系，从宏观层面指导评价科学理论研究、评价科学方法应用、评价科学标准实施和评价科学实践开展。二是理论融合。评价科学涉及认识论、价值论和方法论等诸多复杂问题，不仅需要管理学、教育学、图书情报学等学科为其提供理论和方法支持，还需要哲学、经济学、心理学、社会学等学科为其提供理论和方法支持。因此，在复杂的、综合性的评价科学问题面前，评价科学研究以评价问题为导向，开展跨学科研究已是一种普遍趋势。三是内容融合。目前，评价科学研究呈现出多学科和多视角态势，研究问题和内容涵盖了评价原则、评价指标、评价体系、评价主体、评价程序、评价环境、评价制度等众多方面，并有机融合在一起，单一化评价问题研究已无法反映评价科学的全貌。四是对象融合。评价对象的综合化是促使评价融合的重要因素之一。随着评价对象的综合化、复杂化，对评价对象进行认识和管理的难度与日俱增，也使得评价活动日益综合化、复杂化。评价科学的对象、基点、角度与层次往往会复杂地交织在一起，相互作用、相互影响，很难从某一个方面着手解决。五是方法融合。随着评价科学对象的综合化与复杂化，为了保证评价结论的科学性与准确性，评价方法也开始由单纯的定性评价和定量评价向定性与定量相结合的综合评价方向发展。这表现为：首先是多种评价方法被应用于同一评价对象和评价过程，相互验证和检验；其次是特征与原理相同的多种评价方法被整合、集成在同一评价方法与模型之中；最后是新创造的评价方法本身就是多种方法的综合与集成。

二、应用化趋势

评价科学是一门实践性很强的学科，其应用化的发展趋势日益明显。从大量的评价科学实践中总结经验，提炼评价科学理论，是评价科学发展的基本特征。注重实践和应用，将理论与实践有机结合，用评价科学理论指导评价科学实践与应用是评价科学发展的一大特色。在评价科学发展过程中，实践和应用一直是评价科学的核心问题，并且在科研评价、大学评价、期刊评价、教育评价、学科评价等领域得到了成功的应用。

理论是灰色的，然而实践之树常青。评价科学经历了从实践到理论再到实践的发展过程，评价科学理论和方法最终是要接受评价实践和应用检验的。问题导向和应用为王将始终是评价科学的发展主线。因此，在评价科学领域，相对于理论和方法而言，实践和应用总是超前的。

三、国际化趋势

评价科学国际化已成为一种重要发展趋势，这是由评价科学问题综合化、复杂化、系统化等因素决定的，也是科学理论发展的一大规律。前者决定了科学共同体必须跨越国界，为解决全人类、全社会面临的综合化、复杂化、系统化评价问题而精诚合作、共同奋斗；后者说明科学理论没有国界，一些通用的做法和公认的共识会逐渐为科学共同体接受，成为通用理论和方法，继而成为一种国际标准。

科学研究活动的国际化必然会导致评价活动的全球化。随着评价活动在科学研究活动和国家科研管理与决策中的地位日益上升，评价科学理论与方法研究引起了世界各国的普遍重视和关注。通过开展评价科学国际交流、借鉴国外评价科学经验来促进评价活动的发展和完善，成为当今世界各国的普遍共识。因此，评价活动国际化、全球化与国际交流使得评价科学理论研究的国际融合趋势日益明显。

评价科学理论研究国际融合最有力的例证就是评价活动的国际合作与国际评价会议明显增多，并且合作的地域范围和评价领域正在不断拓展。

在一系列评价科学领域，如科技评价、科研评价、大学评价、期刊评价、图书馆评价、人才评价、环境评价等，都产生了大批的评价科学国际标准，如以基本科学指标数据库（Essential Science Indicators，ESI）为基础的国际评价指标、世界一流大学评价标准、国际同行评议、国际认证（专业认证、行业认证）、图书馆绩效评价国际标准。这些都是评价科学发展国际化的重要表现，并且随着评价科学的快速发展，这种国际合作会日益频繁，国际标准会越来越多。

四、科学化趋势

评价科学在资源分配和管理决策中发挥着不可替代的作用。因此，应优化学术民主环境，使评价科学回归科学共同体，并接受民主监督；应明确定量评价的专业属性，让评价机构退出科学体系，使评价机构回归数据开发者的定位；应发挥第三方评价机构在构建评价科学中的作用，使评价科学日益专业化。评价科学化、专业化是评价科学发展的必然趋势。①

随着评价科学应用的普及，评价科学结果在科技项目申请、论文发表、科研人员获奖、职称评定、期刊影响力排名、机构排名、科研经费分配、资源分配等领域发挥着重要的决策作用。与此同时，当前我们所熟悉的评价科学的理论、方法、流程和环境也逐渐显露出一些不足，如缺乏价值认知、评价主体公信力不足、过于偏重定量化、中国式同行评议、缺少有效的监督机制和信息公开等问题都严重影响到了评价科学的客观性和公正性，并阻碍了评价结果的良性反馈，使得当前的评价科学面临着严重问题。解决评价科学实践和应用中的问题，是评价科学发展的责任和使命，也是评价科学化发展的一大趋势。②

---

① 邱均平，柴雯，马力. 大数据环境对科学评价的影响研究[J]. 情报学报，2017，36（9）：871-877；朱剑. 摒弃排行榜：走向科学评价的第一步[J]. 编辑之友，2016（5）：5-8.
② 邱均平，柴雯，马力. 大数据环境对科学评价的影响研究[J]. 情报学报，2017，36（9）：871-877.

第二章

评价科学理论

第一节 评价科学的内涵

目前，学术界对评价科学的理解包括两个层面：一是以科学为对象的评价活动，即对科学活动或科学研究活动的评价；二是以评价活动、评价现象和评价规律为研究对象的科学学科。我们认为，评价科学是以评价活动、评价现象和评价规律为研究对象的科学学科群，是建立在评价科学和评价学基础之上，包括评价科学理论体系、评价科学方法体系和评价科学应用体系的科学领域。人类社会是一个复杂的、庞大的评价系统，任何人都离不开评价，都与评价息息相关。社会评价系统包含众多的评价标准、评价准则、评价观念和评价体系。没有科学的评价，就没有科学的管理，没有科学的评价，就没有科学的决策，已成为一种社会共识。尽管如此，评价活动仍然受到社会各界的广泛质疑和批判。因此，如何正确地看待评价、科学地开展评价、合理地利川评价，成为社会各界关注的重要课题。这也是评价科学理论、方法和应用体系构建的社会现实需要。

美国学者米高·奎因·巴顿（Michael Quinn Patton）最早撰文探讨了评价科学问题，认为评价科学是一个学科知识体系，并确定了评价科学知识体系的五个核心问题。[①] ①社会规划：规划和政策发展、改进和改变的方式，特别是关于社会问题的。②知识建构：研究者了解社会行为的方式。③评价：价值如何附加到

---

① Patton M Q. Evaluation science[J]. American Journal of Evaluation，2018，39（2）：183-200.

程序描述中。④知识使用：社会科学信息用于修改计划和政策的方式。⑤评价实践：在给定的约束条件下，策略与战略评估师应遵循专业工作标准。评价知识体系围绕这五个核心问题持续积累，构成了独特的评价理论体系。

在国内，我国著名学者邱均平教授在不同的场合多次提出评价科学的构建问题，并且提交和申报了国家社会科学基金重大招标选题"构建中国话语权的评价科学理论、方法与应用体系研究"，试图融合现有的各领域零散的评价科学理论、方法和应用，构建一个统一的、能够指导评价科学实践与应用的评价科学体系。

第二节　评价科学的理论基础

评价科学及体系构建的提出是一个长期的发展和积累过程，是多学科交叉融合的结果，也是评价科学实践和应用经验积累的结果。评价科学是一个科学学科群，其理论来源于哲学、计量学、信息管理学、系统理论、科学管理与决策理论等。[①]

一、哲学理论

评价活动是一个认识过程和价值判断过程，因此哲学特别是认识理论和价值理论是评价科学的理论基础。价值理论是评价科学的理论基础之一，因为评价活动本质上是一个价值判断过程。价值理论是一切评价的基础，也是人们一切生活与生产活动赖以存在和发展的依据。但直到如今，人类社会也没有形成一种共同的价值观念，每个人都在自觉或不自觉地遵循着自己的一套价值理论行事，这就是价值多元化的表现。正是人类社会的复杂构成才形成了这种多元化的价值观念，因而也导致了评价标准的多元化和评价活动的复杂化，这与价值原理并不违背。在错综复杂的价值理论体系中，哲学上的一般价值理论和经济学上的劳动价值理论成为价值理论的核心。

评价是价值学研究最重要的范畴之一。人类实践创造价值，但由于主客观条

---

① 邱均平，文庭孝等.评价学：理论·方法·实践[M].北京：科学出版社，2010，239.

件的限制，人的某一实践活动结果的价值状况并不都是可预期的，它可能有价值，也可能没有价值，可能有很大的价值，也可能只有很小的价值，甚至没有价值，乃至是负价值。价值究竟如何，需要靠人们去发现、认识，也就是说要去评价。而且，创造价值并不是最终目的，创造价值是为了消费价值、实现价值，满足主体的需要。消费、实现价值的前提是要认识、判断价值，了解实践结果的价值状况，即评价。因此，通过实践创造价值，又通过实践评价其价值并消费、实现价值，是一个完整的价值运动过程。评价就是在实践的基础上"从创造到实现"这一价值运动过程的中间环节。评价既是"创造价值"的深化，又是"实现价值"的前提。

价值和评价总是紧密地联系在一起，没有价值现象，就没有评价活动。

首先，价值决定评价。价值是评价的基础，价值是一种客观存在的主客体关系，评价则是主体对价值的一种认识活动。在认识的范围内，价值是客观的，是第一性的，评价则是主体对客观价值的主观印象，是第二性的。客观价值先于评价而存在，评价随着客观价值的变化而变化。评价既可能符合客观价值，也可能不符合客观价值。价值是在评价主体之外、不以评价主体的意志为转移的客观对象。价值决定评价还表现在：有什么样的价值现象，就有什么样的评价方式。从价值客体的角度来看，有对物的评价、对活动（事或现象）的评价和对人的评价，分别判断物的价值、活动（事或现象）的价值和人的价值。

其次，评价体现价值。在现实生活中，人们通过评价揭示、把握客体的价值，使价值由潜在的形式转化为直接的形式呈现在人的面前，评价是发现价值、实现价值和表现价值的重要手段。我们日常生活中所说的价值，大都是被意识到、认识到的价值，都是通过评价活动观念地把握了的价值。价值现象是人类社会发展过程中普遍存在的，因而评价也是人类社会中存在的一种普遍现象。评价是人类生活的一大特征，对于进入自己视野的事物，人们无不加以评价。[①]

广义地说，任何事物都是有价值的，只是价值的大小不一，有的表现出的是正价值，有的表现出的是零价值，有的表现出的是负价值，有的表现出质的特征，有的表现出量的特征。评价科学的任务就是判断评价对象之于评价主体有无价值及其价值的大小。因此，评价科学是准确、合理、科学地认识和判断事物价值的一把精密标尺。

评价本质上属于认识，具有认识的一般特性。虽然评价属于认识，但评价是认识的一种特殊形式，具有一般认识不具备的特点。因此，评价是一种特殊的认

---

① 袁贵仁. 价值学引论[M]. 北京：北京师范大学出版社，1991，35.

识活动，即价值认识活动。评价作为认识价值的一种观念性活动，既属于价值论研究的范围，也属于认识论研究的范围。[①]

目前，学术界对"认识"有广义和狭义两种理解。说评价是认识的一种特殊形式或一种特殊的认识，指的是广义的认识，泛指主体观念性地把握客体的一切形式。狭义的认识则是指主体对客体的自然属性、客观规律的观念把握。对于广义的认识来说，评价是认识的一个方面，评价和认识是部分和整体的关系。狭义的认识，其本身只是认识的一种，评价和认识是一种并列关系。正如弗·布罗日克所说："评价和认识是主体和客体相互作用的两种特殊形式。"[②] 它们共同构成了人类完整的认识。无论我们认识何种客体，都既要认识它的自然属性、客观规律，又要认识它对于人和人类社会的意义。只有这样，才是对客体的全面认识。为了明确起见，人们通常把认识分为两种，即把狭义的认识根据其反映的对象称为"事实认识"，而把价值评价称为"价值认识"。

认识的本质是反映，是主体观念性地把握世界的方式或过程。认识的基础是实践，这是马克思主义认识论最基本的观点。评价同样也是以实践为基础，因实践的需要而产生，随着实践的发展而发展。只有在实践中才能发现、判断客体的价值，并通过实践检验这种发现、判断的科学性、准确性和合理性。评价作为对客体意义的了解，也就是实现人对客体意义从不知到知、从知之不多到知之较多的转化过程，同样要经历实践—评价—再实践—再评价这样一个循环往复的发展过程。此外，评价的结果也同一般的认识结果一样，由知觉、表象、概念、判断及思想和观念等认识因素构成。

评价是一种价值认识和价值判断行为，即"价值评价"。"评价过程是对评价对象的掌握过程，是一种认识行为。"[③] 因此，认识与评价密切相关，认识活动（包括事实认识和价值认识）是评价活动的基础。评价科学就是在事实认识和价值认识的基础上对评价对象相对于评价主体的价值和意义所做的合理判断，即了解、认识、确定和判断评价对象对评价主体有无价值及价值的大小。

评价是准确、全面、系统地认识事物的一种有效方法。评价是在事实认识和科学认识的基础上对评价对象进行价值判断的活动（即价值评价、评估或评定）。评价本质上是一个价值判断过程，也是一种特殊的认识活动，即价值认识活动。因此，价值理论和认识理论是评价科学的理论基础。

---

① 冯平. 评价论[M]. 北京：东方出版社，1995，35.

② 弗·布罗日克. 价值与评价[M]. 李志林，盛宗范译. 北京：知识出版社，1988，57.

③ 阿·布罗夫. 美学：问题和争论[M]. 凌继尧译. 上海：上海译文出版社，1987：85.

二、计量学理论

计量学理论是评价科学重要的理论来源和理论基础，评价科学主要对被评对象的质和量进行评价，而计量学理论则是完成评价学量化分析的基础。任何计量都要关注三个方面的问题：一是计量什么（即确定和区分计量的对象）；二是如何计量（即采用什么标准、尺度、方式、方法、工具来计量）；三是计量的效果如何（即怎样检验和改进计量的效果）。

计量在我们的生活中无处不在。事实上，在我们的日常生活中，几乎各个方面都要与计量打交道。测度与计量我们身边的物体和事件，不仅在科学上是必要的，也是把握自然现象和社会现象复杂性的手段。在组织科学和管理科学中，对现象和事件的测度与计量对于了解与研究它们至关重要。[①] "科研量化评价已是大势所趋。"[②] 这已成为学术界的共识。尽管人们并不认为测度或计量对科学而言就是一切，但目前没有哪一门科学能真正离开它。

评价科学包括"质"的评价和"量"的评价两个方面。其中，"量"的评价主要是通过数学方法和统计学方法对评价对象的数量特征和规律进行统计分析（即计量），以此来反映其发展状态和水平及其规律。评价科学在"量"方面的特征主要是科研投入量、产出量（效果和效益）、投入-产出比（效率）等。围绕科研活动中的数量特征形成了一系列计量科学理论，主要有文献计量学（包括情报计量学、信息计量学、网络信息计量学）、科学计量学、知识计量学和经济计量学等，这些学科之间既紧密联系又相互区别，自成体系，分别从不同的角度和方面利用数字和统计学方法对科学研究活动中的数量特征和规律进行计量统计分析，并互相印证，共同构成了评价科学量化分析评价的理论基础，如表2-1所示。计量学理论的各门学科为主体从事科学研究活动，为政府部门、企业和科研机构进行科学管理和决策提供服务。科学计量学、文献计量学、情报计量学、技术计量学乃至知识计量学、经济计量学的定量手段与方法，特别是排序理论与方法，为评价科学提供了重要的手段和指标。在这一方面，美国自1970年开始每两年出一次科技白皮书《科学与工程指标》（原名为《科学指标》，自1987年起改名），将评价科学理论与方法成功运用于科学研究活动评价，备受瞩目。[③]

---

① 埃利泽·盖斯勒. 科学技术测度体系[M]. 周萍等译. 北京：科学技术文献出版社，2004，75.

② 石俊，史妍. 科研量化评价的指标与排序——一次国际研讨会综述[J]. 科学学与科学技术管理，1999（1）：31-33.

③ 蒋国华. 我看大学排行榜：认识与误区[J]. 民主与科学，2004（5）：3-6.

表 2-1 计量学理论的各门学科及其在评价科学中的应用

计量理论	相关学科	所属学科	研究内容	在评价科学中的应用
文献计量	文献计量学	图书馆学	科学研究活动产出分析，研究成果的数量特征统计分析，以文献为计量单元（如论文、著作、期刊、专利、数据库等）	以文献计量为基础的科研能力、科研实力、科研竞争力、期刊、机构、人才、学科等评价
	情报计量学信息计量学	情报学信息管理学	量化处理分析更为广泛的信息源和信息传播过程，以信息/情报为计量单元（如论文、著作、期刊、专利、数据库等中的主题词、关键词信息），较文献计量学更深入、更精确	以信息/情报计量为基础的科研能力、科研实力、科研竞争力、期刊、机构、人才、学科等评价
	网络信息计量学	计算机科学信息管理学传播学	文献计量理论在网络中的应用以及网络信息和数据特征单元的直接计量分析	用于网络评价与管理、网站评价与管理、数据库评价开发管理等
科学计量	科学计量学	科学学科技管理	以文献计量方法为基础考察和分析科学研究活动的基本特征和规律	广泛用于学科评价、科学发展优先领域选择、科研资源配置
知识计量	知识计量学	知识经济学知识管理学	以人类整个知识体系作为研究对象，将知识的生产创造、扩散传播以及运用作为一个统一的过程，着重于在"知识单元"的层次上考察知识的投入与产出、流量与存量、生产与应用、传播与分配等，以知识的物理测度和价值测度为核心	广泛用于知识评价、科研成果学术价值评价、知识测度与计量、知识生产与分配计量分析、知识投入与产出分析、知识资本与知识资源管理等
经济计量	经济计量学	经济学	从经济学的角度来考察科研投入（成本）、产出（效率和效益）等的数量特征	用于科研绩效评价、科研活动的成本效益分析、科研资源配置

三、信息管理学理论

评价科学需要大量的信息，即评价科学信息。评价科学信息主要分为三类：第一类是有关评价主体的信息；第二类是有关评价客体的信息；第三类是有关评价中介的信息。在评价科学活动中，信息的丰富程度决定了评价科学效率与质量的高低。因此，从广义上讲，评价科学过程本质上是一个信息管理过程，包含信息收集、整理（筛选过滤、分类组织）、分析（解释）、储存、传递和利用等一系列信息管理活动，信息管理活动贯穿于评价科学工作的全过程。进行评价科学工作，需要大量获取和处理有关评价主体、评价客体和评价中介的信息，同时要借助大量的信息管理方法、技术、手段和工具来处理评价信息，这些都是信息管理的内容。因此，信息管理科学理论是评价科学的基础理论来源之一，它为评价科学活动过程中的信息管理提供了理论、方法、技术和工具支持。

自诞生之日起，评价科学就无法脱离信息管理而存在。经过实践的不断推动和理论的不断发展，两者之间的关系更是日益紧密，形成了相互促进、相辅相成的互动关系。一方面，信息管理是评价科学的基础。信息管理不仅为评价科学提供了理论依据，而且其方法、技术也是评价科学的重要手段，信息管理的改进与发展更是评价科学改进和发展的前提。另一方面，评价科学是信息管理的拓展和应用，为信息管理提供了新的发展动力。评价工作已成为信息开发和利用的重要环节与保障，评价科学已成为信息管理的新模式和重要手段，评价科学既是信息管理的重要应用领域，也已经成为信息管理的重要内容和目标之一。

四、系统理论

在评价科学活动中，不仅被评价对象可以被看作一个系统，而且评价活动本身也可以被看作一个复杂的有机系统，需要大量运用系统理论，因此系统理论是评价科学的理论基础之一。例如，综合系统评价的研究对象就是复杂的"大系统"，因此评价过程也必然是一项复杂的系统工程。

系统理论在评价活动中具有广泛的应用。评价活动自身是一个完整的系统，需要不断地进化。作为评价对象的活动本身也是一个完整的系统，处于动态变化之中。因此，应该遵循系统理论的基本原则、原理、规律和方法开展评价活动。评价活动作为一种有效的管理、控制和监督手段，通过向被评价对象输入评价信息来发生作用，从而使系统保持平衡、做出调整和发生进化。

根据系统理论，任何一个研究机构都可以被看作一个系统、一个完整的有机体，包含多个要素和部分，处于动态变化之中。如何对两个动态变化的系统进行科学的评价是一件复杂的事情，到底是进行综合评价合理，还是选择关键要素和指标开展评价合理，取决于两个系统的同质性。

系统的全部活动包括输入、转换、输出三个环节，任何系统都是一个转换机构，它的功能与任务是把一定的输入转换成一定的输出。输入是指环境对系统的作用，即环境向系统输入物质、能量、信息，系统接收物质、能量、信息，例如，向研究所输入科技人员、实验技术装备、器材、经费、图书情报资料、科技教育（培训科技人员）、社会需求信息、科技开发规划等。转换是指系统内部对接收的物质、能源、信息进行加工、处理或改造，使之转换成另一种形态的物质、能量、信息，例如，研究所将上述输入的科研人员、科研物质、科研知识等转换成科技成果、科技人才（科技人员的成长、提高以及人才教育与培养）、新的科技知识等。输出是指系统将转换后的物质、能量、信息输送出去，向环境进行反输入，并反作用于环境，例如，研究所将自己的科技成果转让，出卖给使用单位，使之得到推广应用，转化为生产力，将自己的论文、著作向社会发表，从而产生经济效益、社会效益、生态环境效益、军事效益，增加社会的科技知识积累等。这里需要对输出（即反作用于环境）特别加以强调，任何系统的根本目的既不在于输入，也不在于转换，而在于输出，在于对环境产生作用和做出一定贡献。转换的结果只是为输出创造了条件，但还不等于输出，只有在完成了输出之后，系统才能达到根本目的，才能使系统全部活动的各个环节形成闭环，开始良性循环。

系统理论为评价科学提供了理论依据。当我们把系统本身看成是一个"黑箱"时，就可以从系统的输入和输出来考察系统的运行状态，即可以从活动的投入（当然，这里的输入并非仅仅指投入的人、财、物、信息等要素，还包括各种外部环境影响等）和产出状况来进行比较和评价，这是毋庸置疑的。至于系统的内部结构和运行机制受多种因素的影响，有不同的组合方式，我们可以根据情况做出各种必要的假设，系统自身会根据输入信息和输出反馈信息自动做出调整。因此，作为一个动态系统，其内部结构和运行机制是否合理，可以从系统的投入与产出的效率和效果来判断。输入的主要是人、财、物（各种科研设施）、信息（各种所需知识，如科技知识、管理知识等），输出的也主要是人、财（经济效益）、物（有形的科研成果）、信息（科学知识生产，即新知识，通常以著作、论文、专利、标准、技术秘密等形式存在）。

五、科学管理与决策理论

评价是为科学管理与决策服务的，首先，评价科学既是科学管理与决策的基础和依据，也是科学管理与决策的重要环节。其次，科学管理与决策还是评价科学的重要对象和内容。评价在科学管理与决策过程中起着双重作用。目前，在评价科学中，已广泛借鉴管理学中的绩效管理、量化管理、系统工程等理论与方法用于绩效评价和管理评价，使评价科学、管理与决策逐步科学化。因此，科学管理与决策理论可以作为评价科学的理论基础。[①]

第三节　评价科学的学科体系

　　评价科学体系由评价科学理论体系、评价科学方法体系、评价科学标准和认证体系、评价科学应用体系四个部分构成。评价科学体系是完整的评价学科群，包括理论评价学、应用评价学和专门评价学。理论评价学包括评价学的理论基础、评价科学事业发展、宏观评价学、比较评价学等，应用评价学在理论评价学的指导下研究评价活动和评价工作的数据、方法、技术、程序等具体问题，专门评价学研究各领域的评价问题，如科技评价学、经济评价学、教育评价学、竞争力评价学等。

　　评价系统一般由评价主体、客体、目的、标准及指标、方法和制度等要素组成。对于任何一项评价，都应形成根据评价目的来确定评价标准、指标、方法的运作模式。

　　首先，需要有评价主体和评价客体。对所有的具体评价项目而言，评价目的最重要，它制约了评价主体、评价客体、评价方法、评价标准及指标、评价程序等的制定或选择。任何评价都需要通过一定的途径和采取一定的方法来达到评价的目的。所有评价都需要确定评价的是什么具体内容，以什么准则来评价，即都需要有评价标准及指标，它关系到评价结构的性质和意义。为了使评价相对公正、可持续、健康发展，各类评价都需要将已被证明是正确的方式、方法、标准、程序等形成规程，即评价制度。学术评价也不例外，一个合理的学术评价体系应该由评价主体、评价客体、评价目的、评价方法、评价标准及指标和评价制度六大要素构成。

　　评价科学涉及许多方面，是一个复杂的系统，评价主体、评价客体、评价目的、评价标准与指标、评价方法和评价制度等要素构成了完整的评价系统。评价主体中的学术共同体是评价主力，评价客体中的成果和人员评价是重点，评价目的是龙头和动因，评价标准与指标是核心，评价方法是手段，评价制度是保障。

---

① 文庭孝. 科学评价的理论基础研究[J]. 科学学研究, 2007（6）: 1032-1040.

从知识的三要素可以推论出，所有的评价都可以分成形式评价、内容评价和效用评价三种。评价理论是依据，评价实践是出发点和归宿。

　　评价的三个主要环节是确定评价目的和评价的参照系统、获取评价信息、形成价值判断。评价的参照系统由对谁或哪一方面进行评价、与什么相比、以什么标准评价、谁认为有价值四个方面构成。[①]

第四节　评价科学的内容体系

评价科学的内容体系主要包括以下六个方面。

一、评价科学理论体系

　　评价科学理论主要研究评价科学理论体系的构成及其结构，包括五个方面，即评价理论、评价科学理论、第三方评价理论、评价学理论和科学评价理论，五个要素，即概念体系、基本问题、理论基础、基本原理、体系结构；研究评价科学的概念体系和话语体系，包括评价、评价学、评价科学、第三方评价、科学评价及其相关和下位概念组成的概念体系、话语体系；研究评价科学的基本问题，包括评价对象、评价活动、评价过程、评价环境、评价特征、评价本质、评价分类、评价领域、评价系统、评价要素、评价认识、评价原理等基本问题；研究评价科学的理论基础，包括社会论、价值论、认识论、系统论、信息管理理论、计量学理论、科学范式理论、科学学理论、科学管理理论、科学决策理论等；研究评价科学的基本原理，包括评价原理、评价科学原理、分类评价原理、比较评价原理、系统评价原理、综合评价原理、评价原则、第三方评价原理等；研究影响评价科学理论发展的社会因素，如社会环境演变，包括新环境（如民族复兴、中国崛起、创新型国家、"一带一路"倡议、科教兴国战略、中美贸易战等）、新技术（互联网、云计算、大数据、人工智能等）、新元素、新问题（信息公开、数据开

---

　　① 叶继元. 人文社会科学评价体系探讨[J]. 南京大学学报（哲学·人文科学·社会科学），2010（1）：97-110，160.

放、信息共享、开放存取等）等；研究评价科学理论体系的构建及其评价，如评价科学理论体系构建的意义、评价科学理论体系构建的学理依据、评价科学理论体系的核心问题、评价科学理论体系的构成要素、评价科学理论体系的基本结构、评价科学理论体系的评价科学。其为评价科学实践和应用提供了系统的理论指导。

二、评价科学方法体系

评价科学方法主要研究评价科学方法论；评价科学方法分类及其结构；评价科学方法体系的构成；评价科学方法的比较与评价；新环境、新技术、新元素、新问题背景下评价科学方法的演变及其体系结构；"互联网+"、云计算、大数据、人工智能等新技术对评价科学方法的影响；信息公开、数据开放、数据共享、开放存取等新元素对评价科学方法的影响；新环境、新技术、新元素、新问题对评价科学数据、方法、工具、平台、流程等的影响；中国评价科学数据库构建，包括科研评价数据库、大学评价数据库、期刊评价数据库、学科评价数据库、经济评价数据库、竞争力评价数据库等；基于"互联网+"、云计算、大数据和人工智能技术的中国评价科学数据库开发；面向中国问题的评价科学数据库开发；面向新元素和新问题的中国评价科学数据库开发；大数据评价工具、系统和平台开发；智能评价工具、系统和平台开发；中国评价科学实践中的评价方法创新与突破。

三、评价科学标准与认证体系

评价科学标准与认证体系主要研究中国评价标准和国际评价标准的比较与评价；中国评价标准中的评价原则、评价规则、评价指标、评价政策、标准要素与内容等问题；中国评价标准及认证体系的构成；中国评价标准体系构建原则、方法、流程等；中国评价标准的国际化与国际认可；中国评价标准国际认证体系的构建；中国评价标准国际认证的实现途径。

四、评价科学应用体系

评价科学应用体系主要研究国内外评价科学应用比较；评价科学应用体系的

构成与要素；中国评价科学应用数据库建设；中国评价科学应用平台开发；基于领域、要素、过程、任务、方法等的评价科学应用体系构建及其评价；科技评价、教育评价、经济评价、综合评价、系统评价等评价科学领域的案例分析与研究；评价科学理论、方法与标准的实践、应用、实证检验；评价科学应用体系的实施，包括特定评价理论、特定评价方法、特定评价领域的实践、实证与应用。

五、评价科学教育体系

评价科学教育体系主要研究国内外评价教育发展概况；国内评价科学教育比较分析；评价科学人才需求调查分析；不同学科和行业领域的评价科学教育现状分析；评价科学教育在评价科学事业发展中的作用；评价科学教育的特征与规律；新环境、新技术、新元素、新问题背景下评价科学教育的变化。

六、评价科学事业体系

评价科学事业体系主要研究国内外评价科学事业发展概况；国内外评价科学事业比较分析；评价科学事业的构成；评价科学事业发展的特征与规律；国内外评价科学产业发展现状；评价科学机构及其特征；第三方评价市场的特征、模式与发展趋势。

第五节　评价科学的体系构建

评价科学体系涵盖理论、方法、标准与认证和应用四个层面，涉及评价、技术、管理、决策、经济、法律等多方面，以及科学学、计量学、管理学、信息科学、信息管理学等众多学科领域，如管理学从管理、政策、制度、效益和效果等角度研究评价科学问题，信息科学则更多地从技术、系统、平台等视角研究评价科学方法和应用问题。在大学科、大工程、大系统、大数据、人工智能时代，以往的单一学科研究视角只能做到管中窥豹，无法从多学科综合视角、全局视角、整体视角全面、系统地解决评价科学体系构建这样的大课题。因此，可以从系统综合、多学科、多路径方面研究评价科学体系构建问题。

一、评价科学理论体系构建

评价科学理论体系如图2-1所示。

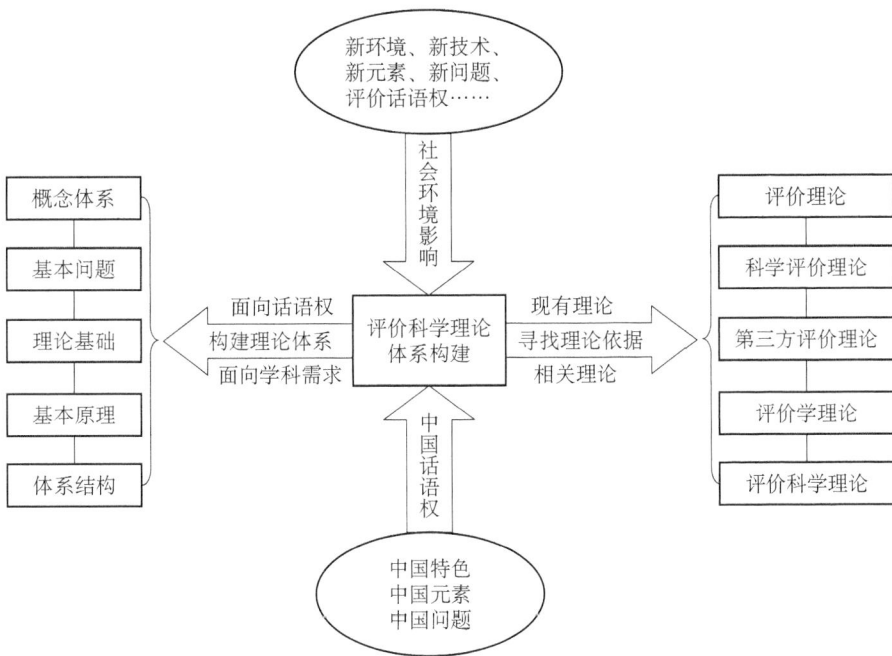

图2-1 评价科学理论体系

（一）评价科学理论体系的构成及结构研究

评价科学理论体系的构成及结构研究包括以下几个方面：第一，梳理评价理论、评价科学理论、第三方评价理论和评价学理论，寻找和发现评价科学的理论来源和理论基础；第二，评价科学理论来源于评价实践经验的积累和总结，也来源于相关学科领域，因为评价活动总是在特定的社会环境中展开，本身包括多个维度，由一系列要素构成，受社会环境等众多因素的影响，需要从多个角度、维度认识和理解；第三，评价科学理论体系的结构由概念体系、基本问题、理论基础、基本原理、体系结构五个要素构成，是评价科学话语体系的核心和关键；第四，如何理解和认识评价科学的概念体系、基本问题、理论基础、基本原理、体系结构等基本要素，形成反映评价科学规律、解决评价科学问题的内容体系和逻辑体系，是构建评价科学理论体系的基础。

（二）评价科学的概念体系和话语体系构建研究

评价科学总是由一些核心领域和核心概念构成，这些核心领域包括科技评价、经济评价和教育评价等，核心概念包括评价、评价学、第三方评价、评价科学及其相关和下位概念组成的概念和术语体系，形成了评价科学话语体系，是评价科学领域交流、对话和研究的基础。文献调查和专家调查能够构建评价科学概念和术语体系，形成评价科学词表或词典。

（三）评价科学的基本问题研究

评价活动是一个复杂的有机系统，由一系列要素构成，包括评价对象、评价活动、评价过程、评价环境、评价特征、评价本质、评价分类、评价领域、评价系统、评价要素、评价认识、评价原理等，对这些基本要素的认识和理解是评价科学理论体系构建的起点。

（四）评价科学的理论基础研究

评价活动和评价科学本身都是复杂的社会系统，对评价活动、评价现象、评价问题、评价规律等的认识都是见仁见智，认识和理解的视角、维度、角度可以千差万别。评价科学的理论基础包括社会论、价值论、认识论、系统论、信息管理理论、计量学理论、科学范式理论、科学学理论、科学管理理论、科学决策理论等，其分别从不同的学科视角揭示了评价科学的基本规律，是评价科学理论的重要来源。

（五）评价科学的基本原理研究

评价科学原理是关于评价活动现象、评价活动问题和评价活动规律的基本共识，由此形成基本原理，是评价科学理论的重要组成部分。评价科学原理包括评价原理、分类评价原理、比较评价原理、系统评价原理、综合评价原理、评价原则、第三方评价原理等。

（六）评价科学理论发展的影响因素分析

新环境、新技术、新元素、新问题以及国际评价话语权争夺等对评价科学发展有重大影响，每一个特定的影响因素都会推动评价科学的快速发展，形成特定的评价研究领域。

（七）评价科学理论体系的构建及其评价研究

评价科学理论体系构建是一个宏大的学科理论命题，是一个完整的有机体系，需要从宏观层面研究和解决评价科学理论体系构建的意义、评价科学理论体系构建的学理依据、评价科学理论体系的核心、评价科学理论体系的构成要素、评价科学理论体系的基本结构、评价科学理论体系的评价科学等问题。评价科学主体部分由理论评价学、应用评价学和专门评价学三大学科体系组成。其中，理论评价学包括评价学的理论基础、评价科学事业发展、宏观评价学、比较评价学等，应用评价学在理论评价学的指导下研究评价活动和评价工作的数据、方法、技术、程序等具体问题，专门评价学研究各领域的评价问题，如科技评价学、经济评价学、教育评价学等。

二、评价科学方法体系构建

评价科学方法体系构建如图2-2所示。

（一）评价科学理论研究方法体系构建

评价重实践轻理论的现象长期存在。目前，评价科学中使用的理论研究方法有哪些？专业领域研究者对理论研究方法的需求如何？新时期，如何遴选、借鉴、综合、创新，以形成全面系统的评价科学理论研究方法体系？针对以上问题，我们需要分析评价科学的方法论，全面考察整个科学研究方法体系，调研网络环境下评价科学理论及研究方法的现状和需求，构建基于需求的评价科学理论研究方法体系，以促进评价科学理论研究更快、更好地繁荣和发展。

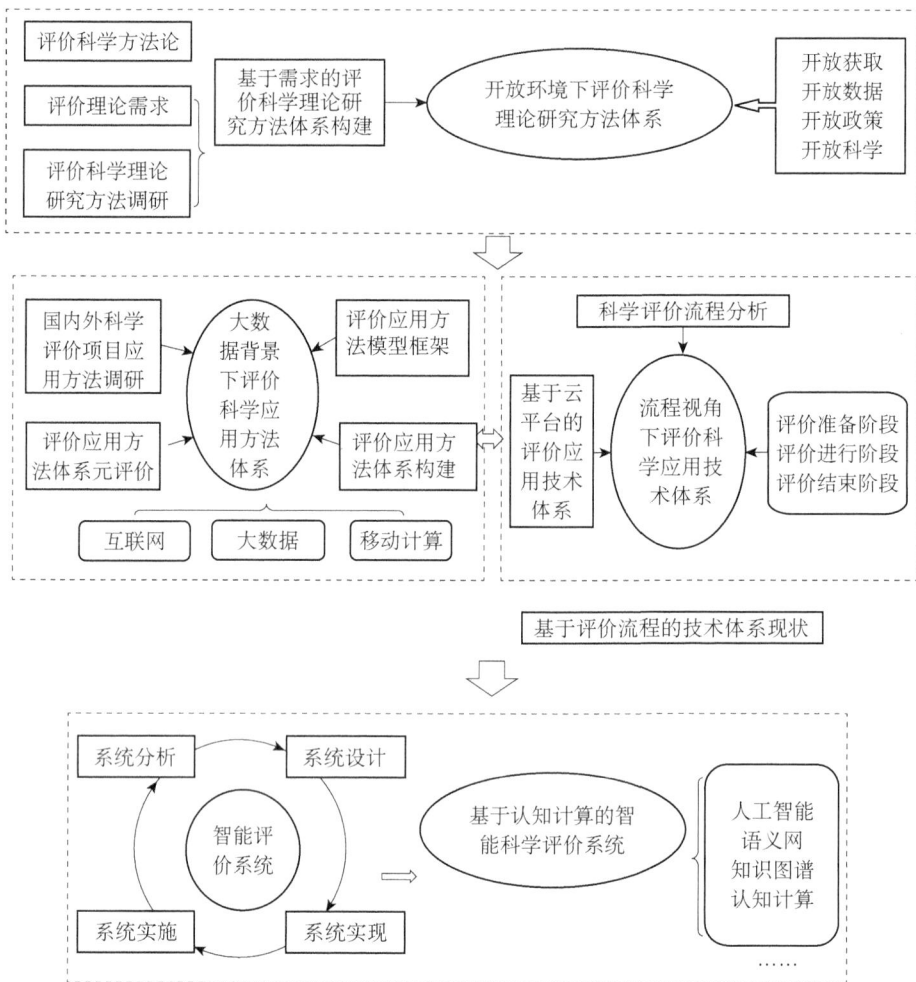

图2-2 评价科学方法体系构建

（二）评价科学应用方法体系构建

评价科学广泛地被应用于社会各个领域、部门和个体之中，评价科学问题由来已久，近年来引起了社会各界的普遍关注，评价科学活动项目也在全球范围内普遍展开。有效的方法是评价实践得出合理结论的有力保障，相关评价科学方法在不断改进，但远未完善。从基于同行评议的评价科学的回归，到基于引文的评价科学方兴未艾、基于影响因子的评价科学的改进、网络环境下基于网络计量学的评价科学的发展、社交媒体环境下基于替代计量学的评价科学的提出等，都需要进行深入研究。

（三）评价科学应用技术体系构建

评价科学方法体系包括评价活动和评价研究过程中涉及的全部方法和程序、技术和工具等。基于评价活动的全过程考察，从评价数据收集与整理、存储与管理到评价结果的展示与服务，每个环节都包括系列关键技术，并且系列的技术集成于相应的工具之中。特别是在云计算环境下，随着大数据技术的兴起、社交媒体的普及、数字出版的流行、开放获取的普及，评价科学的诸多方面深受影响，亟须总结和归纳出全面系统的评价科学应用技术体系。这需要我们通过调研评价科学流程与评价科学程序，总结基于评价科学流程的技术体系，构建基于云平台的评价科学应用技术/工具体系，为评价科学应用实践提供指南与依据。

（四）智能评价科学系统设计

在各类评价科学应用项目中，自动化的计算机辅助评价分析成为主流。计算机辅助评价分析可以分为三个主要阶段：计算机辅助数据处理阶段、系统支持阶段和智能化阶段。智能化阶段是计算机辅助评价分析的高层次阶段，它不仅仅满足于逻辑推理、定量计算或固定程序，还具备灵活性的分析判断能力，以及多路推理、处理模糊问题的本领和智能语义识别的能力。智能评价科学系统设计主要研究利用人工智能、认知计算、数据挖掘、语义网等新技术，采用关联、序列、聚类、分类等方法，分析和设计智能评价科学系统；开发和实现大学智能评价系统；通过有代表性的数据样本验证系统的效果和效率，反馈改进智能评价科学系统功能，为评价科学应用提供工具和系统支持。

（五）开放环境下评价科学方法体系构建

开放环境下评价科学方法体系构建主要研究以下几个问题：评价科学方法论研究；评价科学研究方法调研；基于需求的评价科学方法体系构建。

（六）大数据背景下评价科学应用方法体系构建

作为综合性的应用学科，近年来，评价科学不断完善和变化。新时期，评价科学不断被应用于实践，相关评价方法深受互联网、大数据、人工智能等技术的影响。其中，大数据技术的影响是全新的、全方位的，为评价科学提供了全新的分析理念，提供了更为丰富的数据源，提供了先进的分析技术和方法，也提供了更广阔的应用领域。大数据背景下评价科学应用方法体系构建主要研究以下问题：国内外评价科学应用方法调研；评价科学应用方法模型框架；评价科学应用方法体系构建；评价科学应用方法体系的元评价。

（七）流程视角下评价科学应用技术体系构建

评价科学方法体系中包括系列的应用技术，为了便于应用，每种技术都包含或集成在多个工具或系统之中。评价项目活动是系统工程，目前，从简单的手工评价实践发展到了大型的自动化评价项目阶段，每一个评价环节都涉及相应的技术方法。从评价实践的具体流程视角进行分析，可以全面、系统地分析评价科学应用技术、工具体系。流程视角下评价科学应用技术体系构建主要研究以下问题：评价科学流程分析；基于评价科学流程的技术体系分析；基于云平台的评价科学应用技术体系构建。

互联网、大数据和云计算等技术给评价科学应用带来了新的挑战与机遇，特别是云平台为评价活动提供了高效、快速、强大的基础设施，改变了评价科学应用的具体运作。在新的环境下，如何构建一个面向评价工作流程的评价科学应用技术体系，是当前评价科学研究适应新环境的关键所在。以构建面向评价实践流程的技术体系为目标，对于评价可以采用文献调查法、内容分析法、系统分析法、调查问卷法、基于规则的知识抽取方法等进行研究。针对新环境、新对象、新需求，构建面向评价流程的评价科学应用技术和工具体系，具体包括评价需求定义计划制订方法集、评价信息检索与数据采集方法集、多源评价数据融合与清洗方法集、评价数据分析与内容挖掘方法集、评价结果解读与可视化展示方法集、评价报告撰写与结果传播方法集、评价信息资源开发与管理方法集等。

（八）基于认知计算的智能评价科学系统构建

认知计算是人工智能和大数据的"联姻"，它模仿人类大脑的计算系统，让计算机像人一样思考，而不仅仅是作为一个开发系统。借助计算机技术实现评价科学活动的自动化、智能化和个性化是发展趋势，认知计算代表一种全新的计算模式，包含信息分析、自然语言处理和机器学习领域的大量创新技术，目前在搜索引擎、电子商务、智慧城市等领域得到快速发展。评价科学应用是一种高度复杂的决策活动，具有以下要求：数据信息的充分性、方法的集成性、程序的科学合理性、评价主体的独立公正性、评价结果的复杂系统性。开发基于认知计算的智能评价科学系统，满足潜在信息发现和评价服务需求，具有重要的现实意义和实际价值。基于认知计算的智能评价科学系统构建主要研究以下问题：智能评价科学系统的分析；智能评价科学系统设计；智能评价科学系统实现与实证分析。

（九）评价科学方法及应用

经过长期的探索和演变，评价科学方法已经从早期的同行学者单一定性评议发展到当今使用一系列评价指标将定性评价与定量评价相结合；从以前较为单一的同行评价方法转变到现在使用同行评议与文献计量分析多种评价方法互相补充。评价科学方法中重点关注的问题有直接指标和间接指标、直接评价与间接评价、主观评价与客观评价、定性评价与定量评价、各评价方法及其相互关系和存在的问题。目前，评价科学领域常用的评价方法主要有以下四类。[①]

1．同行评议方法

同行评议是由同一学科领域或者与之接近的学科领域的专家根据自己的知识和对学科发展的了解，对科研成果的学术水平和学术价值进行定性评价的一种机制，它是国内外学术界公认的评价科学方法。

在我国，学术界的同行评议起步较晚。20世纪50年代，我国同行评议仅用于规划的编制和项目的评审，20世纪60年代，同行评议曾一度中断，20世纪70年代到80年代初，大多数学术期刊实际上没有实行同行评议制度。1986年，国家自然科学基金委员会根据公平、公开、公正的原则实行了同行评议制度。以后，随着科学管理制度的不断发展，同行评议制度已经被广泛运用于科研规划、项目设计、项目评审、经费资助、课题结项、成果评奖、刊物论文匿名评审、成果出版等各个环节，成为学术界公认的学术规范。20世纪90年代，这一制度逐步完善，与此同时，许多学术期刊也相继建立了同行评议制度。

同行评议一般采取两种评审方式：一是会议评审。参与者一般为同一学科的学者或者是同行专家（包含非学术领域的实际部门的专家）。二是通讯评审，或称信函评审。它以信函形式送审成果，要求有关专家背靠背地进行评价。会议评审和通讯评审都可以采取单盲或者双盲的评审办法。在会议评审中，专家可以与被评议人见面，听取被评议人的汇报，进行面对面的质询和问答。

① 邱均平，文庭孝等. 评价学：理论·方法·实践[M]. 北京：科学出版社，2010，89；周晓雁. 科学评价的方法与工具研究[J]. 情报科学，2009（1）：103-107；韦莉莉. 加强成果评价 改进评价方法[J]. 社会科学管理与评论，2005（2）：59-63；娄策群. 论文献的科学评价功能[J]. 中国图书馆学报，1997，23（6）：20-25.

同行评议方法之所以能得到广泛应用，在于它有一系列优点：一是同行评议方法可以充分发挥专家的作用；二是对信息资料数据的需求和依赖程度比较小，从而避免和减少了因信息数据不全或不精确而产生的片面性和局限性；三是特别适用于一些难以量化的成果的评价。但是同行评议最大的缺陷是评价的主观性和局限性比较大，做出的评价和判断很大程度上只具有定性的特征，对定量的考虑极少。一方面，同行评议是以评价者的主观判断为基础的一种评价方法，这种评价容易受评价者的主观意志的影响，容易带有个人偏见和随意性。另一方面，同行评议往往受评价者的知识专长、认识水平的局限以及评价过程中的偶然因素的影响，容易产生片面性，评价的范围比较小。

2. 指标体系评价方法

为了减少学术评价的主观性、随意性，增加评价的客观性，20世纪80年代末，特别是20世纪90年代初，同行评议逐步由纯粹的专家定性评价发展为在成果评价中由同行专家使用某种评价指标体系来进行定量的评价，以此作为定性评价的补充，这种方法叫作指标体系评价方法。指标体系评价方法具有两个明显的特点：一是为成果评价工作提供了一个可参照的、统一的评价标准；二是采用以量化评价为特征、以定性评价为依据的评价方法。将指标体系评价方法引进同行评议后，使得同行评议在形成一致的评价标准和将定性与定量评价有机地结合起来这两个方面有了很大的改观。20世纪90年代中期，中国社会科学院新闻与传播研究所分别研究、制定的《社会科学成果评价指标体系》，对我国社会科学研究成果管理与评价发展的贡献和所起的推动作用就在于此。指标体系评价方法的核心是针对评价的领域和对象建立一系列评价指标和评价标准。对于指标体系，可以根据其指标与评价对象的内在表现和外在表现紧密联系的两方面分为直接指标和间接指标。直接指标是直接对成果本身进行评价的指标，主要包括成果理论与方法的独创性、科学性、可靠性、有效性、系统性、逻辑严密性，研究难度，复杂程度，学术价值和社会价值等。间接指标是通过其他载体间接评价的指标，主要包括被报刊转载的情况、他人研究的引用率、获奖情况、课题来源、发表报刊的权威性等级、进入领导决策的层次等。每一类指标又可以分为若干小项，对于每个小项，给出不同的权重和不同等级的评分，然后汇总各个指标的分值，最后再根据这些不同等级的评分得到一系列"量化"指标，对科学成果进行综合评价。因此，这种对指标分等级评分的"量化"过程既具有定性的特征也具有定量的特征，即指标体系评价方法具有定性评价和定量评价相结合的特征。

由此可见，使用指标体系评价方法也是一个比较复杂的过程。要确保科学研究成果评价的客观性、科学性、有效性和公正性，在科学研究评价工作中还需要在遵循科研管理界普遍认同的几个评价原则的前提下，灵活运用指标体系评价方法。这些评价原则是：直接指标和间接指标相结合、主观评价与客观评价相结合、学术价值和社会效益相结合、科学性与易操作性相结合、重点评价与一般评价相结合、专家评价与科研管理部门评价相结合。

3. 文献计量分析方法

为了减少人为因素的影响，使成果评价尽可能地客观，20 世纪 90 年代中后期，许多管理部门和研究人员开始探索借助科学计量分析的方法来评价科学研究成果，形成了文献计量分析方法。文献计量分析方法是运用文献计量学理论揭示文献（成果）之间的内在联系，由此分析和评价作者或机构的成果数量、引证率、转载率，以及与此相关的学科研究动态、核心作者群等发展情况。目前，常用的文献计量分析的指标包括论文发表数量，成果被引用、被转载、获奖情况等。中国科学院文献情报中心是国内最早运用文献计量学开展科技论文统计与分析的研究机构。目前，它也是国内对科技论文及其引文进行统计、分析的权威研究机构。

评价科学中文献计量分析方法的发展是建立在引文索引思想及科学引文索引工具形成和完善的基础上的。20 世纪 60 年代，美国学者尤金·加菲尔德（E. Garfield）发展了美国学者谢泼德（Shepherd）的引文索引思想，相继研制了 SCI、SSCI、《艺术和人文科学引文索引》（*Arts & Humanities Citation Index*，A&HCI）。在现代信息技术的支持下，大规模的引文数据库建立起来之后，引文索引和分析容易可行，功能不断拓展。SCI、SSCI、A&HCI 等引文索引的出现，开创了以文献计量学为主的多方位研究方向，逐渐成为评价一个国家、一个地区、一个单位乃至个人的学术影响的极为重要的工具之一，也成为在科研评价中实现文献计量学分析的评价工具之一，在国际上产生了较大的影响，受到了各国科研人员的广泛关注和好评。如今，引文索引数据库已经被广泛应用于对科研机构、学者、科研成果、学术期刊等进行评价。

4. 多指标综合评价方法

经过多年的发展，多指标综合评价方法的理论研究与实践活动都有了很大的进展，新的方法时有提出，旧的方法也时有改进。从最初的评分评价、组合指标评价、综合指数评价、功效系数法等到后来的多元统计评价法、模糊综合评判法、灰色系统评价法、层次分析法，再到近年来的数据包络分析（data envelopment analysis，DEA）方法、人工神经网络等，评价方法日趋复杂化、数学化、多学科化，使之成为一种边缘性的科学技术。综合评价方法的应用领域也日益广泛，从最初的各行各业经济效益统计综合评价到后来的技术水平评价、生活质量评价、小康水平评价、社会发展评价、环境质量评价、竞争能力评价、综合国力评价、地区经济实力评价，近年来又出现了可持续发展评价、现代化水平评价、城市化评价、人员素质评价（包括领导者）、企业创新能力评价、管理评价等。可以说，任何综合性活动都可以进行综合评价，既有宏观层次的综合评价，也有微观层次的综合评价；既有像"综合国力""环境质量""现代化"等的"大系统"评价，也有一些如"水资源评价""高校师资评价"等非常专门的"小系统"评价。另外，综合评价应用的复杂性日益增强，综合评价的这种定量分析技术已经得到了广泛认同。

三、评价科学标准与认证体系构建

评价科学标准与认证体系主要研究以下问题。

（一）新环境、新元素、新问题对中国评价标准的影响

新环境（如中国梦、中华民族伟大复兴、中国崛起、创新型国家、"一带一路"倡议、科教兴国战略、中美贸易战等）、新技术（"互联网+"、云计算、大数据、人工智能等）、新元素、新问题（信息公开、数据开放、信息共享、开放存取等）以及国际评价话语权争夺等社会环境变化对中国评价标准的影响，面临新的世界评价话语权的争夺，以及中国评价标准的变化。

（二）中国评价标准体系的内涵

这部分主要探讨新环境、新技术、新元素以及世界评价话语权争夺背景下中国评价标准体系的含义。同时，分析体现中国特色、中国元素和中国问题，具有国际通用性和领域普适性的评价指标、评价政策、概念体系、话语体系、认证体系，研究中国评价科学的标准与认证体系，为构建具有中国话语权的评价科学体系提供政策指导与决策支持。

（三）评价话语权标准的国际比较

在这里，主要是对现有的国际评价话语权标准进行比较，从评价指标、评价政策、概念体系、话语体系、认证体系等方面对国际通行的评价标准进行比较分析，加强中外标准的对比研究。对中外标准体系及控制性技术指标进行对比研

究，一方面，有利于快速地学习和掌握国外标准；另一方面，有利于认识差距，可以及时吸纳国外标准中的先进技术和经验，提升国内标准的整体水平，进一步完善国内标准体系。

（四）评价标准体系的中国特色表现

强大的逻辑说服力、公正的价值理念、科学的依据和实证材料等是构成话语权的要素。评价标准体系的中国特色表现需要通过比较分析找出中国评价标准体系与国际评价标准体系的差异及不足之处，进而分析在国际评价话语权争夺的背景下，中国评价标准体系的特色表现，为国际评价话语权领域提供中国思想、中国价值和中国方案做出独特贡献。

（五）中国评价标准及认证体系的构成

其主要是指根据中国评价标准体系的内涵，分析中国评价标准体系的构成要素，从中国评价标准的原则定位、基本程序、分析方法、工作途径等方面构建方法论体系。标准体系是特定目的所需的全部标准，实物是标准，虚物是需要制定标准的对象，标准是按属性关系进行分类的。标准体系目标对象的标准化基础条件的差异要求构建不同类型、不同基础的评价体系。评价体系构建的类型分为创建型、提高型和完备型，可以根据标准体系的方法论构建通用的程序流程及模块。

（六）中国评价标准体系构建

构建中国评价标准体系应遵循科学性、可操作性、导向性的原则。科学性原则就是在对中国评价标准体系面临的新元素、新环境、新问题等有充分认识和研究的基础上，选择具有高代表性、低相关性的指标。可操作性原则就是理论上可行的评价指标体系，可能会存在指标数据获取困难，面临此类问题时，应该用具有数据获取较易、相关性较高的指标进行替代。对于导向性原则，中国评价指标体系应通过"顶层设计"引领中国评价指标体系的国际化方向，构建中国评价标准体系方法论及确定核心要素。

（七）促进中国评价标准国际化

标准国际化是指以推广本国或本地区标准为主要目的，采取一系列双边或多边的标准化策略，使标准满足其他区域要求的国际化活动。中国评价标准国际化研究包括国际化的原则、步骤、要求、方法等。在国际社会，不同治理主体的利益诉求、关注点和价值理念往往千差万别。不考虑差异性的国际规则，难以被不同国家和群体普遍认同，也就难以在国际社会得到普遍遵循。在评价标准话语体系建设方面，要着力打造融通中外的新概念、新范畴、新表述。

（八）促进中国评价标准国际认可

要推进中国评价标准体系的国际认可，就要整合各方面的资源，大力推进中国评价标准的国际化。例如，以"一带一路"沿线国家为切入点，这些国家的政治、经济、文化、语言、宗教、技术、生态环境、建设条件、管理模式等各有不同，应逐一分析采用中国评价标准的可行性，并制定相应的对策，提出基本原则、体系结构、工作思路和预期目标。另外，在抓住核心要素和主要问题的同时，要考虑全面性、客观性和可操作性。

评价科学标准与认证体系构建如图2-3所示。

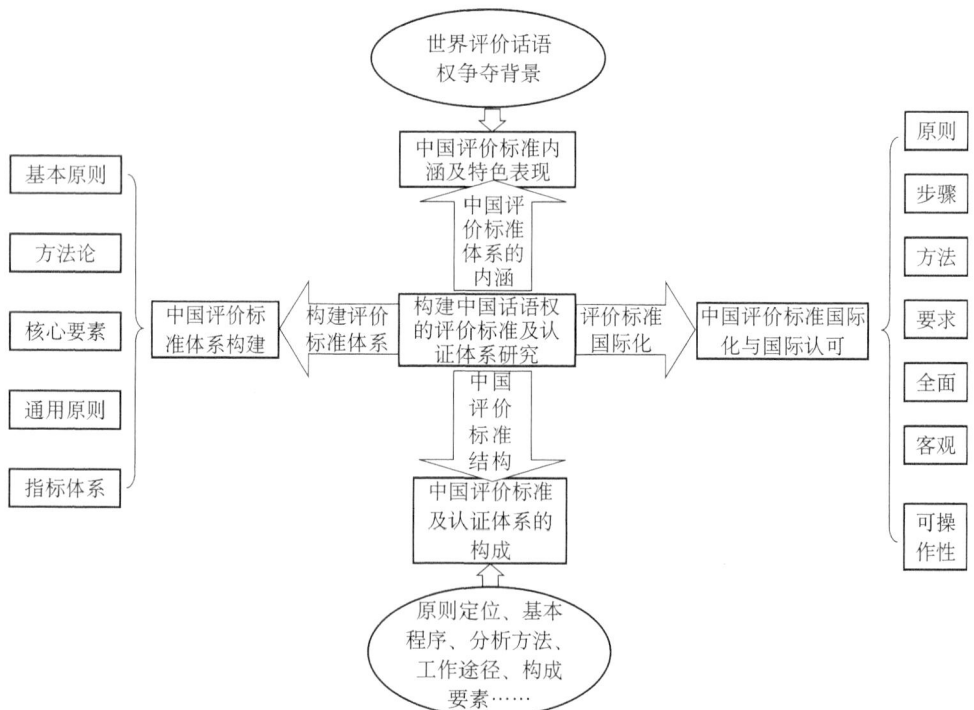

图2-3　评价科学标准与认证体系构建

四、评价科学应用体系构建

评价科学应用体系需要重点研究以下问题。

（一）国内外评价科学应用研究梳理

随着社会的发展，目前的评价科学事业已经有了很大的发展，表现为各行各业都进行了大量的评价实践，相关领域也已经有很多理论研究，这些都为评价科学应用体系构建研究提供了丰富的学术思想。因此，我们需要通过对相关理论和文献的系统梳理、归纳凝练、借鉴吸收，对已经出现的评价应用进行梳理、归纳、分类，为构建系统化的评价科学应用体系提供支撑。

（二）评价应用的特征、趋势、规律研究

评价科学应用体系随着时代的发展而发展，但当前对于我国评价应用如何发展和演变的规律的研究尚属鲜见，理论研究严重滞后于应用。新的时代呼唤新的评价科学应用体系的构建，而新的评价科学应用体系的构建又离不开对评价应用领域是如何不断扩展的，以及对其特征、趋势、规律等的研究，以便为构建新时代的评价科学应用体系提供理论指导。

（三）国外评价应用体系比较分析和经验借鉴研究

近年来，欧美等发达国家和地区纷纷在科技评价、经济评价、教育评价等方面提出了新的理论和方法，继续在国际评价话语权方面占据主导地位。我国要增强评价领域的话语权，就需要对这些发达国家和地区的评价应用体系进行比较系统的研究，以期做到知彼知己。因此，我们需要从总体上对国外的评价实践进行深度追踪与比较，研究发达国家在发展评价科学应用方面的做法和经验。

（四）我国评价应用领域的成功经验与优势研究

相比美国等发达国家，我国虽然在科技评价、经济评价、教育评价等领域还不具备强大的世界话语权，但在某些领域我国的评价实践已经非常丰富，在一些方面也已经比较成熟，取得了较好成绩。因此，我们需要从评价的队伍、评价的成果、评价的政策法规等方面探索这些领域的成功经验。

（五）评价科学应用案例和实证研究

评价科学应用案例和实证研究需要选择特定领域、特定方法、特定对象进行案例分析和实证研究，如科技评价（项目评价、人才评价、机构评价、期刊评价等）、经济评价（竞争力评价等）、教育评价（大学评价、学科评价等）。它们是我国当前迫切需要进一步完善的评价领域，因此我们需要对这些领域的评价现状、存在的问题、改进措施等进行深入的调查、分析，以期为推进这些重要领域的评价科学应用提供系统的解决方案。

（六）评价应用数据库和平台建设研究

评价科学应用和实践的开展离不开数据、系统和平台的支撑。如何根据评价应用领域、要素、过程、任务、方法等实证、实践和应用的需要构建相应的评价应用数据库、评价应用系统和评价应用平台，是现代信息技术和评价科学应用发展的必然要求。同时，应重点考虑科技评价（项目评价、人才评价、机构评价、期刊评价等）、教育评价（大学评价、学科评价）和经济评价（竞争力评价等）领域的评价应用数据库、评价应用系统和评价应用平台建设。

评价科学应用体系构建如图2-4所示。

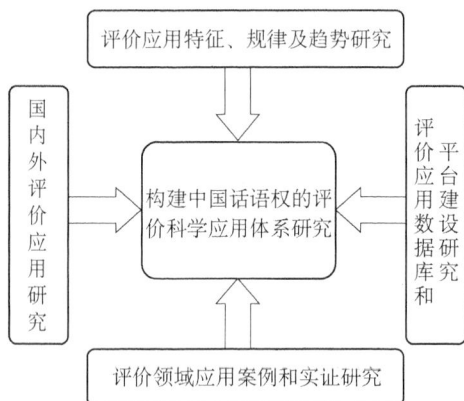

图2-4　评价科学应用体系构建

第三章

评价科学方法

第一节　评价科学方法概述

评价被广泛地应用于社会各个领域、部门和个体之中。评价问题由来已久，近年来，更是引起了社会各界的普遍关注，科学评价活动项目也在全球范围内普遍展开。评价科学是研究科学评价活动规律的一门学科，从不同类型的科学评价活动实践与经验中进行高度浓缩和提炼而形成一般的理论、方法和规律，离不开评价科学方法体系。

此外，作为应用性较强的科学，方法体系在评价活动中占有重要地位，也深受计算机网络技术的影响。新的环境下，相关评价研究及实践活动需要相关评价技术和工具作为支撑，以实现评价的自动化、智能化、网络化、精确化，而相关科学评价的实现，是以计算机评价系统作为平台的。

从一门科学的角度来看，评价科学方法可以形成一个完善体系，包括评价科学理论研究方法体系构建、评价科学应用方法体系构建、评价科学应用技术体系构建、智能科学评价系统设计。下面的内容按评价科学方法体系的组成分别论述。在开放环境下，评价科学理论研究方法体系是基础；在大数据背景下，评价科学应用方法体系是重点，其中应用方法内容较多，故用四节内容详细展开；在流程视角下，评价科学应用技术体系是支撑，其中基于认知计算的智能科学评价系统是应用平台，相关部分论述了如何实现相关评价方法和技术在平台上的应用。评价科学方法体系可以为评价科学理论提供借鉴，为具体的科学评价实践提供指导。

第二节 评价科学理论研究方法体系

随着互联网技术的发展，开放共享成为世界发展的主旋律，典型的领域包括开放获取、开放数据、开放政策、开放科学等。在开放环境下，评价科学理论需要与时俱进并体系化，但国内外关于评价科学理论方法的研究滞后于实践与应用研究，构建开放环境下的评价科学理论研究方法体系尚属鲜见，新环境呼唤新的科学评价理论研究方法。

一、评价科学方法论分析

评价活动是一项系统性、实践性很强的工作，需要在科学方法论的指导下进行。钱学森先生就曾指出："应当重视科学方法论在科学研究活动中的作用。"[①]

所谓方法论，是指"方法的科学"，与如何创造和使用方法的知识有关。科学研究中的方法论不是指具体的研究方法，而是一种研究方法的思路，内容包括方法的移植、方法与理论的相互转化、针对具体研究对象的方法选择等。方法的移植主要是指在针对某一学科领域进行研究时，对其他学科常用研究方法加以改进，从而运用到本学科的科学研究中。方法与理论的相互转化主要是指科学理论的进步可以为科学研究方法的改进提供思路。另外，在科学研究中，方法的运用不是为了运用而运用，方法是为科学研究服务的，最终是要促进科学理论或实践的发展。针对具体研究对象的方法选择则是指在具体科学研究方法的选取上的标准与思维方式，即具体科学研究中的方法应当以具体研究的实际情况和研究目的为基准进行选择。

---

① 转引自：钟义信. 人工智能的突破与科学方法的创新[J]. 模式识别与人工智能，2012，25（3）：456-461.

二、评价科学理论研究方法的形成

现状调研是构建新型评价科学理论研究方法的前提和基础，具体来说，可分为三个层次：第一，基于评价科学研究文献的研究方法调研。它主要是指以目前已刊发的相关评价科学文献为基础，分析现有或正在被使用的相关方法，并做总结和分析。具体来说，要系统地搜集中国知网、读秀、Web of Science 和 Science Direct 等国内外主流文献数据库中的论文、图书等不同类型文献，分析评价科学文献使用的研究方法，对其使用的研究方法进行频次分析、相关分析，进行不同角度的分类与比较分析，运用科学知识图谱工具进行深入挖掘与可视化展示。第二，评价科学理论研究方法的需求调研。它主要是指基于新的环境，对各种类型的评价科学研究学者进行访谈和问卷调查，全面分析国内外评价科学研究学者的研究方法需求特征和分布规律。第三，评价科学理论研究方法使用和需求现状的比较。它是指基于国别、学科、性别、年龄、职级等变量，通过方差分析和非参数检验分析两者的异同及其可能原因，并且提出合理的解决方案。

三、基于需求的评价科学理论研究方法体系

科学评价研究离不开科学方法。按照王崇德教授对图书情报学方法的划分[①]，可将学科方法论分为三个层次，即哲学方法、一般科学方法和专门科学方法，如图3-1所示。

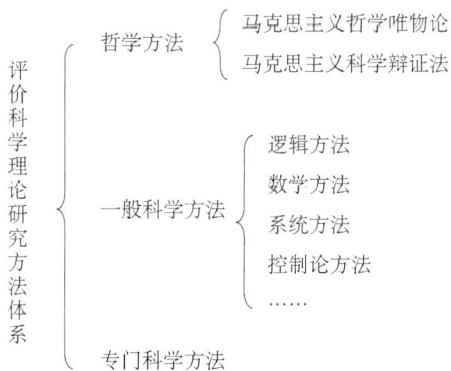

图3-1　评价科学理论研究方法体系

① 王崇德. 情报学研究方法概论[J]. 情报科学，1985（6）：1-7.

（一）哲学方法

哲学方法是利用哲学的思维方式来看待科学评价形成的一套研究方法或实施方法。中国坚持以马克思主义哲学方法论统领一切科学研究。马克思主义哲学方法论以辩证决定论方法为核心，形成一总多分的方法论体系。实践的本质原理，即社会历史的客观规律性与人的主观能动性的统一，为我们提供了辩证决定论方法，即把握客观规律、正确发挥主观能动性、坚持客观规律与主观能动性的统一。

围绕辩证决定论方法，马克思主义哲学方法论将对社会进行科学分析的方法划分为多个角度：①从客体角度对社会进行分析的方法主要有社会本体论方法、实践标准、生产力标准，即要求一切从社会实际存在出发，以社会实践为基础，以推动生产力发展为方向；②从主体角度分析社会的方法主要有群众路线和阶级阶层分析方法，即坚持以人民群众的最高利益作为评价一切事物好坏优劣的最高标准，同时认识到人民群众内部尚存在某些差异，要认识差异、促进和谐；③从评价角度认识社会的方法主要是社会评价方法。社会评价的最高主体是人民群众，社会评价的核心——社会评价的标准——是坚持生产力标准和人民利益标准[①]，如图3-2所示。此外，矛盾分析法是贯穿在其他所有方法中的一种基本方法，它要求在联系和区别中把握事物、坚持全面性和重点论的统一以及促进事物向好的方向转化。

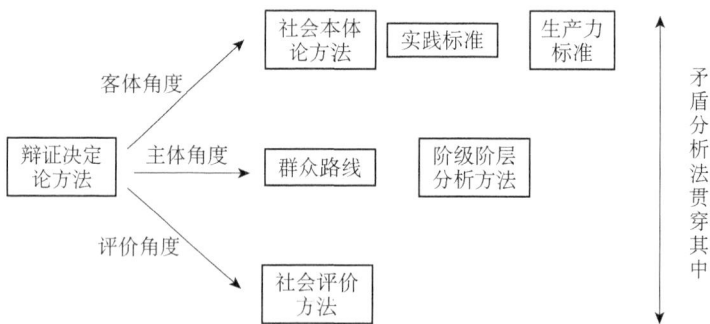

图3-2   马克思主义哲学方法论体系

（二）一般科学方法

一般科学方法是在相应的哲学指导思想的基础上，可适用于多个学科或实践

---

① 董德刚. 马克思主义哲学方法论概要[J]. 学术研究，2008（10）：24-30.

领域的具体研究方法或实施方法。不同领域和学科相互联系、相互渗透，其科学研究方法具有相似性和共通性，功能也具有互补性。移植和引进一般科学方法，对于促进评价科学方法论的发展具有重要作用。

一般科学方法涵盖的种类较多，包含社会调查法、逻辑推理法、观察实验法、数学方法、思维科学方法、历史方法、现代科学方法等多学科角度的研究方法。其中，逻辑推理法主要包括科学抽象法、比较分类法、归纳演绎法、分析综合法、证明反驳法等，是贯穿于全部科学门类研究中的重要方法。在王崇德教授的分类中，现代科学方法主要指新旧三论。① 系统论、信息论、控制论被称为"旧三论"，耗散结构理论、协同论、突变论被称为"新三论"。学者刘伟等对21世纪图书情报方法论进行的研究指出，新旧三论已逐渐淡出图书情报领域的主流研究方法②，而数学方法则越来越多地受到评价科学领域学者的关注。

数学方法在评价科学领域得到广泛应用，主要源于20世纪70年代文献计量学的兴起。布鲁克斯等情报学家纷纷采用数学、统计学的定量方法对文献进行分析，以研究其科学特性。③ 对评价对象进行定量分析与评价逐渐成为评价科学研究方法的重要发展方向。在网络环境下，对海量信息及知识的分析及评价等问题的重要性得到了体现，模糊数学方法被研究者大量采用。④ 模糊数学方法被广泛应用于信息检索质量评价研究⑤、图书馆服务质量评价研究⑥等多个领域。

（三）专门科学方法

专门科学方法是评价科学在研究和具体实施中应用的特有方法。对于评价科学的专门研究方法，主要可以从定量方法、定性方法和综合方法三个角度进行考量。定量方法主要是指以文献计量法为主的各类计量方法；定性方法主要包括同行评议法、德尔菲法等；综合方法则主要指层次分析法和多指标评价法。其他方法只能算作评价实践中使用的方法。

① 王崇德. 情报学研究方法概论[J]. 情报科学，1985（6）：1-7.
② 刘伟，王传清. 21世纪我国图书情报学方法论研究综述[J]. 图书馆，2011（3）：68-73.
③ 马费城. 论布鲁克斯情报学的定量方法[J]. 情报科学，1983（4）：1-9.
④ 曾玉. 信息检索的模糊聚类分析模型[J]. 情报学报，2004（4）：433-436.
⑤ 沈同平，李佰承，金龙. 基于模糊数学方法的信息检索质量评价研究[J]. 情报探索，2009（7）：6-7.
⑥ 姚强，程彩萍. 图书馆服务质量评价的一种数学方法[J]. 情报杂志，2003（10）：56-57.

第三节　评价科学应用方法体系

一、评价科学应用方法体系构建方法

目前，评价科学应用方法繁多，具体方法在不断修正和改进，新的评价方法层出不穷。对新环境下的评价科学应用方法进行系统梳理、整合可以发现，其主要包括以下三方面的内容。

（一）评价科学应用方法体系的构成

评价科学应用方法体系的构成主要有四大类：第一类是以外部专家定性评价为主的方法；第二类是以同行专家评议为主，辅以计量评价并强调案例研究的方法；第三类是以定量为主的评价方法，如文献计量法、指标综合评价法及经济计量法等；第四类是以知识可视化和科学知识图谱方法开展的相关研究，如科学学、热点领域跟踪、科研绩效评价、科学预测、科技政策制定和科研资源配置等。

（二）评价科学应用的具体方法

评价科学应用的具体方法主要包括三种，即定性评价方法、定量评价方法和综合评价方法。定性评价方法是基于同行或专家过去的知识和经验对评价对象做出主观判断，主要有同行评议法、德尔菲法、调查研究法、案例分析法和定标比超法等。定量评价方法则是通过把复杂现象简化为指标或相关数据，用数值比较来进行判断分析的方法，包括科学计量学、文献计量学、情报计量学、技术计量学、网络计量学以及经济计量学等一系列学科理论和方法。综合评价方法是定性和定量相结合的评价方法，主要有层次分析法、多指标综合评价法和知识图谱分析法等。

（三）网络环境下新型方法

一方面，开放式同行评议、参与式评价法、自动评价法、智能评价法等新型方法层出不穷，例如，对智能化的应用评价方法的探索，以及分析 BP（back propagation）、SOM-BP（self-organizing feature map back propagation）、LVQ（learning vector quantization）、SOM-LVQ（self-organizing feature map learning vector quantization）中的一种或多种组合的人工神经网络方法，并将其应用于评价应用中的探索与实践；另一方面，在社交媒体环境下，针对替代计量学评价方法的原理、指标模型、工具技术和实践应用的研究发展迅速。

评价科学应用方法体系构成如图3-3所示。

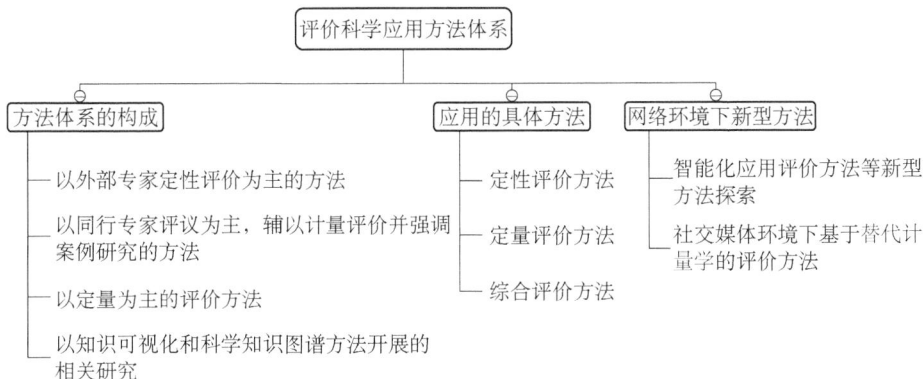

图3-3　评价科学应用方法体系构成

二、国内外科学评价应用项目中的评价方法应用现状

科学评价的方法有很多，每一种方法都有自己的操作模式或数学模型。总体来说，这些评价方法可归纳为二类：一是基于专家知识的主观评价法（定性评价方法或专家定性判断法）；二是基于统计数据的客观评价方法（定量评价方法或定量指标评价法）；三是基于系统模型的综合评价方法（包括定性与定量相结合的评价方法和各种综合评价方法）。

目前，国内外典型评价项目的评价方法通常以基于统计数据的客观评价方法或基于系统模型的综合评价方法为主，单纯利用基于专家知识的主观评价方法进行的评价已越来越少了。

CSSCI来源期刊评价采用的是以定量评价方法为主，定性、定量评价方法相结合的综合评价模式。在对来源期刊进行基本条件筛选和形式审查后，对于符合基本要求的期刊，根据CSSCI系列数据库的统计结果形成"期刊引证指标统计报告"，并获取来源期刊的反馈意见。此外，根据具体需要邀请学科专家或编辑专家就期刊或集刊的学术水准和学术影响力等进行网络评议，将各类信息汇总交由专家会议审议。专家会议综合各类信息进行综合评议，并通过期刊遴选实施细则。最后，南京大学根据专家会议通过的实施细则进行相关数据的处理和统计工作，根据数据直接生成下一年度来源期刊或集刊以及扩展版期刊目录并正式公布。①

武汉大学中国科学评价研究中心推出的"中国大学综合竞争力评价"，采用的是定量指标评价法。表3-1是武汉大学中国科学评价研究中心"中国重点高校综合竞争力评价"的指标。②

表3-1   "中国重点高校综合竞争力评价"的指标

一级指标	二级指标
办学资源	基本条件
	教育经费
	教师队伍
	优势学科
教学水平	生源与毕业生
	研究生与留学生
	教学质量
科学研究	科研队伍与基地
	科研产出
	成果质量
	科研项目与经费
	效率与效益
学校声誉	学校声誉

除此之外，世界典型的大学综合实力评价也往往采用指标评价法，如英国QS 排名设定了 4 个一级指标来评价一所大学，即学术指标、雇主指标、学生指标和国际指标。

---

① 《中文社会科学引文索引（CSSCI）》来源期刊（集刊）遴选办法（试行）[EB/OL]. http://bbs.pinggu. org/thread-5059389-1-1.html[2021-05-02].

② 邱均平，文庭孝等. 评价学：理论·方法·实践[M]. 北京：科学出版社，2010，189.

三、评价科学应用方法模型框架

评价科学应用方法模型框架的具体内容包括评价应用涉及的方方面面。评价应用涉及评价主体、评价客体、价值主体、价值客体、评价目的和标准、评价时间和地点、评价技术与方法以及评价环境等多方面，这些部分有机结合形成了评价系统框架，如图3-4所示。

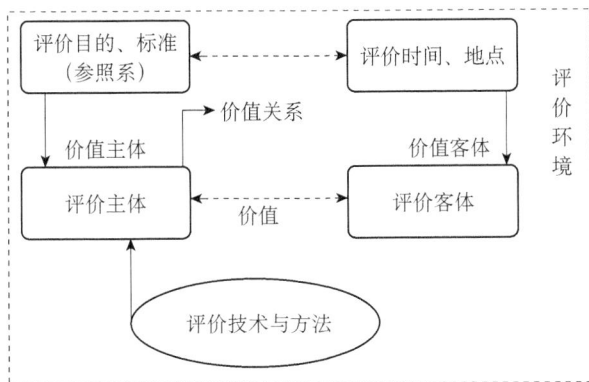

图3-4　评价科学应用方法模型框架

评价主体是评价的实施方，评价客体是被评价方。评价主体利用各种评价应用方法、技术体系对评价客体进行评价。评价主体和评价客体之间之所以能形成评价关系，是因为评价主体和评价客体同时还分别是价值主体和价值客体，两者之间具有价值关系，即对于价值主体而言，对价值客体的评价存在一定价值。在应用各种方法开展评价时，评价主体需要明确其评价目的和标准，即为评价行为设定参照系。此外，对评价客体的评价，也需要限定评价的时间、地点等。这样做的好处如下：一是使评价内容更有针对性；二是限定要素范围后得到的评价结果更加准确。然而，整个评价活动都应该在相应的评价环境中完成。

评价科学应用方法模型框架的构建需要结合定性与定量评价方法，分析科学评价应用方法的框架与价值标准、评价原则与程序、评价环境和活动、评价规范与要素、评价工具与技术，通过聚合与组合形成多维融合的方法体系，构建时空二维综合评价方法模型框架。总的来说，评价科学应用方法模型框架是从背景、需求、环境等方面综合考量，结合基于元评价的评价进程与评价结果分析，研究决策支持和使能驱动双重导向、外在环境与内在个体需求协同驱动下的综合评价模型应用机制。

第四节　定量评价方法

定量评价方法又称为计量方法、统计方法。它是通过把复杂现象简化为指标或相关数据，并对科研活动中的指标或相关数据的数值进行统计，用数值比较来进行判断分析的方法。定量评价方法一般包括文献计量法与经济计量法两大方法。随着理论和实践的不断发展，又出现了替代计量法和DEA法等。[①]

一、文献计量法

（一）文献计量法概述

文献计量评价是国际主流的科研定量评价方法，源于20世纪中叶兴起的文献计量学和科学引文分析。1962—1963年，被称为"文献计量学之父"的美国科学家普赖斯（Price）先后出版了两部奠基性著作——《巴比伦以来的科学》《小科学，大科学》，开了文献定量分析的先河。文献计量法主要是以出版物和出版物的引文、专利授予权数及专利的引文为计量对象，考察计量对象在国家、地区、机构、时间、语种、文献类型等不同属性上量的分布特征和规律，用论文数量和质量反映科学生产能力和水平，用论文被引频次和被引率等反映科学价值、社会价值和影响，并以此为依据来评价各科研主体的科研水平、科研实力和科研能力。

文献计量法以文献增长规律、文献老化规律、布拉德福定律、洛特卡定律、齐普夫定律和引文分析法等基本规律和方法为基础，以SCI、SSCI、EI、CSCD、CSSCI等数据库为数据来源和统计工具，形成了一整套完善的计量评价方法，被广泛应用于科研评价、人才评价、学科评价、科学预测、科研管理和科研决策等领域。现代信息技术的快速发展与广泛应用为文献计量法注入了新的活力和生机，使科研定量评价和分析更为科学、客观和准确。

当文献计量学被应用于考察科学活动的特征时，它通常被称为科学计量学；当文献计量学被用于量化处理更为广泛的信息源和信息传播过程时，它被称为信

---

① 邱均平，文庭孝等. 评价学：理论·方法·实践[M]. 北京：科学出版社，2010，88.

息计量学或者情报计量学；当文献计量学被用于研究网络信息流和网络数据的特征和规律时，它被称为网络计量学；当文献计量学被用于对基于数据和信息而产生的"知识"的量化计量时，它被称为知识计量学。

（二）文献计量法的指标

文献计量法是指利用出版物、专利、引文等科技绩效指标进行科研评价的一种定量评价方法。出版物和专利是衡量产出能力的尺度，引文数则是衡量其工作结果影响力的尺度。

根据文献计量指标功能的不同，可以把它们划分为两大类型：描述性指标和关联性指标。最基本的描述性指标是论文、专利和引文数量，通过统计和分析这些指标，可以粗略地估计研究的数量及其影响，粗略地反映技术的产出情况以及科学与技术之间的联系。合作著文的作者分析是最常见的关联性指标，它可以描述科研系统中各参与者之间的现存关系，对知识的流向进行比较分析，展示研究者个体、研究机构以及研究活动的目标部门之间的关系。共词和共引也是重要的关联性指标。共词从科学术语上揭示了研究主题以及它们之间的相互关系，共引反映了科学认识上的关系以及研究工作的网络关系。进行共词与共引分析，可以勾画科学活动的全貌，观察科学技术的变化，识别正在涌现的研究主题及其主要贡献者。此外，还可以进行学科关联度分析等。

学术界对文献计量学、科学计量学、信息计量学的关系及融合发展进行的研究已经较为丰富，三者之间的关系非常密切。尽管它们的研究对象和目的有所不同，但三者的起源相同，并且享有共同的原理、方法和工具，因此学术界习惯将它们统称为"三计学"。随着科学技术的发展和三门计量学的不断拓展，以网络信息和数据为计量对象的网络计量学，以及以知识单元为计量对象的知识计量学相继出现，学界将它们和"三计学"一起统称为"五计学"。[①]

"五计学"是图书情报、信息管理学等学科领域的研究重点，也是科学计量学方法的核心。"五计学"的研究对象各不相同、各有侧重、自成体系，但都有共同的计量学基础，相互间交叉融合。"五计学"在保持彼此间相互独立性的同时，也呈现出融合发展的趋势。[②]

---

① 宋艳辉，邱均平. 从"三计学"到"五计学"的演化发展[J]. 图书馆论坛，2019，39（4）：1-7.
② 宋艳辉，邱均平. 我国"五计学"知识融合的思考[J]. 现代情报，2019，39（2）：4-7.

二、替代计量法

（一）替代计量法概述

替代计量的概念是由杰森·普利姆（J. Priem）等基于其"科学计量学2.0"[①]的理念最先提出和推广的，并指出"替代计量是基于社交网络的新计量指标，其目的主要是对学术研究进行分析和理解"[②]。

普利姆等提出，在传统文献计量和科学评价方面，同行评议的过程缓慢且鼓励遵循传统流程，而引文计数指标效率低且忽略了学术研究在学术界之外的影响，以及引文引用的背景和原因。此外，用作衡量期刊每篇文章平均引用量的工具——期刊影响因子经常被错误地用于评价个别文章的影响。基于社交网络的替代计量法能够为文献计量和科学评价提供新的思路。[③]

随着学术界对替代计量法的持续关注和深入研究，实际上替代计量法已经成了与以引文指标为核心的传统计量学相对的替代性指标和计量学理论的中心，尤其注重学术成果网络化和在线交流产生的数据和指标。[④] 在这一阶段，不同学者根据研究需要对替代计量法的内涵在不同范围做出了不同的理解与定义。

在我国，替代计量最早是由刘春丽引入与介绍到国内的，并被翻译为"选择性计量学"[⑤]，但这一理论在最初并没有引起国内学者的广泛关注。后来，邱均平、由庆斌等学者对替代计量学产生与发展过程及其应用前景做了系统梳理，并分别将altmetrics译作"替代计量学""补充计量学"，国内对其的相关研究才开始逐渐兴起。

一些学者利用狭义、广义二分法，整理与分析了替代计量学相关研究，提出应从狭义和广义两个角度来理解替代计量学的内涵。他们明确提出，"替代计量学在狭义上，是针对一种相对于传统引文指标的在线新型计量指标及其应用的专

---

① Priem J，Costello K L. How and why scholars cite on Twitter[J]. Proceedings of the American Society for Information Science and Technology，2010，47（1）：1-4.

② Priem J，Taraborelli D，Groth P，et al. Altmetrics：A manifesto[EB/OL]. http://altmetrics.org/manifesto[2019-04-22].

③ Priem J，Taraborelli D，Groth P，et al. Altmetrics：A manifesto[EB/OL]. http://altmetrics.org/manifesto[2019-04-22].

④ 邱均平，余厚强. 基于影响力产生模型的替代计量指标分层研究[J]. 情报杂志，2015，34（5）：53-58.

⑤ 刘春丽. Web 2.0环境下的科学计量学：选择性计量学[J]. 图书情报工作，2012，56（14）：52-56，92.

门研究，广义的替代计量学则是对于新型的在线科学交流体系以及面向学术成果的全面影响力评价指标体系的研究"[1]。

替代计量学是伴随学术成果网络化应运而生的新型计量学科，它在传统评价方法的基础上提供了多维的评价视角，全方位地衡量不同形式研究成果在多平台上产生的综合影响力。[2] 根据评价对象的不同，替代计量学在科学评价领域的应用主要体现在两个层面：一是对传统载体的评价，包括单篇论文评价、期刊评价、学者影响力评价以及机构评价；二是对非传统载体的评价，例如，图片、源代码、网站、音频、视频、软件等，这些评价对象是有别于其他传统计量学的。目前，对于单篇论文层面的评价研究是替代计量学在科学评价中应用最为广泛且取得成果最多的领域，在期刊评价、学者影响力评价、机构评价以及其他方面也具有较好的切合度和适应度。[3]

（二）替代计量法的主要内容

与传统文献计量法相比，替代计量法的主要内容包括以下几个方面。

1. 计量单元的深入研究

计量单元主要是指在计量过程中最小的计量对象。替代计量法对计量单元的深入研究主要体现在对评价对象的学术影响力的评价层面。传统的文献计量法通常利用正式学术文献数量及论文引文计数来近似计量学者或研究的学术影响力。余厚强等学者认为，这是因为在替代计量法出现以前，没有其他更多的可用指标来对学术影响力进行定量研究。另外，引文数量本身确实能够简洁、有力地反映某学者相关研究对其他学者的影响。[4] 替代计量法不再仅仅将学术文献及其引文数量列为其评价学术影响力的唯一计量单元，而是捕获各种类型的学术成果的多种影响力进行计量分析。在科学交流网络化的背景下，博客、数据集、多媒体文件、程序代码、网页等任何可能的网络上出现的数字化的与相关学术成果有关的信息都可以整合作为评价学术影响力的计量单元，其使用学术成果的形式也更加多元化，不再限于引用，而是包括提及、链接等多种形式。

① 邱均平，余厚强. 论推动替代计量学发展的若干基本问题[J]. 中国图书馆学报，2015，41（1）：4-15.

② 杨思洛. 替代计量学：理论、方法与应用[M]. 北京：科学出版社，2019，67.

③ 曹丽江. 基于Altmetrics的学者影响力综合评价研究[D]. 苏州：苏州大学，2017，22.

④ 余厚强，邱均平. 替代计量指标分层与聚合的理论研究[J]. 图书馆杂志，2014，33（10）：13-19.

2. 新的计量指标的提出

替代计量法对计量单元的深入评价需要更专门的计量指标，同时替代计量法评价将社会影响力纳入评价范畴，进而产生了新的计量指标。在传统文献计量中，只需要统计引文数等少量指标数据，替代计量法则面对多种形式、多种数据来源的几十种指标，如代表学术成果传播情况的指标就有链接点击次数、论文或其他学术成果的下载次数、HTML摘要或全文的在线浏览次数、学术成果链接分享次数等多个。学者余厚强等对现有替代计量指标进行了全面总结，并将其分为传播、获取、利用三个层次共计21种指标[1]，如表3-2所示。

表 3-2　替代计量指标

项目	内容
传播	点击、下载、摘要浏览数、全文浏览数、图形浏览数、支撑性数据浏览量、分享、推荐
获取	书签数、喜欢数、最喜欢量、组别、评级、订阅
利用	链接数、讨论帖数、提及数、评论数、微博数、博文数、引用

替代计量指标常常表现为集成性的指标，包含了来自多种数据源和不同关注类型及程度的指标。[2] 例如，替代计量网站 Altmetric.com 收集了来自博客、新闻网站、在线文件管理系统、大众社交媒体等多种数据来源中对学术论文的提及和评论，对不同的数据源进行赋权计算后得到替代计量的综合得分。EBSCO 公司旗下的子公司 Plum Analytics 发布了 Plum X，收集了能对所有类型学术研究成果进行评价的适当的研究指标，并在大量实验和与早期客户交互的基础上，将这些计量指标分为5类，即引文、使用、捕获、提及、社会媒体。[3] Springer Nature 与替代计量网站 Altmetric.com 合作开发的学术图书评价替代计量指标平台 Bookmetrix 则使用5个指标来展现学术图书的受关注程度——引用、下载、读者、评论、在线提及。[4]

3. 计量数据源的发展

由于科学交流网络化的影响，单纯的引文数已经不能全面反映学术成果的学术影响力，对于学术成果的社会影响力，也要求有更多的计量数据源进行全面评价。

---

① 余厚强，邱均平. 替代计量指标分层与聚合的理论研究[J]. 图书馆杂志，2014，33（10）：13-19.

② 刘烜贞，湛乐. 替代计量指标评价科研成果社会影响的研究[J]. 情报探索，2017（10）：35-38.

③ Plum Analytics. About PlumX Metrics[EB/OL]. http://plumanalytics.com/learn/about-metrics/[2019-08-18].

④ Your eBook Metrics[EB/OL]. http://www.bookmetrix.com/help[2019-08-18].

替代计量学的数据来源涉及微博、博客、论坛、维基百科等各类型网络信息媒体，这些媒体使用的工具主要包括Menddldy、Twitter、CiteULike、Faculty of 1000等。这些工具使社会化书签和参照管理的功能结合起来，不仅能使用户实现对文献的使用与保存，还能使用户分享其所有的文献，并对文献添加关键词和评论，可以较方便地分析信息利用情况。①

4. 新计量工具的开发

目前，常用的替代计量学工具有5种，即Altmetric.com、Impact Story、Plum X、Paper Critic和PLoS Impact Explorer。

2011年，Postgenomic.com公司的成员Adie在伦敦创办Altmetric.com，用于搜集论文层面的评价数据。目前，Altmetric.com已经成功开发出Altmetric Explorer、Altmetric Bookmarklet、Altmetric API、Altmetric Badges四款应用软件为出版商、机构、研究者提供服务。Impact Story由美国国家科学基金会和艾尔弗·斯隆基金会（The Alfred P. Sloan Foundation）资助，它可以帮助科研工作者分享他们多种多样的研究成果并对其学术影响力进行评价，研究成果既可以是传统的期刊论文，也可以是新兴的博客帖子、数据集和软件。Plum X追踪统计科研成果在世界范围内的在线利用、讨论、交互等数据，以此作为评价研究者、团体、机构影响力的依据，为学术评价提供一种新的方法和思路。它既克服了"被引"时滞过长的局限，也拓宽了科研成果的类型，专利、数据库、代码、软件等均可以作为学术成果，使用Plum X来评价其影响力。Paper Critic借助Mendeley API来获取具体文献信息，用户可以通过Mendeley注册账户来登录Paper Critic网站，建立自己的Watchlist。Watchlist是用户感兴趣的文献集，用户可以将Mendeley图书馆中的文献添加至Watchlist，对其进行分组管理、添加标签等操作。用户之间亦可以通过Watchlist来相互阅读、推荐文献、发表评论以及查看文献的评论信息与Altmetrics评价数据。PLoS Impact Explorer基于Altmetric.com的在线影响力数据来评价美国科学公共图书馆出版的系列期刊论文的影响力，它允许用户通过时间与期刊两种过滤方式来筛选论文。②

---

① 杨思洛，程爱娟. 社交网络环境下的计量学：Altmetrics研究进展综述［J］. 情报资料工作，2015（4）：33-37.

② 杨柳，陈铭. 常用替代计量学工具之比较研究［J］. 情报理论与实践，2015，38（9）：114-119，144.

三、数据包络分析法

数据包络分析法（DEA）的原型是1957年Farrell对英国农业生产力进行分析时提出的包络思想。随着运筹学的不断发展，在此基础上逐渐形成了依赖线性规划技术的非参数方法。DEA也被称作非参数方法或Farrell型有效分析法。[1]

DEA不需要预先估计参数，而是将单输入和单输出的工程效率的相关概念推广到了具有多输入和多输出的同类型的若干个单位的有效性评价中。每一个被评价的单位称作一个决策单元（decision making unit，DMU），每个决策单元都有若干不同种的输入和输出。DEA将众多的决策单元组合成一个被评价的整体，以决策单元的各个输入和输出指标的权重为变量进行评价计算，通过对输入和输出的比率进行综合分析，判断决策单位是否位于生产可能集的"前沿面"上，从而确定有效生产的前沿面。[2]

DEA被广泛应用在各个学科领域，如对中国各省份经济-生态效率进行评价分析[3]、分析医疗机构的运行效率[4]、分析农村水利项目的投入与产出效率等[5]。

第五节　定性评价方法

评价学的定性评价方法中使用最多的是同行评议法、案例研究法、德尔菲法、标杆分析法和调查研究法。

---

① 朱乔. 数据包络分析（DEA）方法综述与展望[J]. 系统工程理论方法应用，1994（4）：1-9.

② 李美娟，陈国宏. 数据包络分析法（DEA）的研究与应用[J]. 中国工程科学，2003（6）：88-94；魏权龄. 数据包络分析（DEA）[J]. 科学通报，2000（17）：1793-1808.

③ 黄磊. 基于数据包络分析（DEA）的中国省际生态效率研究[D]. 合肥：中国科学技术大学，2017，19.

④ 朱玉翠，张引颖，杨先碧等. 基于数据包络分析的成都市综合公立医院运行效率分析[J]. 现代预防医学，2019，46（10）：1811-1815.

⑤ 王成，丁慧媛，王宝海. 基于数据包络分析法（DEA）的中国农村水利项目投入产出效率分析[J]. 农村经济与科技，2017，28（9）：71-73.

一、同行评议法

（一）同行评议法概述

同行评议在科学评价实践中有许多同义词，如专家鉴定、价值评议、同行评价、同行审查、同行判断等。由于同行评议法应用广泛，在评价实践中，人们常常根据不同的应用场合对其进行不同的界定。

如果对同行评议的不同应用背景进行抽象，可以考虑对同行评议做如下界定：所谓同行评议，是指由从事某领域研究或从事该领域相关研究的专家根据一定的标准和程序对该领域的科学研究活动及其相关要素——如研究人员、研究机构、研究项目等——进行评价的一种方法。由此可见，同行评议是某一领域或若干领域的专家采用同一种评价标准，共同对涉及相关领域的某一事项进行评价的活动。因此，同行评议是以专家定性判断为主的方法，其评价结果对于有关部门的决策有重要的参考价值。①

同行评议有许多实施形式，包括通信评议、会议评议、调查评议和组合评议。通信评议即评价机构把评价材料寄送给评议专家，专家独立做出书面判断，然后将评议意见反馈给评价机构。会议评议即专家组评议，是指评价机构事先把相关材料寄送给评议专家，并请专家按指定的时间和地点参加专家评审会，通过讨论和交流形成集体评审意见。如果评价机构和评审专家对评价对象的情况不太了解，且缺乏相关材料，或者有关数据需要通过调查取得，则可以组织专家到现场调查、了解，然后给出评价意见，这就是调查评议。组合评议是根据评价工作的需要，将上述三种方法中的某几种组合起来进行评价的方法。

通信评议几乎适用于所有的科研项目评审，也适用于文献形式的科研成果鉴定；会议评议适用于项目的集中评审、重大项目和有争议项目的评审；调查评议则适用于研究机构的评价和资金投入较大的重大研究项目的评审等；组合评议适用于一种方法不适宜评价，结果难以令人信服的情况，在这种情况下，就可以将多种方法组合进行评议。

（二）同行评议法的应用

同行评议作为评价事物的一种重要方法，在我国以及欧美等国家的科学评价

---

① 埃利泽·盖斯勒. 科学技术测度体系[M]. 周萍等译. 北京：科学技术文献出版社，2004，42；陈敬全. 科研评价方法与实证研究[D]. 武汉：武汉大学，2004，6.

中已被广泛采用。各国的科学基金机构都运用这种方法作为资源分配的辅助决策手段，优化选择申请项目，评价研究结果，从而推动和促进科学的繁荣与进步。实践证明，在科学评价中，尽管同行评议方法具有主观性，其本身还有某些不足和缺陷①，并且引起了使用者的高度关注，但它不失为一种实用的好方法，目前尚无其他有效的方法可以取代。

同行评议法作为目前世界各国在科学评价中使用最广泛的方法，对科学事务具有重要的调控功能，并产生了方方面面的影响。同行评议是由给定的科学领域的若干专家组成的评判委员会来评价科学活动或其结果的一个过程。同行评议在科学评价中主要有五个方面的作用：①评审科研项目的申请；②评审科学出版物；③评定科研成果；④评定学位与职称；⑤评议研究机构的运作。② 因为评价目标不同，同行评议法应用的范围不同，用于不同领域的同行评议的组织形式和方法、评价标准和评价体系也千差万别，难求一致，无法标准化，使用起来也非常灵活。

（三）同行评议法的优缺点

同行评议法之所以能通行全球，成为一种评价科研潜力和结果均受人欢迎的工具，是因为它有两大显著优点：一是启用了科技界中那些可接受的、有专长的、受人尊敬的成员担任科学研究活动及其结果的鉴定人；二是允许各学科、专业的同事交流想法、意见、建议和反馈信息，这种交流促进了科学进步，并保证了科学交流渠道的畅通。③ 从这个意义上讲，同行评议法是科学共同体内部进行价值承认和科学质量控制的主要方法之一。

目前，科学界普遍认为，同行评议法是合理判断研究绩效的最基本的方法。④ 但同行评议是一个主观过程，它依赖于评议者的看法和过去的经验，因此同行评议法也有两大明显的缺点：第一，由于人类行为本身存在固有的弱点和偏见，并反映到同行评议之中，会导致出现一些问题；第二，由于同行评议方法本身的特点，它在给予评议者非凡的权利的同时，又需要对评价过程保密，这两者相结合产生了一些问题。⑤

同行评议具有主观、定性的特征，同行评议的结果往往能够非常真实地"逼

① 陈敬全. 科研评价方法与实证研究[D]. 武汉：武汉大学，2004，35.

② 肖利. 发达国家科技评估的方法及启示[J]. 科学对社会的影响，2001（4）：18-21.

③ 吴述尧. 同行评议方法论[M]. 北京：科学出版社，1996，57.

④ 刘作义，陈晓田. 科学研究评价的性质、作用、方法及程序[J]. 科研管理，2002（2）：33-40.

⑤ 邱均平，文庭孝等. 评价学：理论·方法·实践[M]. 北京：科学出版社，2010，87.

近"乃至"再现"大多数人对评价对象的主观印象。同时，同行评议能够有效克服量化评价中数据失真对评价结果的影响，避免量化评价的过度使用造成的负面影响，如片面追求科研产出的短期行为。不过，也正是由于同行评议本质上是一种主观、定性评价，因而不可避免地有其自身的缺陷，如评议中的人情网、权威主义、马太效应、剽窃和泄密等，这些问题需要在科研评价实践中高度重视并加以研究和解决。

二、案例研究法

（一）案例研究法概述

案例研究法亦称为回溯性案例分析法，是指对关键事件或典型案例进行回顾和剖析，分析导致关键事件发生的内部因素和外部因素，或通过对典型案例的分析与评价，追溯促使成功的关键科技事件，分析和研究工作环境、资助机制对取得重要研究成果的作用与影响，总结关键事件或典型案例的成功经验与不足，预见科研工作可能产生的影响，提高科学研究与科研管理工作的显示度。案例研究通过评论好的或差的有代表性的事例及其做法和经验，可以提供有关经验和成就方面的翔实的资料，并对评价者产生一定的启发。

案例研究法的时间指向过去，时间跨度取决于被评价对象的特点和科研周期，一般适用于投资时间长、投资强度大的科技计划、科技项目、大科学工程及科研机构的绩效与影响评价。

案例研究法属于定性评价方法，但根据研究工作的需要，也可以引入定量评价方法，如文献计量法。

（二）案例研究法的优缺点

案例研究法有三个方面的优势：第一，运用该方法能明确地阐述某一现象出现的方式和过程及出现的原因，即案例研究可以详尽地发掘、展示大量信息，这些信息着重说明了在变化的环境中可能发生的重大事件。第二，在针对某一专题开展绩效评价而缺乏强有力的理论支持时，案例研究可以有效地发挥作用。例如，分析科学研究活动中出现的某些特殊问题时，一般没有现成的知识基础可供利用，这时就可以利用案例研究法进行分析，可以发现影响结果的关键要素，为理论研究和后期系统化的评价打下良好的基础。第三，案例研究法有利于深入探讨科学技术影响和效果中的特殊现象，加深研究人员对这些现象的认识。例如，通过案例研究评价可以分析激光技术、核磁共振技术、互联网技术的应用过程，加深了评价研究人员对"溢出效应"的认识，为加速科技成果的技术转移提供了经验借鉴，为科技绩效评价提供了有效的途径。

案例研究法在实际应用中也存在两个方面的问题，如果解决不好，将会直接影响评价的效果和结论的准确性。第一个问题源于信息推理的准确性。首先，决定案例研究结论的主要因素是所收集资料的准确性程度，如果资料不准确，案例研究在形式上可能包含模棱两可的证据或带有偏见的观点，将会影响研究发现与结论。其次，尽管案例研究起到了使信息有序化的作用，但是采用案例非军事化方法分析问题时，可以设计一个包含多案例比较分析的整体分析框架，增强案例研究的外部有效性，而不损害其内部有效性。第二个问题是运用案例研究评价科研活动的绩效和影响，需要花费大量的时间用于系统采集资料和分析数据，相对于其他方法而言，研究周期较长、运行成本较高，这样势必会影响评价研究的总体进度。

三、德尔菲法

（一）德尔菲法概述

德尔菲法又称特尔菲法，它的提出是为了克服一般的专家讨论中存在的屈从于权威或盲目服从多数的缺陷。它是一种背对背的征询专家意见的调研方法，采用匿名发表意见的方式，针对特定问题采用多轮专家调查，专家之间不得互相讨论，不发生横向联系，只能与调查人员发生关系，通过多轮调查专家对问卷所提问题的看法，经过反复征询、反馈、修改和归纳，最后汇总成专家基本达成一致的看法，作为专家调查的结果。

德尔菲法可以有效地消除成员间的相互影响，充分利用专家的智慧、知识和经验，最后能得出一个较好地反映群体意志的判断结果。作为一种主观、定性的方法，德尔菲法在科研评价工作中也有广泛的应用。德尔菲法可以用于对科研计划、研究项目和科研成果等的评价，也可以用于对各种评价指标体系中的指标权重的设置。德尔菲法具有匿名性、反馈性和统计性三个显著的特点。

1. 匿名性

在德尔菲法实施的过程中，专家彼此互不知道有哪些其他人参加评价，他们是在完全匿名的情况下交流思想的，即所谓的"背靠背"的方式。这样既不会受权威的意见的影响，也不会使应答者在改变自己的意见时，对于是否会影响自己的威信产生顾虑，而是各种不同论点都可以得到充分的表达。

2. 反馈性

专家从反馈回来的问题调查表上了解到其他专家的判断意见，以及专家对特定观点同意或反对的理由，在参考他人的看法后各自做出新的判断。这样反复多轮之后，专家考虑问题的角度就会比较全面，判断值趋于收敛，意见逐渐一致。

3. 统计性

在技术预测的应用中，德尔菲法采用统计方法对专家意见进行处理，其结果往往以概率的形式出现。在科研评价的应用中，也常常需要请专家对某些指标进行定量评分，并统计和计算专家打分数值的中位数和上下四分位数，以反映专家意见的集中和离散程度。

（二）德尔菲法的优缺点

德尔菲法同常见的召集专家开会及通过集体讨论得出一致预测意见的专家会议法既有联系又有区别。德尔菲法能发挥专家会议法的优点，能充分发挥各位专家的作用，集思广益，能把各位专家意见的分歧点表达出来，取各家之长，避各家之短。同时，德尔菲法又能避免专家会议法的缺点，避免权威人士的意见影响他人的意见；避免有些专家碍于情面，不愿意发表与其他人不同的意见；避免出于自尊心而不愿意修改自己原来不全面的意见；等等。

对专家进行一般的通信调查，也可以避免附和权威、顾虑情面等弊端，但与此相比，德尔菲法还有自己的独特优点，即对不同意见的反馈可以使专家有机会修正自己的观点，考虑问题更为全面，通过多轮调查可以使大家发表的意见较快收敛，参加者也容易接受结论，能在最大程度上综合不同意见，从而使结果更为合理。

德尔菲法的主要缺点是过程比较复杂，征询意见的时间较长。德尔菲法更适合周期较长的大型评价项目的咨询，而很难满足一些评价周期较短、需要较快得出判断结论的科研评价活动的要求。

然而，网络技术的迅速发展和普及为传统德尔菲法的应用带来了新的契机。互联网快捷的网络传输和强大的交互功能使得采用德尔菲法的信息反馈时间大大缩短，德尔菲法的最大缺点在网络环境下将可以得到彻底克服。并且，互联网的实时传输功能使得专家随时可以就不清楚的问题进行问询，并且随时可以要求补充需要的背景材料。可以预见，随着网络的普及，德尔菲法将在科研评价及其他评价与预测活动中得到更多的应用。

四、标杆分析法

（一）标杆分析法概述

标杆在本质上是一种比较的标准或参照。标杆分析法又称标杆管理、标杆法、定标比超、标杆学习、基准管理、基准化分析法、标杆比较分析法、定点赶超、水平比较法、基准比较法、定点超越法、标杆比较、标杆瞄准、标杆分析、竞标赶超、战略竞标、基准比较、水平对比法等，源于企业管理和市场竞争。

标杆分析法由美国施乐公司于1979年首创，是现代西方发达国家企业管理活动中支持企业不断改进和获得竞争优势的最重要的管理方式之一，西方管理学界将其与企业再造、战略联盟一起并称为20世纪90年代三大管理方法。其在市场营销、成本管理、人力资源管理、新产品开发、教育部门管理、科研部门管理等各个领域得到了广泛的应用。①

标杆分析法是指以在某一项指标或某一方面的实践中竞争力最强的企业（产业或国家）或行业中的领先企业、组织内某部门作为标杆，将本企业（产业或国家）的产品、服务管理措施或相关实践的实际状况与这些标杆企业（产业或国家）进行定量化评价和比较，分析这些标杆企业（产业或国家）的竞争力最强的原因，在此基础上制定、实施改进的策略和方法，并持续不断反复进行的一种管理方法。②

标杆分析法的根本特点是企业学习最佳实践以提高自身水平，而学习最佳实践实际上又是隐性知识的发现和转移过程。具体而言，标杆分析法具有以下特征。③

1）从本质上来看，标杆分析法是一种面向实践、面向过程的以方法为主的管理方式，它与流程重组、企业再造一样，基本思想是系统优化，不断完善和持续改进。标杆分析法是站在全行业甚至更广阔的全球视野寻找基准，突破了企业的职能分工界限和企业性质与行业的局限，重视实际经验，强调具体的环节、界

①　高婕. 标杆管理理论[J]. 现代商业，2007（16）：132-133.

②　孔杰，程寨华. 标杆管理理论述评[J]. 东北财经大学学报，2004（2）：3-7.

③　邱均平，文庭孝等. 评价学：理论·方法·实践[M]. 北京：科学出版社，2010，178.

面和流程，因而更具有特色。

2）标杆分析法是一种直接的、中断式的、渐进的管理方法，其思想是企业的业务、流程、环节都可以解剖、分解和细化。企业可以根据需要，或者寻找整体最佳实践，或者发掘优秀"片断"进行标杆比较，或者先学习"片断"再学习"整体"，或者先从"整体"把握方向，再从"片断"具体分步实施。现实中不同的企业各有长短，所以这种"片断"标杆可以使企业的比较视角更开阔，也能使企业集百家之长。

3）标杆分析法是一个有目的、有目标的学习过程。通过学习，企业重新思考和设计经营模式，借鉴先进的模式和理念，再进行本土化改造，创造出适合自己的全新的最佳经营模式。这实际上就是一个模仿和创新的过程。采用标杆分析法，企业能够明确产品、服务或流程方面的最高标准，然后做必要的改进，从而达到这些标准。

4）标杆分析法是一种能引发新观点、激起创新的管理工具，它对大公司或小企业同样有用。标杆分析法为组织提供了一个清楚地认识自我的工具，便于发现解决问题的途径，从而缩小自己与领先者的差距。

5）标杆分析法具有渐进性，对标杆分析策略的贯彻落实是一个需要长期努力的渐进过程，需要在员工交流与培训的基础上进行投资。企业可以从初级到高级分阶段确立循序渐进的改善管理的手段。

（二）标杆分析法的作用

首先，它会让企业形成一种持续学习的文化，让企业认识到"赶""学""超"的重要性，企业的运作业绩永远是动态变化的，只有持续追求最好，才能获得持续的竞争力，才能始终立于不败之地。其次，标杆分析为企业提供了优秀的管理方法和管理工具。通过标杆分析，企业可以选择标杆，确定企业中长期发展战略，并与竞争对手进行对比分析，制订战略实施计划，并选择相应的策略与措施。

标杆分析法的作用主要表现在以下几个方面：①标杆分析是企业绩效评价的工具；②标杆分析是企业持续改进的工具；③标杆分析是企业提高绩效的工具；④标杆分析是企业制定战略的工具；⑤标杆分析是企业增进学习的工具；⑥标杆分析是企业增长潜力的工具；⑦标杆分析是衡量企业工作好坏的工具；⑧标杆分析是企业实行全面质量管理的工具。

此外，企业通过标杆分析，从与最佳实践企业的差距中找出自身的不足，学习别人的符合市场规律的生产方式和组织模式，可以在寻找差异的过程中培育组织扩展型的思维模式，引导组织的管理水平和技术水平呈螺旋式上升发展，有时甚至可以激发创新变革，向学习型组织迈进。从知识管理角度看，标杆分析法要求企业敏锐地挖掘外部市场和企业自身的知识，尤其是工作流程中的隐性知识，为企业提供了获取、应用外界知识的工具和手段，为管理和应用知识找到目标，因此标杆分析成为促进管理进步和组织进化的阶梯。

（三）标杆分析法的发展趋势

经过多年的发展和实践，标杆分析法在理论、方法、工具和应用等方面不断成熟和完善，并且逐渐呈现出一些新的发展趋势。首先，是量化趋势。经过多年的发展，标杆分析法开始由定性分析逐渐向定量分析转变。许多研究者尝试引入数学工具，建立数学模型，为寻找最佳标杆提供了定量的、科学的理论依据，使标杆分析法不断走向成熟。其次，是智能化趋势。随着计算机技术的产生和广泛应用，利用计算机技术并结合各类模型和工具开展标杆自动分类、选择和跟踪研究，成为标杆分析法研究领域的一个重要发展趋势。国内已在这方面获得了一些重要进展。最后，是综合化趋势。从单一标杆分析到综合标杆分析，从单指标标杆分析到综合指标标杆分析，将标杆分析法和其他方法综合起来进行标杆分析，是目前标杆分析法研究的一个重要发展方向。

五、调查研究法

（一）调查研究法及其类型

调查研究法是科学评价常用的方法之一。几乎各种类型的科学评价活动都离不开对资料、数据的搜集、汇总、分析和研究。资料、数据是得出正确评价结论的前提。

科学评价需要的资料、数据，有的可以通过情报信息部门、统计部门等获取，有的则需要采用各种方法和手段深入现场实地搜集和统计。后一种调查方法，即社会调查方法在科学评价活动中有广泛的用途。

所谓社会调查方法，是指对某一社会活动领域或社区的某一社会现象、社会问题与社会事件进行研究采用的各种调查方法和手段。具体来说，就是调查人员实地搜集有关资料、数据，对它们进行整理、分析和研究，借以阐释所要了解的情况和问题，或预测其发展变化趋势，或提出有针对性的具体方案和建议。

社会调查方法种类繁多、功能各异，大致可做如下划分：按调查范围可划分为普遍调查、个案调查、抽样调查、典型调查等；按调查过程可划分为初步调查、试验性调查、反馈调查、追溯调查、跟踪调查等；按搜集资料的手段可划分为提纲调查、统计表调查、问卷调查等；按与调查对象接触的方式可划分为直接调查和间接调查。其中，直接调查包括观察、实验、访问、座谈、会议调查等；间接调查包括信函调查、电话调查、汇报调查、文献调查、电子邮件调查和网络调查等。

科学评价中究竟采用哪种调查方法，应视科学评价活动涉及的范围、内容和委托方的要求而定。

（二）常用调查研究法及其在科学评价活动中的应用

1. 观察法

观察法是调查者利用自己的感官或辅助工具直接、有针对性地进行调查的方法。该方法包括有结构观察和无结构观察两大类。①有结构观察。有结构观察一般是在对观察对象和事实有一定了解的基础上进行。观察前，要求拟定提纲，说明观察范围、对象和调查项目，制作观察卡片，并借助有关的工具，如照相机、录音机、录像机等记录观察过程。②无结构观察。无结构观察是指对所观察的现象和事物不甚了解，对观察的对象和项目、过程和步骤只做较粗略的设想。

观察法的优点在于，能保持正常活动的自然性。调查者身临其境研究某一现象和事物，不但可以弄清来龙去脉，还可以了解到当时当地的特殊环境因素，这些都不是事过境迁后再进行访谈或文献调查所能获得的。不过，观察法难以避免调查者个人的主观性和片面性。另外，参与观察还有可能影响被观察者的正常活动，且工作量大，定量处理较难。尽管如此，观察法仍是一种常用的最基本的调查方法。

2. 访谈法

访谈法是一种为获取准确、可靠的调查材料，引导被调查者说出调查所需材料的技巧和策略。它既可以作为主要调查方法去搜集所需材料，又可以作为其他调查方法的辅助方法去验证或补充调查材料。

访谈法不同于日常生活中的谈话式问答，它要求调查者掌握一定的方法和技术，按照访谈目的，准备提出问题及重点，与访谈对象建立融洽的交谈气氛。

访谈不同于一般的新闻采访，它是搜集反映客观事实、用于研究调查样本的总体材料的一种方法。访谈要求调查者不掺杂个人的好恶，客观地比较和综合与不同调查对象的谈话结果，找出带有规律性的问题。

3. 问卷调查法

问卷调查法是将一组与研究目标有关的问题编制成表格，向调查对象发放，并征求其对有关问题的意见或建议的一种调查方法，其作用是"量度"。也就是说，调查者借助问卷这一测量工具对社会生活的动态过程进行具体测定并用统计方法做量化描述，解析获得的调查资料。调查前，应设计问卷并确定问卷中问题的类型。问卷调查也可以通过计算机网络进行，通常称为网络调查或电子邮件调查，目前已成为一种很流行的调查方法。

设计问卷大致按四个步骤进行：第一步是围绕调查任务进行初步探索。其目的是了解与调查任务相关的社会事实，以便确定调查课题的内容范围、被调查者、时间、地点等。第二步是对第一步调查获取的资料进行整理、分析，分析课题及界定是否确切，对有关问题进行必要的调整。第三步是根据前一阶段对问题的了解，假定现象与现象之间的关系，确定假设的诸变量之间的关系和结构，如性别、年龄、文化水平、态度和动机等。另外，有必要确定每一项目的测定目的，以及搜集资料的具体方法和范围。第四步是统计问卷。

4. 抽样调查法

抽样调查法是从研究对象中挑选一部分代表进行研究，通过研究结果，用科学的方法推断全体情况的一种方法。该方法的优点是：①按随机原则从调查对象总体中抽取样本单位，样本的特征具有明显的代表性；②根据所抽取的样本资料，对总体的数量、特征进行估算和推算；③遵循随机原则，便于控制抽样的误差；④涉及范围小、时间短、影响因素少，能够观察到用普遍调查法难以获得的现象和问题；⑤节省人力、财力和物力。

抽样调查方法有很多，按照是否遵循随机的原则，大致可以划分为两类：随机抽样方法和非随机抽样方法。随机抽样按概率规律提取样本，即按随机原则从数量上推断总体。所谓随机原则，是指在抽选调查对象时，总体中的每个单位的中选机会均等。所谓从数量上推断总体，就是随机抽样调查可以通过计算出来的样本的统计值推算总体的特征值。至于非随机抽样，则是调查者根据自己对总体的认识或根据客观条件选择样本的方法，通常在缺乏人力、财力的情况下使用。下面着重介绍几种随机抽样调查方法。

1）简单随机抽样。简单随机抽样又称纯随机抽样，是随机抽样方法中最基本的一种。这种方法可以使调查总体中一个单位被抽取的机会均等。常用的方法是抽签法，即将总体中每个单位编号并填写在卡片或纸签上，将卡片或纸签置于一个容器之中，经搅拌后从中选取任意所需数量的样本，此法适合在抽样总体单位数目不大的情况下使用。

2）等距抽样。等距抽样又称机械抽样，具体做法是把总体中所有单位按一定的标志或次序编号排列，然后按抽样比例将总体划分为一定数量相等的间隔，再利用随机数字表确定间隔内的个案，最后按相等的间隔或距离抽取必要的样本数目。此法一般可保证样本在总体中的均匀分布，比简单随机抽样抽取的样本个案数目少而准确度高，一般也适合用于数目不大的总体调查。

3）分层抽样。分层抽样不是从总体中直接抽取样本，而是将总体中的所有单位按一定的标准（如年龄、属性、文化水平等）归类，然后在不同的类别采用简单随机抽样或等距抽样方法抽选一定数目的个案样本。实际上，它是分类与随机原则的结合，比较适于总体内个案数目多、成分复杂、内部差异大的调查。

4）整群抽样。整群抽样又称成组抽样，是将若干调查单位集合在一起作为抽样的基本单位，即单位不是单个的个案，而是成群成组的个案，如一个车间、一个班组、一个社区等。它常与简单随机抽样或等距抽样方法结合使用。

5）多阶段抽样。多阶段抽样又称多级抽样，是把抽样的过程分成两个或几个阶段进行。具体做法是：先从总体中用随机的方法抽出几个整群，然后再从这几个大整群中用同样的方法抽取若干个小整群，最后抽取其中范围更小的单元作为调查单位。此法适用于调查范围广、调查对象比较分散的情况。其缺点是每级抽样都会产生误差，经多级抽样后得到的样本误差也比较大。

抽样调查的步骤包括：①确定研究课题。这是整个调查研究的出发点，包括确定调查的内容、所采用的方法、要求的准确度，所需的人力、物力、财力和时间。②提出研究设想。这一步要求对所研究的课题可能涉及的问题、解决办法做出充分的设想，以此作为调查的指南或线索。③确定调查对象。这一步要求根据研究目的，明确调查对象的范围和样本的个案单位及其特征，并给每个个案编号排列。④选择抽样方法和实施调查。根据研究的目的和要求，选择合适的抽样方法，确定样本的大小、抽样比例，并进行调查前的统计设计，根据拟定的调查计划、进度开始抽样调查。⑤评价样本的代表性。这是指调查结束后，采用适当的方法评价所抽取样本对总体的代表性。确定样本具有较高的代表性后，根据资料的特点，选用适当的统计分析方法，整理和分析调查资料。⑥撰写调查报告。这一步是在形成成果的基础上进行的，包括总结调查结果，提出有若干科学依据的结论或建议。

第六节　综合评价方法

综合评价方法主要是指将定性方法和定量方法相结合的分析方法。

在数据急剧增加、软件工具日益丰富的今天，科学研究越来越强调定量分析。另外，由于自然现象和社会现象的复杂性，在很多情况下，对事物难以进行量化，从而无法进行定量分析。正是因为定性方法和定量方法各有其优缺点，将两者结合可以有效扬长避短。

目前，将定性方法和定量方法进行结合的途径主要有三种：①先定性，后定量，例如，层次分析法；②先定性，后定量，再定性，例如，多指标综合评价法；③先定量，后定性，例如，人工神经网络方法等。

一、层次分析法

（一）层次分析法及其特点

层次分析法是一种定性和定量相结合的多目标决策方法，它把一个复杂问题分解成若干组成因素，并按支配关系形成层次结构，然后应用两两比较的方法确定各因素（包括指标和方案）的相对重要性，然后计算各因素的权重，并以此为基础实现对不同决策方案的排序。层次分析法简便、灵活而实用，是一种系统化、层次化的分析方法，它为复杂评价问题的决策和排序提供了一种简洁而实用的建模方法。

层次分析法的基本思路与人对一个复杂的决策问题的思维、判断过程大体上是一样的。

不妨以假期旅游为例，假如有3个旅游胜地A、B、C供你选择，你会根据诸如景色、费用和居住、饮食、旅途条件等一些准则去反复比较这三个候选地点。

首先，你会确定这些准则在你的心目中各占多大比重，如果你经济宽绰、醉心旅游，自然分别看重景色、条件，而平素俭朴或手头拮据的人则会优先考虑费用，中老年旅游者还会对居住、饮食等条件给予较大关注。其次，你会就某一个准则对3个地点进行对比，譬如，A景色最好，B次之；B费用最低，C次之；C居住条件较好；等等。最后，你要对这两个层次的比较判断进行综合，在A、B、C中确定哪个作为最佳地点。

层次分析法有很多优点，其中最重要的一点就是简单明了。层次分析法不仅适用于存在不确定性和主观信息的情况，还允许以合乎逻辑的方式运用经验、洞察力和直觉。也许层次分析法最大的优点是提出了层次本身，它使得买方能够认真地考虑和衡量指标的相对重要性。

（二）层次分析法的基本原理

层次分析法的基本原理可以用下面一个简单的例子来说明。

假设有一个篮子里装着 n 个苹果，已知这些苹果的总重量为1千克，在没有称量器具的情况下，我们能不能大致给出每个苹果的重量呢？

我们知道，要单凭手感来判断每个苹果的绝对重量是很困难的，但凭手感来判断两个苹果的相对重量则要容易得多。我们就对 n 个苹果进行两两比较，得到这些苹果相对重量的判断矩阵如下：

$$A = \begin{bmatrix} \dfrac{w_1}{w_1} & \dfrac{w_1}{w_2} & \cdots & \dfrac{w_1}{w_n} \\ \dfrac{w_2}{w_1} & \dfrac{w_2}{w_2} & \cdots & \dfrac{w_2}{w_n} \\ \vdots & \vdots & & \vdots \\ \dfrac{w_n}{w_1} & \dfrac{w_n}{w_2} & \cdots & \dfrac{w_n}{w_n} \end{bmatrix} = \left(a_{ij} \right)_{n \times n}$$

方阵 A 是一个正互反矩阵。在方阵 A 中，$a_{ii} = 1$，$a_{ij} = \dfrac{1}{a_{ji}}$（$i, j = 1, 2, \cdots, n$），而且在理想状态下，对这些苹果相对重量的判断应该具有一致性，即

$$a_{ij} = \frac{a_{ik}}{a_{jk}} \quad (i, j, k = 1, 2, \cdots, n)$$

假设 n 个苹果的实际重量分别为 $w_1, w_2, \cdots, w_n$，并用矩阵表示为 $W = [w_1, w_2, \cdots, w_n]^{\mathrm{T}}$。用列矩阵 W 右乘方阵 A，可以得到

$$AW = \begin{bmatrix} \dfrac{w_1}{w_1} & \dfrac{w_1}{w_2} & \cdots & \dfrac{w_1}{w_n} \\ \dfrac{w_2}{w_1} & \dfrac{w_2}{w_2} & \cdots & \dfrac{w_2}{w_n} \\ \vdots & \vdots & & \vdots \\ \dfrac{w_n}{w_1} & \dfrac{w_n}{w_2} & \cdots & \dfrac{w_n}{w_n} \end{bmatrix} \begin{bmatrix} w_1 \\ w_2 \\ \vdots \\ w_n \end{bmatrix} = \begin{bmatrix} nw_1 \\ nw_2 \\ \vdots \\ nw_n \end{bmatrix} = nW$$

由于 $AW=nW$，故 n 是方阵 A 的一个特征根，W 则是 A 对应于特征根 n 的特征向量，每个苹果的实际重量就是这个特征向量的各个分量。

也就是说，如果对于一组总重量为单位 1 的物体，在缺乏有效称量器具的情况下，我们要知道每个物体的具体重量，只要对这组物体两两比较构造判断矩阵，然后求出判断矩阵的最大特征根及其对应的特征向量，这个特征向量的各个分量就是每个物体相对于总体的重量。

一般而言，要评价一个复杂的社会系统，我们可以将总目标分解成若干个分指标和具体方案，然后通过两两比较各个分指标以及方案的重要性构造判断矩阵，最后求出该判断矩阵的最大特征根及其对应的特征向量，这个特征向量的各个分量就是每个分指标或者方案相对于总目标的权重。

（三）层次分析法的应用

层次分析法处理复杂的决策问题上的实用性和有效性，很快在世界范围得到重视。它的应用已遍及经济计划和管理、能源政策和分配、行为科学、军事指挥、运输、农业、教育、人才、医疗和环境等领域。

1. 层次分析法应用的程序

运用层次分析法进行决策时，需要经历以下 5 个步骤：①建立系统的递阶层次结构；②构造两两比较判断矩阵（正互反矩阵）；③针对某一个标准，计算各备选元素的权重；④计算当前一层元素关于总目标的排序权重；⑤进行一致性检验。

2. 应用层次分析法的注意事项

如果所选的要素不合理，其含义混淆不清或要素间的关系不正确，都会降低层次分析法的结果质量，甚至会导致层次分析法决策失败。

为了保证递阶层次结构的合理性，需要把握以下原则：①分解、简化问题时，把握主要因素，不漏不多；②注意比较元素之间的强度关系，相差悬殊的要素不能在同一层次比较。

二、多指标综合评价法

（一）多指标综合评价法及其特点

在开展科技计划、科研项目、科研机构的绩效等评价时，为了使评价工作能够方便易行，通常采用多指标综合评价方法。该方法是根据评价政策导向、评价目标和评价对象的特点确定评价准则或原则，构建多层次的定性与定量指标相结合的评价指标体系与评价模型，请专门的评价小组或评价专家先赋予各项指标权重，再赋予各项指标一定的分值，最后加权求和得出总平均分值，根据总的平均分值和各分项指标分值，结合其他的评价方法（如同行评议法、文献计量法、案例研究法等）对评价对象进行评价与分析。

综合评价又称多指标综合评价、系统综合评价，综合评价的结果会直接影响决策的正误。[①] 系统评价是系统工程中的一种基本处理方法，它将研究对象作为一个系统来分析，对分析结果加以综合，并在此基础上对系统进行多方面的、多角度的评价，这样反复进行直到能有效地实现预定目标为止。[②] 系统是分析和综合的基础，分析是深入系统内部把握系统各要素及相互关系的基本手段，而综合则是从整体、宏观上把握研究对象的各个方面。因此，系统评价和综合评价常常紧密结合在一起，被称为"系统综合评价"。[③]

综合评价是相对于单项评价而言的，它们之间的区别不仅在于评价客体的多少，而且在于评价标准的复杂性不同。一般而言，若评价标准比较单一、明确，则可称为"单项评价"；反之，若评价标准比较复杂、抽象，就属于"综合评价"。例如，对企业的劳动生产率进行比较分析与评价，就属于单项评价，而对企业经济效益进行全面的评判与分析，则属于综合评价。当然，这里所谓的"复杂性"最直观的表现是评价指标数目上的多与少。单项评价实质上就是单指标评价，而综合评价则表现为多指标评价，因此也称为"多指标综合评价"或"多指标复合评价"。当然，综合评价与单项评价之间的区分界线是模糊的、相对的。综合评价也经常通过单个指标来完成。多指标综合评价方法综合了定性评价与

---

① 李浩志. 综合评价方法论研究[J]. 管理工程学报，1990（4）：33-40.
② 张于心，智明光. 综合评价指标体系和评价方法[J]. 北方交通大学学报，1995（3）：393-400.
③ 苏为华. 多指标综合评价理论与方法问题研究[D]. 厦门：厦门大学，2000，1-3.

定量评价的特点，其关键是要建立一套科学、合理的评价标准和指标体系。

（二）多指标综合评价中的关键问题

要完成一次综合评价，需要解决五个方面的基本问题。

1. 确定评价指标体系

确定评价指标体系包括评价指标设计和评价指标选取，即明确采用哪些指标进行评价。每一项指标都是从某个方面反映了被评对象的某些信息，正确、科学地使用这些信息，是综合评价要处理的首要问题。选得太多，追求全面，指标之间就会重复，并相互会有干扰；选得太少，可能所取得的指标又缺乏足够的代表性，会产生片面性。因此，在评价指标的选取上，要注意多选择一些灵敏度高、代表性强、有一定区分能力又相互独立的指标。选取评价指标要遵循目的性、全面性、合理性的原则，要尽可能地覆盖评价的内容，还要有较好的可操作性。评价指标的选择可采取多种方法，包括经验选择法、单因素分析法、多元相关法、多元回归分析法、指标聚类法等。

2. 确定评价的尺度（即标准）

评价尺度用来对评价对象进行测定并确定其价值。在评价中，评价者要根据评价的目的、评价对象的性质等来确定评价尺度，并准确地给每个评价指标赋值，即确定各个指标的实际值。

3. 评价指标的处理

对于不同的指标，其量纲是不同的，而且数值差异较大，只有进行无量纲化处理，才能进行有意义的评价。这个过程就是把指标实际值转化为指标评价值的过程。

4. 确定各评价指标的权重系数

权重系数是一个非常关键的参数，权重系数不同，评价结果也会有一定的区别。目前，确定权重系数的方法主要有两类：一类称为主观定权法，主要有德尔菲法、二元比较法、层次分析法等；另一类称为客观定权法，主要有方差倒数为权、变异系数为权、负相关系数的倒数为权、熵权等。[①] 主观赋权法在应用过程中不可避免地会受到主观因素的影响，客观赋权法又往往会忽略指标的重要程度。因此，合理的做法应该是把两种方法有机地结合起来，即形成所谓的组合赋权法，从而更加客观、真实地反映各指标对于被评对象的相对重要程度。

---

① 胡永宏，贺思辉. 综合评价方法[M]. 北京：科学出版社，2000，1-78.

5. 评价方法的选择

综合评价法有很多,使用不同评价方法得出的结果可能会有很大的差异。因此,根据评价对象和综合评价法本身的特点选取合适的评价方法,也是综合评价中的关键问题。一方面,需要评价实施者对被评对象进行深入的了解,对评价方法及其运用要能熟练把握;另一方面,就是要在一次综合评价中尽可能地尝试多种方法,对各评价方法得出的评价结果进行比较,优选出最佳结果。[①]

(三)多指标综合评价的基本步骤

多指标综合评价通常要经历确定评价对象和评价目标、建立综合评价指标体系、确定指标值(量化和规一化)和指标权重、选择参与综合评价的人员并构造综合评价模型、对被评价对象进行综合排序或分类、得出系统分析和决策结论等过程。[②]

一般来说,多指标综合评价可按照 5 个连贯的步骤进行。[③]

第一,确定评价对象和评价目标。这一步的实质是建立一个能合理反映被评价系统(对象系统)被关注特征的系统描述模型,称为概念模型。经常被评价的对象系统有自然系统(各种资源、环境和生态系统)、人工制造的系统(各种设备、建筑、武器系统等)、技术对象系统(各种待发展的新技术、科研成果及科研项目等)、人和社会系统(各类干部、学生、各种组织单位等),评价对象系统的特点直接决定了评价的内容、方式以及方法。[④]

第二,建立评价指标体系。对象系统的评价指标体系常具有递阶结构,尤其是复杂对象系统常具有系统规模大、子系统和系统要素多、系统内部各种关系复杂等特点,因而使得描述这类系统的评价指标体系呈现出多目标、多层次的结构。评价实施者应按照人类认识和解决复杂问题的从粗到细、从全局到局部的分层递阶原则,明确评价的目标体系,选用合适的指标体系,明确指标之间的隶属关系。

第二,确定参与综合评价的人员,选定评价原则及相应的评价模型。

第四,进行综合评价,主要包括以下几个方面。

① 李刚,秦红玲. 综合评价方法及探讨[J]. 节能,2004(10):12-15.
② 胡永宏,贺思辉. 综合评价方法[M]. 北京:科学出版社,2000,1-78.
③ 王宗军. 综合评价的方法、问题及其研究趋势[J]. 管理科学学报,1998(1):73-79;陈衍泰,陈国宏,李美娟. 综合评价方法分类及研究进展[J]. 管理科学学报,2004(2):69-79.
④ 王宗军. 定性与定量集成式综合评价及其智能决策支持系统的研究[D]. 武汉:华中理工大学,1993,6.

1）不同评价指标属性值的量化及数量转换与统一量纲。为了解决各指标的不同量纲无法进行综合汇总的问题，一般在完成资料搜集工作后，还需要对数据进行同度量处理。其实质就是把不能相加或相乘的指标值转化成可以汇总相加或相乘的指标值。目前，较常用的有相对处理、函数化处理和标准化处理。

2）评价专家对不同目标（指标）子集权系数进行赋值。在运用多指标进行综合评价时，各个指标相对于上一级指标发挥的作用是不同的，它们对被评价对象总体的影响也各不相同。因此，为了保证评价的科学性，通常需要赋予具有不同性质的指标不同的权重，指标的重要性主要从指标包含的信息量、敏感性和独立性等方面来进行判别。确定权重的方法有主观赋权法和客观赋权法两类，具体的方法有德尔菲法、专家调查法、层次分析法、二项系数加权法和相邻指标比较法等，其中德尔菲法、专家调查法和层次分析法比较常用。

3）逐层综合。在消除了指标各数据的量纲影响和确定各指标的权重后，就可以采用特定的专门方法进行综合评价了。多指标综合评价主要分为两类：一类是根据评价指标体系中某个单个的指标对被评价对象进行评价；另一类则考虑多个指标的共同作用，将多个指标的值进行综合，根据每个被评价对象的综合评价结果进行综合排序。

4）输出评价结果并解释其意义。

三、科学知识图谱

（一）科学知识图谱概述

计算技术和网络技术的快速发展和广泛应用，产生了一系列现代新兴信息技术分析方法，如数据挖掘技术、知识发现技术和信息可视化技术等。信息可视化技术是目前流行的新兴信息技术分析方法之一，被广泛用于文献计量、科学计量、科技管理和科技决策等领域，形成了数据信息可视化、引文分析可视化、共词分析、共引分析、共现分析、非相关文献分析、社会网络分析、科学知识地图、科学知识图谱等许多新的研究领域。

广义上而言，科学知识图谱包括生物的基因图谱、教育教学中的认知地图、探索太空的天体图、描绘地形的地理信息系统、模拟人脑的神经网络图、各种金属图谱等。狭义上而言，科学知识图谱是以科学知识为对象，显示学科的发展进程与结构关系的一种图形，具有"图"和"谱"的双重性质与特征，是"可视化的知识图形""序列化的知识谱系"。

近年来，随着计算机技术的迅猛发展及应用，可视化领域取得了长足的进步，许多新的技术被广泛应用于文献、专利、基因和其他信息类型的可视化分析，产生了许多新的研究成果，为科学知识图谱的绘制提供了新的、可靠的理论、方法和技术支持。其中，最引人注目的是信息可视化、知识可视化和引文分析可视化及其应用研究。将知识可视化和科学知识图谱的重要应用前景展现在人们眼前，倍受信息管理界、科学界和科研管理界的关注和青睐。

信息可视化有以下几个比较突出的优点：①提供了一条直观理解大量数据的途径。通过可视化，最重要的信息能立刻被辨别出来。②可以发现没有预想到的现象。③能够发现数据本身的问题。合适的可视化方式可以揭示出数据本身以及人为造成的数据错误。[1]

信息可视化的一个重要分支是引文分析可视化。自从加菲尔德创立引文索引数据库以来，引文分析法越来越多地被用来进行科学结构的分析、科学技术史及其发展规律的研究、科研绩效的评价。引文分析主要运用数学和逻辑学等方法对期刊、论文、专著等研究对象的引用、被引用现象和规律进行分析，以便揭示其数量特征和内在规律。[2] 因为引文分析要处理大量抽象的引文数据，信息可视化具备的诸多优势无疑能促进引文分析应用这项技术的发展。因此，引文分析可视化最近几年在国外得到了蓬勃的发展，已经被应用于科学史研究、科学结构分析、知识领域显现等方面，发展成为信息可视化的一种新方法和一个分支领域——科学知识图谱。

（二）科学知识图谱主要方法

1. 引文分析法

一篇文献的被引频次可以在一定程度上反映该文献的影响度，而影响度的大小又在一定程度上反映了该文献质量和水平的高低。目前，引文分析大致有3种基本类型：①从引文数量进行研究，主要用于评价期刊、论文、机构、作者及地区的科研水平；②从引文间的网状关系或链状关系进行研究，主要用于揭示学科的发展与联系，并展望未来前景等；③从引文反映出的主题相关性方面进行研

---

① Ware C. Information Visualization: Perception for Design[M]. New York: Academic Press，2000，382.

② 邱均平. 信息计量学（九）第九讲：文献信息引证规律和引文分析法[J]. 情报理论与实践，2001，24（3）：236-240.

究，主要用于揭示科学的结构和进行文献检索等。^①

2001年，加菲尔德和他的同事们推出了引文图谱分析软件HistCite。该软件与SCI数据库结合使用，可以自动对搜索出的某一学科的被引文献按照被引频次的高低进行排序，并且按照这种引用关系和年份顺序生成关于这一学科的引文编年图。HistCite还可以把查到的文献按照期刊名称、著者、年份分别进行排序。加菲尔德等应用这一软件已经先后对有关数字图书馆、情报科学、信息计量学、共焦显微镜、实验胚胎学、基因组测序等专题研究以及某一个时期有关某一专题研究的杂志的发文情况进行了引文分析，分别生成了引文编年图。^②

2. 共被引分析法

两篇（或多篇）论文同时被后来的一篇或多篇论文引证，则称这两篇论文（被引证论文）具有共被引关系。^③换言之，如果两篇文献具有共被引关系，则意味着这两篇文献有相似的学科背景。如果将共被引分析的对象延伸至与文献相关的各种特征对象，如文献、期刊、著者、学科，就形成了相应的文献共被引分析、期刊共被引分析、著者共被引分析和学科共被引分析。

共被引分析的技术手段已经比较成熟，在国外，共被引分析多用于著者共被引分析和期刊共被引分析。例如，美国德雷塞尔大学（Drexel University）的霍华德（Howard）教授以社会科学统计软件包（SPSS）为工具，采用聚类分析、多维定标（multidimensional scaling）和因子分析（factor analysis）描述了情报科学1972—1995年的著者共被引情况，用图表揭示了对情报科学影响比较大的机构和单位、学科发展结构以及著者关系情况的变化等。1999年，陈超美（C. M. Chen）教授把路径寻找网络尺度分析（pathfinder network scaling，PFNET）技术引入著者共被引分析，并生成了超文本的共被引图。^④

3. 共词分析法

共词分析法属于内容分析法的一种。它的原理主要是对一组词两两统计它们在同一篇文献中出现的次数，以此为基础对这些词进行聚类分析，生成共词文献

①　邱均平. 信息计量学[M]. 武汉：武汉大学出版社，2007，315-427.

②　李运景，侯汉清. 引文分析可视化研究[J]. 情报学报，2007（2）：301-308.

③　邱均平. 信息计量学[M]. 武汉：武汉大学出版社，2007，315-427.

④　Chen C M. Visualizing semantic spaces and author co-citation networks in digital libraries[J]. Information Processing and Management，1999（2）：401-420.

簇，进而分析这些词代表的学科和主题的结构变化。[①] 利用共词分析法及其相关的可视化方法可以进行深入的主题分析，系统、全面、直观地了解学科结构和发展状况，并进行学科发展预测。

Monarch 曾对共词分析进行了研究，指出共词分析技术就是通过对相关文献的代表性术语之间的连接强度的分析，得到某一学科领域研究发展的方式和趋势。[②] 共词分析的一个主要途径是确定这些代表性术语之间的概念图谱或知识网络结构，通过一系列类似图谱就可以相当详细地描述某一学科领域的主题。[③] 目前，共词分析的主要可视化方法包括包容图（inclusion map）、临近图（proximity map）、战略坐标图（strategic diagram）等。[④]

4. 词频统计分析法

词频是指一个词在文章或者讲话中出现的次数。通过对主题词出现的频率进行分析，可以找到某一领域或学科的研究热点，并有可能发现研究热点的转移趋势。词频分析法是利用能够揭示或表达文献核心内容的关键词或主题词在某一研究领域文献中出现的频次高低，来确定该领域研究热点和发展动向的文献计量方法。[⑤] 由于一篇文献的关键词或主题词是文章核心内容的浓缩和提炼，如果某一关键词或主题词在其所在领域的文献中反复出现，则可以反映出该关键词或主题词表征的研究主题是该领域的研究热点。

5. 社会网络分析法

社会网络分析法源于 20 世纪 50 年代，它最初被用于心理学研究，后被应用于社会学、人类学、经济学、生命科学、科学学等众多领域。社会网络分析是一种分析工具，它将被分析对象视为社会行动者和他们之间的关系的集合。也就是说，一个社会网络是由多个点（社会行动者）和各点之间的连线（行动者之间的关系）组成的集合。在社会网络中，每个行动者都与其他行动者有或多或少的关系。社会网络分析正是基于这种关系，建立各种数学分析模型，然后利用计算机

① 冯璐，冷伏海. 共词分析方法理论进展[J]. 中国图书馆学报，2006（162）：88-92.

② Monarch I. Information Science and Information Systems：Converging or Diverging? Proceedings of the 28th Annual Conference of the Canadian Association for Information[EB/OL]. http://wenku.baidu.com/view/89ceb1f90242a8956bece4e1.html[2021-05-09]

③ Chen C M. Visualizing semantic spaces and author co-citation networks in digital libraries[J]. Information Processing and Management，1999（2）：401-420.

④ 冯璐，冷伏海. 共词分析方法理论进展[J]. 中国图书馆学报，2006（162）：88-92.

⑤ 马费成，张勤. 国内外知识管理研究热点——基于词频的统计分析[J]. 情报学报，2006（2）：163-171.

技术将行动者及其关系的结构以图形的方式展示出来。[①] 将其应用于文献计量学研究，可以通过社会网络分析中的K核、中心性和中介性等概念，找寻出具有重要地位的作品、作者或者是关键词。

6. 多维尺度分析法

多维尺度分析法通过低维空间（通常是二维空间）展示作者（文献）之间的联系，并利用平面距离来反映作者（文献）之间的相似程度。在科学知识图谱中，作者（文献）的位置显示了他们之间的相似性，有高度相似性的作者（文献）聚集在一起，形成科学共同体（学科前沿）。同时，处于中间位置的作者（文献）与其他作者的联系越多，在某学科中的位置就越核心；反之，越孤独则越处于外围。因此，通过多维尺度分析，某研究领域、思想流派或其他学术共同体在学科中的位置就很容易判断。与因子分析相比，多维尺度分析的图形显示结果更加直观和形象，但在确定各个学术群体的边界和数目时，则无法与因子分析抗衡，因此通常都需要同时借助因子分析的结果，进行共被引知识图谱的绘制。[②]

（三）科学知识图谱的应用

科学知识图谱被应用在多个学科分析领域，如检索信息、展示学科结构、展示科研合作、揭示知识交流、揭示学科关系、探索学科历史、分析学科内容等。[③]

例如，有学者利用科学知识图谱对知识交流进行了可视化分析。这一研究利用CiteSpace Ⅱ对WOS（SCI、SSCI、A&HCI）中收录的1975—2010年的988篇知识交流研究论文，分别分析文献的时间、地区、机构和期刊分布，主要研究领域以及学科代表人物及其经典作品，从而直观地揭示研究现状；通过关键词出现的频率和共现情况，确定知识交流研究热点；基于主题词变动趋势，描绘知识交流的研究前沿，如图3-5—图3-10所示。

---

① 种艳秋，张晗，冷荣新等. 利用社会网络分析法和聚类法研究心血管疾病知识结构的比较[J]. 中华医学图书情报杂志，2007（6）：77-80.

② 刘林青. 作品共被引分析与科学地图的绘制[J]. 科学学研究，2005（2）：155-159.

③ 邱均平，杨思洛，宋艳辉. 知识交流研究现状可视化分析[J]. 中国图书馆学报，2012，38（2）：78-89.

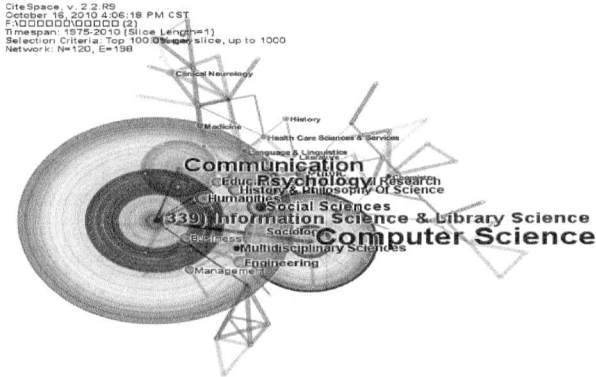

图3-5　研究的学科分布

图3-6　研究的机构分布

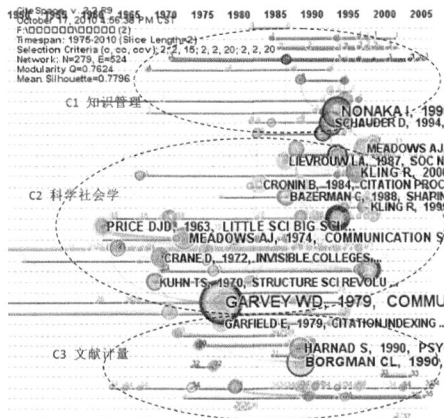

图3-7　知识交流的主流研究领域：文献共被引网络图谱

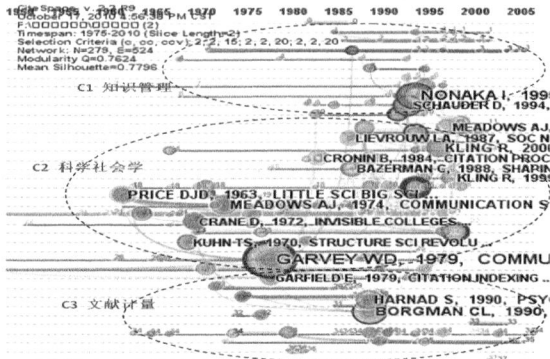

图3-8 知识交流研究的热点：关键词时间序列图谱

图3-9 知识交流研究的热点：名词短语结合文献共被引图谱

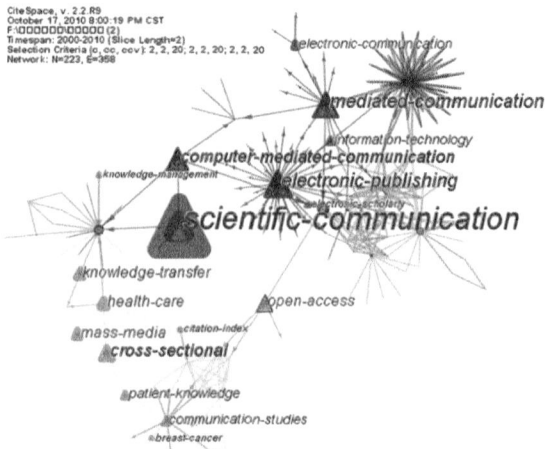

图3-10 知识交流研究的趋势分析：主题词探测

四、灰色系统法

灰色系统法和概率统计、模糊数学同为三种最常用的不确定性系统的研究方法。在传统的系统分析建模中，系统信息的不完全使得系统模型不可避免地具有各种不确定性。在控制论中，这种信息不完全被称作"灰色状态"，因此系统分析本质上是一个灰色问题。

利用灰色系统理论进行评价则是基于灰色系统理论，在某一个特定时段内对系统整体或组成系统的要素所处的状态做出一种半定性、半定量的评价与描述，从而能够对系统的综合效果与整体的水平建立一个可控比较的模型。其进一步可分为灰色统计与灰色聚类两种评价手段。灰色统计是针对评价指标进行的归纳综合，它根据被评价样本的具体情况，确定各评价指标类所属的"灰类"。灰色聚类则是对被评价样本进行的聚类分析，它根据各评价样本的不同评价指标水平对各样本进行聚类分析。[①]

五、人工神经网络方法

人工神经网络方法是20世纪80年代以来人工智能领域兴起的研究热点。其基本原理是从信息处理角度对人脑的神经元网络进行抽象，建立某种简单模型，按不同的连接方式组成不同的网络，简称为"神经网络"或"类神经网络"。

神经网络是一种运算模型，由大量的节点（或称神经元）相互联结构成。每个节点代表一种特定的输出函数，称为激励函数。每两个节点间的连接都代表一个对于通过该连接信号的加权值，称为权重，这相当于人工神经网络的记忆。网络的输出则依网络的连接方式、权重值和激励函数的不同而不同。网络自身通常都是对自然界某种算法或者函数的逼近，也可能是对一种逻辑策略的表达。

将人工神经网络方法应用在科学评价领域，主要是利用了其数据预测功能。利用人工神经网络建模预测需要经过以下几个流程：样本数据选取、样本数据分析、网络模型建立、网络训练、网络测试、数据预测，如图3-11所示。

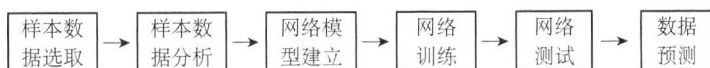

图3-11　人工神经网络预测模型建立流程图

---

① 温丽华. 灰色系统理论及其应用[D]. 哈尔滨：哈尔滨工程大学，2003，22.

图 3-11 给出了人工神经网络预测模型的建立流程。首先，按需要预测的主题收集样本数据，并根据研究目的对数据进行筛选及预处理。其次，对样本数据进行分析，包括对输入、输出量即样本变量的选择。对样本数据进行处理分析后，即可以根据预测目的建立相应的网络模型，也就是确定输入层、隐含层和输出层的全过程。网络模型建立后，就可以对其进行学习训练。最后，应对训练好的模型进行测试，通过测试后，即可以利用模型进行数据预测。①

第七节　评价科学应用技术体系

一、科学评价流程分析

科学评价要按照一定的程序和规定的流程进行，评价流程的规范化是减少评价工作误差，以及保证评价质量和可信度的重要条件，具体包括对评价问题和前提条件的分析、评价目标和任务的界定、评价准则和参照系的确立、具体评价方法的选择和组合等，对评价信息和评价结论的可靠性与有效性进行客观的评价等一系列过程。在新的网络环境中，对评价主体和对象、评价数据和过程都需要进行全面认识。

新时期，评价全过程的整体流程包括评价准备、评价实施、评价结果利用三个阶段。评价准备阶段包括确定评价对象、目标、计划、资料数据搜集等；评价实施阶段包括确定评价指标体系、选择或设计评价方法、得出评价结论等；评价结果利用阶段包括评价结果分析、撰写评价报告等。针对不同类型的评价，特别是在开放网络背景下参与式评价的兴起，其评价方法和特定程序具体项目包括人才评价、机构评价、成果评价、项目评价等。评价整体流程以及每个阶段的具体环节和内容，如图 3-12 所示。②

---

① 丑楚，王旭明. 基于人工神经网络的图书需求量模型研究[J]. 图书馆界，2018（1）：1-6.
② 邱均平，谭春辉，任全娥等. 人文社会科学评价理论与实践[M]. 武汉：武汉大学出版社，2012，57.

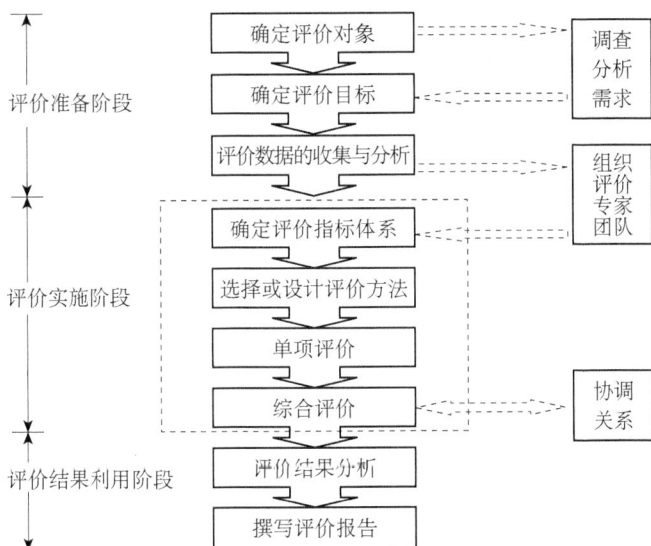

图 3-12　科学评价的一般流程

（一）基于科学评价流程的技术体系分析

评价流程的每一个环节都涉及一系列技术，每一个过程和步骤中技术的实施都离不开相应工具的支持，如图3-13所示。

由图3-13可知，在评价准备阶段主要涉及的是有关评价数据的收集和处理相关技术。在评价实施阶段，则涉及评价程序或评价模型的设计，评价指标体系的形成和实现以及评价数据分析与集成相关技术。在评价结果利用阶段，涉及评价实施过程管理与控制相关技术及评级结果的信度和效度检验相关方法与技术。具体可从以下方面细分。

1. 评价流程整体技术/工具

评价设计的技术与工具，包括方法的研究设计、比较选择和实际应用以及评价程序和评价模型的设计；评价指标体系形成和实现的技术与工具，包括评价指标设计、选择和赋值；评价指标权重赋值的技术与工具；评价信息获取与数据处理技术与工具；评价数据分析与集成技术与工具；评价方案和程序的设计技术与工具；评价实施过程管理与控制技术与工具；对评价结论信度与效度检验的技术与工具等。

2. 评价流程关键技术

评价流程关键技术包括评价影响与效果辨识技术、数据收集技术、数据处理

```
评价准备    {    评价数据的收
  阶段            集和处理

              {    评价程序或评
                   价模型的设计

评价实施    {    评价指标体系
  阶段            的形成和实现

              {    评价数据分析
                   与集成

              {    评价实施过程
                   管理与控制
评价结果利用
    阶段      {    评价结果的信
                   度和效度检验
```

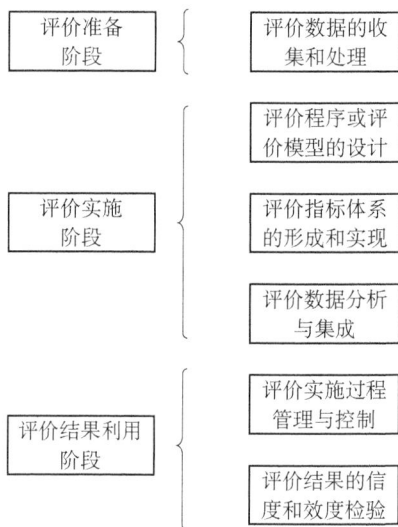

图 3-13　各评价流程所需技术支撑

技术、评价管理技术、决策技术、评价结果可视化展示技术等。此外，不同层面组成的工具体系在评价科学中可以应用与组合，包括 Excel、SPSS、SAS 等总体应用工具；Citespace、Bibexcel 等一般学科工具；WOS、Scopus、EI、CSSCI 等数据库集成平台形成的工具；Yaahp 等专门特定领域的应用工具等。

（二）基于云平台的评价科学应用技术体系构建

云平台允许开发者将写好的程序放在"云"上运行或是直接使用"云"提供的服务。随着云计算和云服务的发展，基于云平台构建的评价模型成为评价科学应用技术的一大发展方向。使用云平台构建评价模型具有以下特点。[①]

1. 模型信息的完备性

云平台能够充分整合评价相关信息和资源，使得信息精确地得到重组，并能够完整保存。

2. 强大的分析能力

基于云平台强大的云计算能力，可以分析、处理更庞大的数据和更复杂的计算模型。

3. 多用户协作处理能力

通过云平台上的模型，拥有一定权限的用户能够通过网络渠道访问和整理这

些数据，分享其丰富的资源。云平台能够实现资源在不同的用户之间权限的灵活划分。

4. 单个项目的投入成本低

利用云平台技术，针对单一的项目不必额外采购工作站和需求分析软件。利用云端技术，就可以实现评价模型的建立，以及评价过程的运算模拟和评价结果的可视化呈现等过程。

5. 信息的安全性高

云平台可以将信息存储在用户的企业级别工作站，利用云端和企业已有的防火墙，信息数据被盗取利用的可能性较低。随着量子信息化的发展，云端存储将会更加安全、可靠。

6. 适用性广

基于云平台构建的评价模型不仅针对个别技术的应用，而且通过不同应用体系的整合和软件接口二次开发，云平台可以提供多种技术支撑。

二、智能科学评价系统

（一）智能科学评价系统的内涵

智能科学评价系统是科学评价系统的高级阶段，包括评价过程的智能化、评价方法的智能化、评价系统的智能化、评价服务的智能化等。目前，智能服务成为科学评价的重要发展方向，而计算机语义理解是自动科学评价的瓶颈。现有的评价技术系统尚不能满足潜在的知识发现和服务需求，认知计算、人工智能、机器学习、语义网技术的发展为智能型的科学评价系统提供了必要和可能。认知计算与人工智能两者相辅相成，一个更偏向于技术体系，另一个更偏向于最终的应用形态。

智能科学评价系统的开发步骤主要包括：①调研国内外大学评价系统、期刊评价系统、人才评价系统、企业和政府评价系统等现代科学评价系统；分析智能交通系统、智能快递系统、智能城市系统等有代表性的其他领域的典型案例；总结模糊逻辑、人工神经网络、模糊神经网络、遗传算法、认知计算、人工智能等智能化技术在评价中的应用。②通过问卷调查、访谈等途径，了解不同类别用户、机构和部门对功能、界面、服务等的详细需求。③可行性分析。开发任何一个基于计算机的系统，都会受到时间和资源的限制，因此必须根据自身的时间和资源、技术条件进行可行性分析，以减少项目开发的风险，避免人力、物力和财力的浪费。

（二）智能科学评价系统的基本框架

智能科学评价系统的目标是以独立计算环境和网络服务环境为平台，以科学评价为背景，以智能服务模型、用户建模和信息资源组织与数据挖掘为重点，将科学评价信息资源组织、数据转换与计算、数据集成与整合、数据库管理方法、数据挖掘与维护、信息集成、智能服务可视化等有机地结合起来，完成基于云平台的智能科学评价系统的构建。

智能科学评价系统的设计，具体包括总体逻辑结构设计、技术体系结构设计、数据库设计等内容。该系统整体可分为支撑层、资源层、应用层和服务层四个层面的建设内容。智能科学评价系统提供了一系列的图形化的访问界面，包括数据导入、数据计算、系统维护、信息检索、数据导出和网络智能服务等。[①]其中，支撑层为整个系统提供技术保障和支持，主要包括应用支撑、硬件支撑和网络支撑三个方面。智能科学评价系统框架结构如图3-14所示。

智能科学评价系统采用紫蜂（Zigbee）技术、微网技术、传感器网络、云计算、移动计算等作为技术支撑，依托物联网、移动互联网等先进技术，以本地中心和云平台为基础，以多功能信息门户、便携式智能终端和各类社交媒体工具为终端，以远程监控平台为访问接口，并通过物联网技术的集成实现多系统联动，最终形成多层次、立体化、交互式的智能科学评价系统。[②]同时，系统采用模块化设计，具有灵活性和可扩展性，多功能信息门户、便携式智能终端和各类社交媒体工具等能适应变化，当新增业务时，不需要部署新的终端设备和管理系统，能满足不同规模的评价业务支撑需求。

三、大学评价智能系统

大学评价智能系统主要包括数据库、知识库以及系统主窗体等关键部分。系

---

① 刘宇辉. 智慧养老院［EB/OL］. http://wenku.baidu.com/view/2f960d07a8956bec0975e3b1.html/［2019-07-31］.

② 医学科普顾事. 智能养老院系统［EB/OL］. http://www.sohu.com/a/166463387_100663/［2019-07-31］.

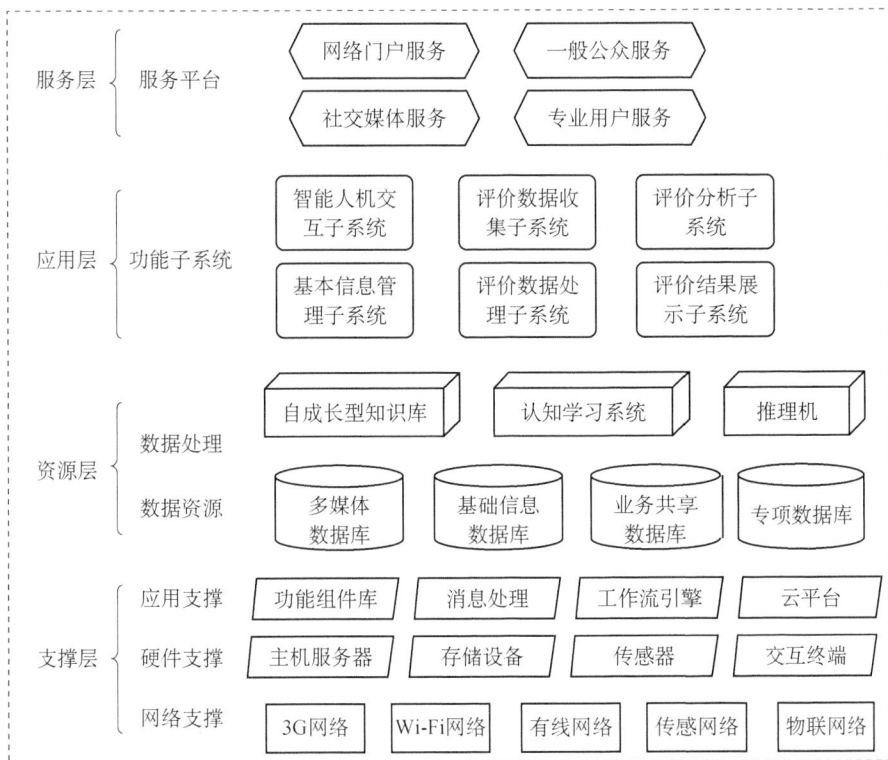

图3-14 智能科学评价系统框架结构

统数据库拟采用MySQL数据库平台；系统知识库的开发则主要是采用基于面向对象的设计思想，应用Java高级编程语言在Eclipse平台开发。系统的主窗体根据系统的特点、用户的需求变化及评价的流程来设计；系统主窗体的开发采用Java中的Swing类等技术来开发。

大学评价智能系统实现的内容主要包括：大学评价智能服务客户机管理系统、大学评价智能服务浏览器管理系统、基于Web的大学评价智能服务系统。基于云平台的大学评价智能系统采用了B/S（brower/server）和C/S（client/server）两种结构模式相结合的系统实现方案，可分别将其称为大学评价智能客户机管理系统和浏览器管理系统。大学评价信息资源集成、大学评价指标管理和优化、大学评价数据运算和数据发布等基本功能由基于C/S结构的管理系统完成，而信息发布和智能服务功能则由基于B/S结构的网络管理系统完成。

（一）大学评价智能服务客户机管理系统

大学评价智能服务客户机管理系统主要包含以下功能模块。[1]

1. 指标管理模块

指标管理模块包含一系列已经建成的指标体系，如重点高校综合评价指标体系、普通高校综合评价指标体系、高校科技创新评价指标体系、高校人文社科评价指标体系、民办院校评价指标体系、研究生教育学科评价指标体系、本科生教育学科评价指标体系、研究生教育专业评价指标体系、本科生教育专业评价指标体系等。除可包含已建成的相关评价指标体系外，此模块还可以实现新增、删减、修改评价指标体系的功能，并可以同时修改指标简称、指标标度、指标权重等信息。

2. 数据导入模块

数据导入模块可以导入以 Excel 等多种格式存储的数据，包括对数据的校验和导入功能。数据校验部分可以对预导入的数据格式进行验证，判断其是否符合导入规范；数据导入部分将从符合数据格式规范的数据表中读取数据并写入数据库，以便进行数据计算。

3. 数据计算模块

数据计算模块应当可以实现数据计算转换和专家会诊微调两个主要功能。数据计算转换可以完成各类型原始数据向标准数据转换的工作；专家会诊微调则可以对某类评价数据的单项指标进行修正，从而在小范围内调整数据。

4. 汇总浏览模块

汇总浏览模块可以实现数据汇总浏览和排名统计浏览功能，即按照总分、各级指标、学校类型等各种评价角度排名进行浏览的功能。

5. 数据导出模块

数据导出模块可以将最终结果输出为相应格式的数据文件如 Excel 文件格式，以便脱离中国大学智能评价系统进行使用，也可以直接将结果生成相应的报告。

6. 系统功能模块

除以上核心功能模块外，大学智能评价系统还应包含相关的系统功能模块，如数据管理模块，用于实现系统代码的维护以及数据的备份、维护等功能；信息管理模块，可以对高校与培养单位信息及学科专业信息进行管理和维护；用户管理模块，用于提供用户管理功能，实现对系统的安全管理；帮助模块，提供系统

---

[1] 邱均平，谭春辉，任全娥等. 人文社会科学评价理论与实践[M]. 武汉：武汉大学出版社，2012，124.

使用过程中的帮助功能；退出模块，可以使用户安全退出系统。

（二）大学评价智能服务浏览器管理系统

大学评价智能服务浏览器管理系统的功能分为信息服务和信息维护两部分。[①]

1. 信息服务功能

信息服务功能主要是面向网络用户执行信息发布、信息检索、信息推送和决策支持等任务。网络用户的信息发布以 Web 页面的形式给出，面向互联网的一切用户分门别类地开展信息服务。网络服务管理系统提供的信息检索功能可分为基本检索、高级检索和自由语言检索三种形式。信息推送服务功能则能够根据用户的信息推荐请求，利用用户信息需求偏好模型和相关推荐算法将大学评价信息资源按照用户信息需求偏好进行重构，将满足用户信息需求偏好的相关大学评价信息和信息来源推荐给用户。决策支持服务功能根据用户的决策支持请求，对系统中各类决策支持模型进行用户类型匹配，对用户提交的决策支持服务请求文档进行分析，并将建议结果和相关信息推送给用户。

2. 信息维护功能

信息维护功能是为系统管理员提供的。为管理员提供的维护操作包括定义系统的元数据、创建分类体系、信息提取和加载、数据分布、元数据修改、添加和删除文本、调整处理机负载、维护系统分类体系、添加和删除用户、添加和删除用户偏好集合、维护用户信息等各类系统管理和维护操作。

（三）基于Web的大学评价智能服务系统

基于 Web 的大学评价智能服务系统是大学评价系统中的重要模块。它借助先进的数据挖掘工具，依靠该系统丰富的数据资料，将考生自身的条件和学校的录取有机结合起来，并且凭借前几年的真实录用情况，为考生选择学校提供科学且合理的决策辅助。并且，使用系统的人越多，相应的数据量也就越丰富，系统的智能化程度也就越高。

---

① 邱均平，谭春辉，任全娥等. 人文社会科学评价理论与实践[M]. 武汉：武汉大学出版社，2012，128.

第四章

评价科学标准

第一节　评价科学标准的内涵

评价作为有组织、有计划、有目的的人类活动形式之一，它的运作需要明确最基本的构成要素：评价目的、评价主体、评价标准、评价对象。其中，实体要素是评价主体、评价标准、评价对象。评价是人类活动的一种类型，它不同于只注重于"世界是什么"这样的认知活动，而是着重于把握被评对象的意义与价值所在，是以人类、社会、经济发展、科学技术进步的需要为主要目的的一种认知活动。评价作为把握客观存在的价值关系的一种观念性活动，具有独特的运行方式。评价标准是评价过程的一个环节与实体要素，本章主要阐明评价标准的内涵、形成以及相关背景，并对科学评价标准体系的构建进行阐释。

一、评价科学标准的概念

（一）标准的定义

从宏观的哲学意义层面来看，标准是用来衡量事物所具有的意义的一种参照物。作为一种比较的标本与区分其他事物的中介，它本身的构成必须是一分为二的、相互对立的两个部分。

从微观的现实意义层面看，标准就是一种以文件形式发布的统一协定，其中包含可以用来为某一范围内的活动及其结果制定规则、导则或特性定义的技术规范和其他精确准则，其目的是确保材料、产品、过程和服务能够符合需要。国家标准GB 3935.1-83中对标准的定义是："标准是对重复性事物和概念所做的统一规定，它以科学、技术和实践经验的综合为基础，经过有关方面协商一致，由主管机构批准，以特定的形式发布，作为共同遵守的准则和依据。"①

从评价科学的宏观层面来看，标准可以被定义为人们基于对相应对象的科学认识而建构起来的、能普遍地反映对象和控制行为的度量。

（二）评价标准的定义

所谓评价标准，是以评价主体的内在需要和利益为基础，受主体的情感、愿望、意志、兴趣的影响而产生的主体对于自身的内在尺度的一种自我意识。

评价首先要把握客观对象的规律，并监测其属性、运动状态等信息。评价标准是在评价过程中评价人运用的，以主观形态或客观形态表现的，用于衡量被评对象的标准。但这通常只是第一步，委托方、评价方并非单纯地对评价对象感兴趣才实施监测、评价，而是从自身的利益、价值取向出发，评价客观对象及其属性、特征、运动状态等对主体自身的有用性。②评价委托方根据自身的价值取向，根据具体环境下的特定目的，制定出一套用以测量对象有用性的标尺，这样就形成了评价标准。评价标准主要是由评价委托方的利益、需求、目的来确定的，同时也要符合评价对象自身的客观发展规律。

评价标准是主观价值与客观事实的结合，它不仅要反映主体的意志、利益和需求，同时也要符合评价对象自身的客观发展规律。为了防止歪曲事物本来面目、违背事物客观发展规律，用同一把尺子裁量所有对象导致"削足适履"的情况，这一强调并不多余。例如，科技部公布的《科学技术评价办法（试行）》中就采取根据不同评价对象确定相应的评价标准的办法，对于不同类型的对象，评价关注的重点也不同。

（三）评价科学标准的阐释

评价科学标准是全部标准中的一个大类。

评价科学标准是评价人衡量被评对象的标准。评价的两极是评价标准和评价

---

① 国家标准局. 中华人民共和国国家标准 GB 3935.1-83 标准化基本术语第一部分[S]. 1985, 15.

② 林金填，曹小兵，庞杰等. 科技项目评估标准化研究[J]. 标准科学，2019（3）：81-84，105.

对象。评价对象是纳入评价过程的某种具体存在，是评价针对的对象。评价标准就是评价人据以展开评价的心理工具或物质工具。评价标准的作用就是衡量被评对象。评价科学标准有主观形态和客观形态两种，主观形态的评价科学标准是存在于人的观念之中的标准，是以观念形态存在的标准，如观念中的科学标准、艺术标准、逻辑标准等，也可以称为主观标准；客观形态的评价科学标准是人之外的以客观形态存在的标准，如天平、米尺、温度计等，也可以称为客观标准。①

二、评价科学标准的特点

评价科学标准的特点是指评价科学标准在不同维度上体现出的特性。评价科学标准有如下五个特点。

（一）形态多样性

在存在形态维度上，评价科学标准具有多样性的特点。对于不同种类的被评对象，必须运用不同的评价标准。评价科学标准的多样性要求我们必须对其展开分类研究。以主客观二元对立为标准，可以把全部评价科学标准分为主观标准与客观标准两大类。

主观标准是观念形态的评价标准，包括科学评价标准、价值评价标准。科学评价标准是关于被评对象自身的评价标准。在科学评价标准之中，又有现实评价标准、历史评价标准之分。价值评价标准是关于被评对象价值的评价标准。在价值评价标准中，也有现实评价标准和历史评价标准之分。从标准的具体观念形态来看，有感性标准与理性标准之分。感性标准是以感知觉为存在形态的主观标准。

客观标准是指人以实物制造的、有客观实物存在形态的评价标准。从标准适用领域来看，客观评价标准有物理标准、化学标准、生理标准、心理标准、社会标准等。从标准设计原则来看，客观评价标准又有客观精神标准和测量工具之分。综上所述，评价科学标准是多样的。

（二）相对有效性

在测量评价对象有效程度的维度上，评价科学标准具有相对性的特点。理想

---

① 苏富忠. 论评价及其标准[J]. 济南大学学报（社会科学版），2001（6）：11-15，90-89.

的评价标准观念源于评价对象的特有共性及在该共性基础上表现出的差异性。因而，用这样的标准对评价对象展开评价，是以确定评价标准来反映不同评价对象的差异性，是有效的。但必须确定的是，主观评价标准是由人主观决定的，客观评价标准是人根据主观认识，经过决策、行为而自觉制定出来的。无论是主观评价标准还是客观评价标准，都不等同于对象自身。主观得到的真理性认识就是相对性的反映，而不可能是绝对真理。基于认识而产生的主观评价标准与客观评价标准，说明评价科学标准具有普遍的相对性，即评价科学标准对被评对象评价的有效程度是相对的，而不是绝对的。

（三）可信性

在评价标准的结构与其构成的各个要素的一致性维度上，评价科学标准具有程度不等的可信性的特点。评价科学标准有其独特的结构，统一着不同的构成要素。作为一个主观或客观的评价、测量工具，其结构应当保证能正确反映评价对象的共性与差异性，能恰当评价其共性与差异性。评价科学标准的内在各构成要素在其特定的结构位置上，都能正确地反映和评价被评对象。也就是说，可信性是指评价科学标准的内在结构及其各构成要素可以保证真实反映出评价对象的特点。实际上，这种内在一致性的程度是高低不等的。这就要求人在制定评价标准时，应根据结构与功能相辅相成的质性设计其结构，使评价标准达到高度的内在一致性，以便有效地测量评价对象。

（四）相对精确性

在精确品质的维度上，评价科学标准有精确性与模糊性相辅相成的特点。评价标准的精确性品质是指评价对象精确性的品质。在此维度上，评价标准有精确性与模糊性的两极。精确性是指评价标准能精确地测评评价对象的品质特点，模糊性是指评价标准只能模糊地测评评价对象的品质特点，精确性是相对的。精确程度的相对性产生于评价标准对评价对象的反映与实际客观需求的协调。例如，测评散步的距离，精确到百米或十米就可以了，而不需要精确到米，盖房子就需要精确到厘米，但不需要精确到毫米。但有许多定性分析的评价是模糊的，此时定量分析就显得耗时、耗力，精确数字的用途不大。因此，标准该模糊时就应当模糊，并非越精确越好。

（五）相对差异性

在评价人维度上，评价科学标准有共同性与个别差异性相辅相成的特点。每个人都经常不断地进行评价，开展评价的是一个个的人。在此维度上，评价科学标准就有了共同性与个别差异性相辅相成的特点。评价科学标准的共同性是指不同的人掌握和运用的评价标准具有某种共同性的特点。越是社会上共同认可和运用的客观标准，其共同性越强；越是主观的、模糊性的评价标准，其个别差异性越大。此外，出于不同的需求，不同评价人采用的评价标准与方法也具有相对差异性。

第二节　评价科学标准的形成

一、评价科学标准的由来

评价科学标准是通过在专门的比同量异、认识被评对象质与量的过程中，通过符号语言思维或运用物料的行为而制定出来的。评价科学标准的来源包含如下三方面相互联系的内容。

第一，评价科学标准是人们专门比同量异、认识被评对象的质与量的产物。所谓专门认识，是基于制定评价标准的目的而展开的认识，被评对象有同有异，同中有异，异中有同。对同类对象的认识，既要认识同中之异，也要认识异中之同。通过比同量异才能从同与异的对立统一中把握对象的质。人们通过认识把握的评价对象的特有共性，是对象共有的质。以共性为评价的根本标准，可以判定对象一般的质。但其共性又统一着不同层次和维度的特殊规定性和相互间的差异性。这些可以区分、把握的共性之中包含着的差异性，就可以作为亚层次质的标准。把握对象的质是所谓的定性认识，定性认识是制定评价标准的前提，同时也要认识对象的量。

第二，主观评价标准是通过运用符号语言的思维而制定出来的。在这里，首先，要以表示评价对象名称的词语（实词或相当于实词的短语）作为核心概念，概括对象的特有共性，形成定性评价的根本标准。其次，要用核心概念统一亚层次概念，概括对象不同层次、不同维度的特殊规定性和相互间的差异性，作为评价被评对象亚层次质的标准。同时，根据对评价对象的测量、计量进行统计处理，确定在不同质的维度上的量的界限（量的变化的两极）。其间，既需要定性思维，又需要定量思维。这样就可以制定质与量统一的主观评价标准，如心理测量的种种标准就是经过复杂的调查、大样本试测、统计、信度与效度检验、专家评定等程序而建构起来的。

第三，制定客观评价标准，不但需要运用符号语言思维，有时还需要运用相应的物料，开展制作的行为。其是在对被评对象的质与量进行深刻认识的前提下、在对相应符号表达以及物料有深刻认识的前提下展开的。人们必须设计出具有特定测量功能的方法或量具结构，设计出相关制造技术或方法，然后运用相应的理论方法或物料展开制作。一般来说，客观标准测量的是具有特定质的对象的量。在制定标准时，还要确定校标，认真做效度和信度检验，以确保标准的效度与信度。

二、评价科学标准的形成与发展

标准是经济活动和社会发展的技术支撑，是国家治理体系和治理能力现代化的基础性制度。国外科技评价活动开展得较早，美国是最早在科技项目管理活动中引入评价机制并建立评价环节的国家，其科技项目评价已形成标准化及常态化的工作行为。我国的科技项目评价起步较晚，20世纪90年代，科技部开始对科技项目进行评价，特别是进入21世纪以来，我国标准化事业快速发展，标准体系初步形成，应用范围不断扩大，水平持续提升，国际影响力显著增强，全社会标准化意识普遍提高。但是，我国的标准化工作与经济社会发展需求还存在较大差距。[1]

自2000年科技部颁布《科技评估管理暂行办法》以来，科学技术评价逐渐发展为科技管理工作的重要组成部分，是推动国家科技事业持续健康发展，促进科技资源优化配置，提高科技管理水平的重要手段和保障。[2] 多年来，我国在科学技术评价方面进行了积极的探索，开展了大量卓有成效的工作，积累了许多宝贵经验，对提高我国科技管理水平起到了积极作用。

2003年5月15日，科技部、教育部、中国科学院、中国工程院和国家自然科

---

① 林金填，曹小兵，庞杰等. 科技项目评估标准化研究[J]. 标准科学，2019（3）：81-84，105.
② 科技评估管理暂行办法[J]. 科技与法律，2001（1）：137-140.

学基金委员会联合印发了《关于改进科学技术评价工作的决定》。该文件明确提出，科学技术评价工作要按照"目标导向、分类实施、客观公正、注重实效"的要求，并坚持"公平、公正、公开"的评价原则，建立与国际接轨的评价制度。科技部根据国家有关法律法规制定了《科学技术评价办法（试行）》，其中对于基本程序、评价专家遴选、科学技术计划以及项目评价、研发机构与人员、成果的评价的规定都做出了详细说明，以建立健全科学技术评价机制，正确引导科学技术工作健康发展，增强我国科学技术的持续创新能力，提高我国科学技术的实力和水平。[①]

标准作为评价科学中不可或缺的重要环节，只有国家相关标准化体系与政策发展完善，才能全面推动相关评价科学事业的落实。因此，此后我国标准化事业也在不断改进和完善，2015年12月17日，国务院办公厅印发了《国家标准化体系建设发展规划（2016—2020年）》，以贯彻落实《中共中央关于制定国民经济和社会发展第十三个五年规划的建议》《国务院关于印发深化标准化工作改革方案的通知》的精神，明确提出要落实和深化标准化工作改革要求，推动实施标准化战略，建立完善、标准化的体制机制，优化标准体系，强化标准实施与监督，夯实标准化技术基础，增强标准化服务能力，提升标准国际化水平，加快标准化在经济社会各领域的普及应用和深度融合，充分发挥"标准化+"效应，为我国经济社会创新发展、协调发展、绿色发展、开放发展、共享发展提供技术支撑。[②]

随着评价科学事业的发展、标准化事业的逐步落实，在此基础上，中共中央、国务院于2016年5月19日印发了《国家创新驱动发展战略纲要》，这是中央在新的发展阶段确立的立足全局、面向全球、聚焦关键、带动整体的国家重大发展战略。[③]该纲要中明确提出要完善突出创新导向的评价制度，具体的实施措施包括根据不同创新活动的规律和特点，建立健全科学分类的创新评价制度体系；推进高校和科研院所分类评价，实施绩效评价，把技术转移和科研成果对经济社会的影响纳入评价指标，将评价结果作为财政科技经费支持的重要依据；完善人才评价制度，进一步改革完善职称评审制度，增加用人单位评价自主权；推行第三方评价，探索建立政府、社会组织、公众等多方参与的评价机制，拓展社会化、专业化、国际化评价渠道；改革国家科技奖励制度，优化结构、减少数量、提高质量，逐步由申报制改为提名制，强化对人的激励；发展具有品牌和公信力的社会奖项；完善国民经济核算体系，逐步探索将反映创新活动的研发支出纳入

---

① 科学技术部. 科学技术评价办法（试行）[J]. 中国基础科学，2003（6）：14-20.
② 国务院办公厅印发《国家标准化体系建设发展规划（2016—2020年）》[J]. 大众标准化，2016（1）：74.
③ 国家创新驱动发展战略纲要[J]. 中国信息技术教育，2016（12）：2-3.

投资统计，反映无形资产对经济的贡献，突出创新活动的投入和成效；改革和完善国有企业评价机制，把研发投入和创新绩效作为重要考核指标。

该纲要同时提出，要实施知识产权、标准、质量和品牌战略；提升中国标准水平，强化基础通用标准研制，健全技术创新、专利保护与标准化互动支撑机制，及时将先进技术转化为标准；推动我国产业采用国际先进标准，强化强制性标准制定与实施，形成支撑产业升级的标准群，全面提高行业技术标准和产业准入水平；支持我国企业、联盟和社团参与或主导国际标准研制，推动我国优势技术与标准成为国际标准。

为加快推进落实技术标准战略，加强标准化与科技创新、产业升级协同发展，2017年6月，科技部、质检总局、国家标准化管理委员会联合发布了《"十三五"技术标准科技创新规划》，以落实《国家创新驱动发展战略纲要》《深化标准化工作改革方案》《"十三五"国家科技创新规划》《深化科技体制改革实施方案》《国家标准化体系建设发展规划（2016—2020年）》等战略部署和政策规划，以实施技术标准战略为主线，围绕健全技术标准创新协同推进机制、激发市场主体技术标准创新活力、培育中国标准国际竞争新优势等方面提出了一系列重要举措，以标准加速科技成果转化应用，提升发展的质量效益。[①]

2018年7月3日，中共中央办公厅、国务院办公厅印发了《关于深化项目评审、人才评价、机构评估改革的意见》，其目的是建立合理有效的科学评价标准体系，是实施创新驱动发展战略的战略保障。[②]首先，主要提出了要进一步优化科研项目评审管理机制，完善项目指南编制和发布机制，保证项目评审公开、公平、公正，完善评审专家选取使用，提高项目评审质量和效率，严格项目成果评价验收，加强国家科技计划绩效评价，落实国家科技奖励改革方案。其次，改进科技人才评价方式，统筹科技人才计划、科学设立人才评价指标、树立正确的人才评价使用导向，不把人才荣誉性称号作为承担各类国家科技计划项目、获得国家科技奖励、职称评定、岗位聘用、薪酬待遇确定的限制性条件，使人才称号回归学术性、荣誉性本质，避免与物质利益简单直接挂钩，强化用人单位的人才评价主体地位，加大对优秀人才和团队的稳定支持力度。再次，要完善科研机构评估制度，实行章程管理，落实法人自主权，建立中长期绩效评价制度，完善国家科技创新基地评价考核体系。最后，需要加强监督评估和科研诚信体系建设并加

---

① 中华人民共和国科学技术部."十三五"技术标准科技创新规划[J].机械工业标准化与质量，2017（8）：7-12.

② 中共中央办公厅 国务院办公厅印发《关于深化项目评审、人才评价、机构评估改革的意见》[J].科技创新与生产力，2018（7）：2，121.

强组织实施，加强组织领导与责任担当，确保政策措施落地见效。

当前，世界新一轮科技革命和产业变革加速推进，产业跨界融合发展越发明显，新模式、新业态层出不穷，产品更新步伐加快，科技创新从"科学"到"技术"到"市场"的演进周期正在缩短，成果转化更加迅捷。技术标准研制正在逐步嵌入科技活动的各个环节，与科技创新同步甚至形成引领的趋势越发明显。面对新形势，世界各国纷纷加快创新步伐，将标准化上升到国家战略层面予以实施和推进。在国内，中央提出"创新、协调、绿色、开放、共享"的新发展理念，要求实施创新驱动发展战略，加强科技与经济的联系，推进供给侧结构性改革，对增强技术标准创新能力、增加标准有效供给、提升技术标准创新服务水平提出了更高的要求。

专家学者对我国科技项目评价标准化的现状及不足开展了深入的研究，结果表明，与国外评价标准化相比，国内评价标准的建立过程仍然存在一些问题[①]，主要体现在以下几个方面。

一是缺少可实际操作的评价标准。不少研究人员会将评价方法、评审指标、分类评价的研究等同于评价标准化，脱离了标准化的基础文件框架，较少产生有指导性研究结论的成果。评价能力不能满足我国当前科技项目建设合理及公平公正的评价标准体系要求，评价分类标准设置不合理，制约了经济学意义上对科技项目研究的量化评价，同时对评价人员的选择也缺乏科学性的支撑。[②] 针对这一问题，欧美国家则认为行业专家具备丰富的科研知识与科研实践经验，具备对本行业科研成果进行鉴定的能力，同行专家是最具有评审发言权的。同行评议已成为使用较为广泛的科研成果的评价方法。随着各国政府对科学研究绩效不断增加评价要求，同行评审专家不再局限于自身的专业范围，而是向相关科研领域跨越，针对项目管理者、政策制定者及利益相关方或者应用该成果的管理者进行评价。通过尊重专业的方式解决评价人员设置不合理的问题，可酌情在评价标准体系设计中加大对同行评审方法的应用。[③]

二是在科技项目评价过程中，标准文件体系不完善，能完全覆盖项目评价工作的标准文件缺失，不仅在科技项目政策评价、科技人才评价和科研经费预算等关键环节的标准匮乏，甚至在评价指南、行为准则和质量控制等基础标准方面也没有实现标准的系统化。[④] 美国已形成一套规范、常规性及制度化的评价工作体

---

① 张仁开，罗良忠. 我国科技评估的现状、问题及对策研究[J]. 科技与经济，2008（3）：25-27.
② 郭伟锋，陈雅兰. 我国科技评估监督机制与制度研究[J]. 科学与管理，2006（3）：26-28.
③ 鲍悦华，陈强. 科技评估：瑞士的经验及启示[J]. 科技进步与对策，2008（8）：160-164.
④ 张虹霞，马继涛，王晓旭. 我国科技评估的现状、问题及发展建议[J]. 情报学报，2006（S1）：245-247.

系，评价的形式及内容具有标准化和系统性，并以立法形式管理评价标准。美国具有代表性的科技评价机构如国会研究服务部（Congressional Research Service，CRS）、国会技术评价办公室（Congressional Assessment Office of Technology，OAT）、审计总署（General Accountability Office，GAO）、国会预算局（Congressional Budget Office，CBO）和管理科学开发咨询公司（Management Science Development Consulting Company，MSD）等，评价的程序为成立专家评价组，并且由专业人士具体负责，对不同的评价内容选择相应的评价方案，并与外部专家及风险分析师进行密切的联系，通过初步评价形成评价报告，提交国会并举行听证会。我国的评价标准化工作可借鉴其经验，通过加强立法以完善标准制度，健全相关标准文件体系。

三是评价标准缺乏激励创新标准产生的决策指引。许多专家学者对科技项目评价的研究主要集中在现状及存在的问题方面，对标准的探索和系统建立涉及甚少，虽然已经认识到需要统一的标准制度对评价工作进行指导，但并没有对应的措施来解决这一问题。对于这一点，英国实行非常严格的评价制度，内阁办公室及各政府部门均有属于自己的评价机构。评审委员会会对项目进行评价与监督。针对重大项目，通常情况下，政府会聘请专业且独立的第三方机构对项目进行评价。例如，对于基础研究则采用"投入-产出"的评价法，将科技研发人员在科技期刊发表的科学论文的数量与质量作为项目主要产出的评价指标，对实际应用型的项目则参照项目的实际产生效果来衡量其质量。针对这一问题，我国逐步开始出台相关支持政策来加强科技评价标准体系制度建设，同时各级地方政府应加强重视，共同营造良好的政策环境来推进科技项目评价标准化工作的开展，结合我国国情建立适合的评价标准体系。

第三节　评价科学标准体系

一、评价科学标准体系的核心要素

评价标准体系是一套用来描述评价活动全过程的标准，是解决评价程序、原则、方法上的矛盾和问题，推动评价活动顺利进行的复杂系统工程。[①] 要构建评价科学标准体系，就离不开与标准相关的核心要素，并通过合理的结构模式实现对各个核心要素的标准化，进而实现体系的整体构建，如图4-1所示。

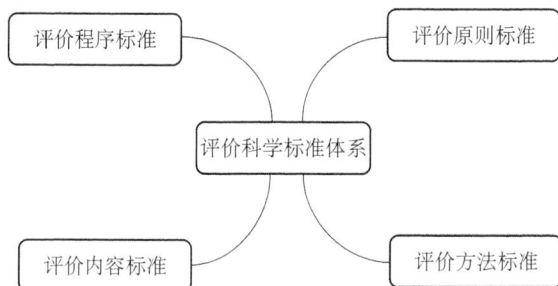

图4-1　评价科学标准体系的核心要素

二、评价的原则

为了确保评价结果能全面、客观、准确、合理地反映评价对象的真实现状和未来的发展趋势，评价标准体系的构建应坚持以下几条原则。[②]

（一）科学性原则

评价标准体系的科学性是确保评价结果准确、合理的基础，一项评价活动是否科学，很大程度上取决于其指标、方法、程序等方面是否合理科学。因此，设计评价标准体系时，首先要考虑各因素和整体的科学性。这里所说的科学性包括两层含义：一是指构建的标准体系必须遵循评价活动发展的基本理论和评价创新活动的自身特点，标准体系内部的定义、分类、范围、数据收集、方法、程序的确定等都要真实、规范，有科学依据[③]；二是标准体系设计在名称、含义、内容、时空等方面必须科学明确，没有歧义。因此，评价的方法、指标、程序应客观合理，评价结果应具有可验证性，评价过程和结果应具有可重复性。

---

①　连燕华，马晓光. 评价要素系统结构分析及模型的建立[J]. 研究与发展管理，2000（4）：17-20，44.

②　谭春辉. 高校哲学社会科学创新能力评价指标体系构建研究[J]. 重庆大学学报（社会科学版），2010，16（2）：70-75.

③　沈菊华. 我国区域科技创新能力评价体系的研究和应用[J]. 经济问题，2005（8）：27-29.

（二）规律性原则

客观社会条件对于评价活动的发展具有制约作用，它要求评价活动必须依据客观社会评价对象本身的性质、特点和规律展开。同时，评价者应自觉遵循社会活动的规律和法则进行评价活动。评价活动过程中的标准体系构建，同样必须遵循相应的规律和法则。因此，评价标准体系的构建要根据评价对象的特点和规律，尽可能地从相关要素中选取那些最能体现评价对象规律性特征的标准指标。

（三）导向性原则

评价标准体系的设计要适应当前社会发展的形势与趋势，符合国家、社会发展战略和政策，特别是要贯彻《关于改进科学技术评价工作的决定》《科学技术评价办法（试行）》的精神，积极执行科技部、财政部、国家发展和改革委员会2016年颁布的《科技评估工作规定（试行）》，以引导各主体找准自己的定位，明确各自的努力方向和奋斗目标。选择的每一个标准都要符合提高评价活动创新性的要求，能够在一定程度上体现评价对象的内涵与特征，瞄准国际前沿开展原始性标准创新，引导加快社会成果的转化，为国家经济建设做出贡献。

（四）系统性原则

整个评价标准体系可以说是对评价标准体系组成、构建原则、特征、程序、方法、内容的总体描述和抽象概括。因此，评价标准体系必须遵循标准体系的构建原则，以内容为核心，并从总体目标出发，按照基本构成要素来建立评价标准体系的基本框架，要做到既无冗余，又尽可能地全面，既有静态的，又有动态的，从而系统、全面、真实、公平、系统、客观地进行评价活动。

（五）可行性原则

可行性原则是指数据来源、执行程序实际且可行。评价方法以及指标的设计应简明扼要、定义明确，在科学合理的基础上，既要考虑其比较、分析和综合评价的功能，又要考虑评价主体能够提供评价数据资料的可能性。因此，评价标准体系的设置应尽量避免形成庞大的指标群或层次复杂的指标树，应尽量实现与现时条件相兼容，数据的采集和归纳要符合实际情况，计算公式科学合理，评价过程简单。如果指标是定量的，就要保证能获得真实可靠的数据，如果是定性的，就要力求有等级分明的评价标准，保证评价人员的工作水平，保证评价结果的可信度。

（六）成长性原则

评价标准体系的任务不仅仅是对过去与当前创新能力的评测，还应研究评价对象未来的发展趋势及潜在的创新能力。发展是一个动态的积累过程，且对整个经济社会的影响具有滞后性特征，因此在设计评价标准体系时，就应考虑到评价标准体系的发展问题。体系设计应体现静态与动态的统一，具有时间和空间变化的敏感性，评价标准体系的构建应当能够反映一般、突出重点、与时俱进。此外，评价体系运行过程中系统内部的各种因素及外部环境总处于不断发展和变化中，导致评价对象的内涵与结构也会不断发生变化。因此，评价指标也不能一成不变，应根据所处的发展阶段对评价指标做动态调整。

（七）代表性原则

在构建评价标准体系时，不同评价对象多且差别大，无法定义一套面面俱到、完全普适的评价标准体系，因此必须抓住重点，要尽可能地选取影响程度较高、具有足够代表性的普适性综合标准和排他性专业标准。同时，要注意各评价指标之间的相互关系，以避免相同、含义相近或相关性较强的指标重复出现。

（八）定性与定量相结合的原则

社会实践活动的评价对象会受到来自各方面的相关因素的影响。有些因素指标无法进行定量的评估，因此应从影响哲学社会科学创新能力的要素方面，去思考相应的定性和定量指标。定性指标应明确具体值，能反映评价对象创新能力的具体方面。但经验表明，专业领域的被评价主体对评价结果十分敏感，不适当的评价容易弱化其工作的动机或研究工作的创造性。而且，如果评价结果与专业领域的定性判断不一致，最活跃的主体将会产生对立情绪。[1]因此，评价人员应该在评价工作开始时立即与利益相关者对话，以在最大程度上避免他们的个人利益与官方评价标准产生冲突。

此外，有些内容只能定性描述，则不能过分进行定量化评价。定量指标评价比较客观，人为因素较少，数据来源较稳定。结合两类指标进行分析，可以较准确地反映评价对象的实际情况。

---

[1] 邱均平，文庭孝等. 评价学：理论·方法·实践［M］. 北京：科学出版社，2010，123.

（九）"三公"原则

"三公"原则具体如下：①公开性，评价主体应保障评价客体和社会公众的知情权；②公正性，评价主体应以评价标准为依据和准绳，基于评价客体的基本特征，实事求是、客观地进行评价；③公平性，评价主体应保障评价客体在评价过程中的平等和机会均等。

（十）独立性原则

国外的评价研究和评价实践表明，评价的独立程度越高，评价结果的可信度越高。[①] 评价活动应具有独立性，即评价主体不受相关行政主管部门的干预，且与各种利益相关方无私相授受行为，能客观、公正地完成对评价客体的评价。在构建评价指标体系以及开展评价工作的过程中，应尽可能地降低各指标之间的关联度，避免显见的包容关系。

三、评价的内容标准

这里的内容标准指的是评价标准内容的基本构成，是评价对象一定的共性特征，且借助于此可体现个体差异性的评价内容，是后面阶段进行评价指标体系构建、评价程序设计的依据。

（一）科学性

科学性是评价活动中应坚持的首要和最基本的标准，是指理论应建立在可观察的事实的基础之上，其结论也应该是可检验、可证伪的。本质上而言，它指的就是客观实证性。人们要正确判定某一评价对象反映的内容是否真实，就必须以一定可观察的、可感知的或者可查阅的社会事实为依据。评价对象反映的内容与经验事实保持一致的属性就是客观实证性。这是评价活动的根本要求，是评价必须遵循的标准。评价的实质是人把握被评对象对人类社会发展、经济发展以及人类生存环境的改善等方面产生的意义与价值的一种观念性活动。人类的一切活动都是为了发现、创造、实现和享用价值。评价就是从人类活动的行为中发现行为的意义与价值，揭示价值内涵的一种根本方法与手段，因此科学性在评价活动中

---

① OECD. The Evaluation of Scientific Research：Selected Experiences[R]. Paris，1997.

占有重要地位。

（二）创新性

创新是一个民族进步的灵魂，是一个国家兴旺发达的不竭动力。只有不断创新，国家和民族才会更具有生命力。每个评价对象都是在特定的时代与特定的社会背景共同作用下形成的，必然具有一定的传统性和继承性，然而一切社会事物发展的生命力都在于创新。

例如，在科学评价范畴里，"创新性"是指在现有知识体系的基础上有所发展，提出新理论、解决新问题，对促进科学知识的进步做出了贡献。保加利亚的伏尔科夫在谈到科学时认为，"科学的本质，不在于已经认识的真理，而在于探索真理"[①]。这说明创新性在科学研究中具有十分突出的地位，它是科学研究的生命。正因为如此，各国把"创新性"作为评价活动特别是基础研究成果的重要标准。例如，在美国国家科学基金成立之初，创新性是其对课题研究进行资助的主要条件，因为创新性是研究成果学术价值的核心，要评价社会科学成果的学术价值，最重要的是要看它有无创新性及创新性的大小。

因此，作为评价的重要标准之一，没有创新，就没有进步、没有发展，只有设计综合的创新性评价指标，才能以客观发展的眼光评价事物。

（三）价值性

价值性，或可称为效益性，是指评价标准体系的构建对文化、经济、社会以及人自身的全面及协调发展产生的积极作用，它是一切人类社会活动评价的最终目的或归宿，准确的价值性评价定位有利于解决定位投入、产出与效益的问题。[②]价值性标准包括经济价值标准、政治价值标准、理论价值标准、伦理道德标准、环境价值标准、审美价值标准。可见，这里的价值性标准指的是功利性、实用性价值，大多数与人们的日常生活、实际利益相关。

价值性标准实际上包括对于经济效益和社会效益两大方面的衡量。第一，经济效益。它是指评价对象将其用于实践后，给社会经济带来直接或间接的效益，多偏重于定量分析。第二，社会效益。它能衡量评价客体为达到各类社会目标所做贡献的程度。良好的健康水平、更好的教育体系、更好的国际关系等都可以作

---

① 转引自：丁军强，吴桂鸿. 试论社会科学研究成果的评价标准[J]. 科技管理研究，2007（6）：87，91-92.

② 连燕华，马晓光. 试论科学研究评价的标准[J]. 研究与发展管理，2002（1）：63-68.

为社会目标。价值性标准表现为对于思想文化、伦理观念、价值观念和行为方式的改变等方面具有的价值和社会影响程度。

需要注意的是，在构建评价体系时，一方面，要综合考虑，不能顾此失彼；另一方面，在标准的权重取值上要区别对待，如对于基础研究成果，要突出创新性的权重值，对于应用开发类研究成果，则要加大效益性的权重值。

（四）合理性

这里的合理性是指评价对象所述的活动目标、价值取向或偏好命题具有一定的恰当性、基础性、效果性或规范性。显然，这种合理性的评价依据的标准就是"具有真理性"。因此，从真理性层面上来看，合理性指的是评价对象的二重逻辑性，一是逻辑的自洽性，如评价对象存在与发展的合理性，以及评价标准与指标体系内部无矛盾，推理无误，结构严谨，可以自圆其说；二是逻辑的简明性，要求评价对象的内容在保证充足的情况下，基础结构较为简单、明确。其既强调评价对象应符合逻辑基础的简单性、逻辑推理的严密性和无矛盾性，也应该符合逻辑结论的可检验性。该层面上多偏向于内部自我评价，这是一种产生于评价客体内部系统的最基本的真理性标准，内部评价标准是所在领域内的相关群体对已经完成相关任务的评价对象做出的评价。从这里可以看出，内部评价标准一方面表明了评价对象的存在合理性，另一方面也能说明评价对象是否已经成熟到可以开发的程度。如果对待评价对象的评价所需资源庞大，内部评价标准就显得不够充分，那么来源于评价主体之外的外部标准就必然要被考虑进去。

除真理性标准外，满足逻辑性、得到经验支持性、内容丰富性、可证伪性、解决问题的有效性和发展的进步性等都可以被用作合理性标准。培根曾明确指出，内部标准就是推理和证明，外部标准就是实际应用。培根认为，后者比前者更重要，因为对于结论是否正确，没有比实际应用更权威的判断了，但并没有任何先验的理由保证评价客体的真理性和其有用性可以同时并存。[①]

因此，还需要从效果层面来评价评价对象的合理性。效果层面的合理性是指评价对象应有其应用价值，并能有效实现。因此，该层面上的评价包括评价对象是否能通过有效途径达成其行动目的，是否能够发挥其功能性作用，以实现其价值效益。外部标准是以"效用"为标准的核心内容，也就是说，外部标准是用来

---

① 转引自：戈德史密斯，马凯. 科学的科学——技术时代的社会[M]. 赵洪洲，蒋国华译. 北京：科学出版社，1985，26.

判定如果一项指定的科学研究一旦成功完成，从广义上讲，它就要对这个领域之外的群体或环境等产生有用的效果。执行用于评价的"内部标准"时，要考虑评价对象在多大程度上能准确、恰当地把握和解决问题，因为评价对象的质量好坏是一个很复杂、困难的问题，要考虑不同领域、不同领域特征以及不同需求结构的特点，这使得质量评价很棘手，进而会影响"内部标准"的定义。然而，外部标准又会因绩效的滞后性导致把握起来也有一定的难度，需要具有相当强的专业学科综合能力才能胜任。

（五）适用性

针对不同的评价对象、评价对象不同的发展阶段，从其功能性维度考虑，其适用范围以及效率会有较大差异。因此，在评价过程中，首先，要注重评价的诊断功能，应基于适用性的标准对评价对象及评价主体的现状、发展特征和发展水平进行描述和评定，这些描述或评定用于分析评价对象及评价主体存在的优势和不足，并在此基础上提出具体的改进建议。同时，要关注评价对象的个体差异，通过细致的观察准确地判断每个评价对象的不同特点及其发展潜力，为评价对象提出适合其发展的建议。

其次，从评价标准偏向来看，不同的评价对象也有不同的适用标准。符合真理性标准的评价对象，其本身就是成果价值的一种证明，并不需要额外的评判；反之，不符合真理性标准的成果，即使价值性标准的评判再高，也形同伪科学，很难站得住脚。因此，一般情况下，真理性标准是第一位的标准，价值性标准是从属的、辅助的标准。当然，这一关系也不是绝对的，例如，在人文学科中，其研究对象本身就是动态的、社会建构性的精神文化现象，伦理道德、审美等价值性标准有可能表现得比真理性标准更加突出。另外，在基础研究中，真理性标准有可能是唯一的评价标准，而对应用发展类成果的评价就需要兼顾真理性标准、价值性标准，且经常会更偏重价值性标准。

最后，要强调评价主体多元化。评价主体多元化是指在适用性评价中，评价主体的多样化能提高评价结果的可信度，且应该涉及评价对象的内部人员，以对被评价对象的实际适用性进行客观评价。

（六）长远性

一方面，体现为可延续性，即已有评价对象可以融入现有相关构成体系中，如新的理论或发现，能够融入现有的知识体系，充分继承了已有的知识。

另一方面，体现为可发展性。首先，要着眼于被评价主体的发展，发展性评价基于一定的目标，这些目标显示了被评价主体发展的方向，也构成了评价的依据。这些目标主要来自实践标准，也充分考虑了被评价者的实际情况。因此，发展性评价将着眼点放在结合被评价主体发展目标的未来。同时，发展性标准也要求将阶段性评价与动态评价相结合。所谓阶段性评价，即按照既定的评价内容体系对某一时间段的一体化实践状况和成效的评价。因时间的差异，这类评价在成效的评价上难以做到客观和全面，因此还需要有动态的评价加以辅助。所谓动态评价，即以时间轴为基准对评价对象的发展性变化进行的跟踪和评价。只有将阶段评价和动态评价相结合，才能使评价结果更加客观真实。

四、评价的方法标准

（一）评价方法的导向

在现有的评价方法中，主要存在着两种评价导向。

1. 以同行评议为导向

在我国，评价方法多以同行评议为主，兼具定性与定量相结合的指标评价方法。[1] 这种方法主要考虑了评价对象的多样性，强调在同一学科或相关领域内进行评价，只需提供一个大体的考核体系，将各部分的权重制定交予各评价分支机构或人员掌控。譬如，北京大学将人文社会科学的评价权利交给各个院系各学部的学术委员会，社科部只负责评价名额的分配和评价程序、评价主体、评价时限的制定等，完全不涉及评价指标的设计。[2]

以同行评议为导向的评价方法充分体现了同行评议、学者自治，兼顾指标综合评价方法的优点。但这种方法在一定程度上不能规避内部评价的专家自身存在的弱点和偏见，以及给予评议权利的专家主体具备较大决策权力的同时，难以保证评价过程的保密等缺陷。[3]

① 邱均平，王菲菲. 社会科学研究成果综合评价方法研究[J]. 重庆大学学报（社会科学版），2010（1）：110-114.

② 北京大学人文社会科学研究优秀成果奖评奖办法[EB/OL]. http://skb.pku.edu.cn/index.htm[2021-11-15].

③ 谭春辉. 人文社会科学研究评价程序公正探讨[J]. 重庆大学学报（社会科学版），2013（5）：93-99.

2. 以多指标综合评价方法为导向

建立多指标综合评价体系，是指在开展评价活动时，为了全方位、系统地揭示价值性水平（如科学价值、社会效益以及经济效益）而构建的多层次的定性与定量指标相结合的评价指标体系和评价模型。其在一定程度上结合了其他评价方法（如同行评议、主成分分析法、层次分析法、引文分析法、概率权等）对评价对象进行评价与分析，从而使评价更具客观性。但正是因为用于综合评价的方法众多，对于相同的评价对象采取不同的评价方法，其结论可能会出现较大的差异。

（二）评价方法简要评述

评价方法标准的确定是一项复杂的工程，尽管各个评价主体可能都有自己独特的评价方法，但每种评价方法都有优劣，很难找到一种统一的、各方面都被认同的评价方法。[①]不可否认的是，评价方法的制定是一个不断探讨、优化、完善的过程，需要确保评价活动的客观性、有效性、公正性、科学性以及操作的简便性，需要有效地结合这些方法进行优势互补、避其所短，优化评价方法，从而使得评价结果更公正、科学与合理。然而，在评价活动过程中，无论是采用哪一种评价方法，都或多或少地会受到一些质疑。究其原因，具体如下：一是评价主体过于单一；二是评价维度过于单一。借鉴绩效管理中的360度评价方法，则有可能解决这两方面的问题。

1. 360度评价概述

360度评价也称全方位全视角考评，最早是由被称为"美国力量象征"的典范企业英特尔首先提出并加以实施的。其从员工自身、上级、同事、下级、顾客等多个角度对被考评者进行评价，获得多角度的反馈，是识别、观察、测量评价对象的绩效的过程，是绩效管理系统中的核心环节。[②]它是一种重要的管理工具，与计划、组织、指挥和控制等主要管理职能密切相关，是组织决定奖惩、晋升、培训及解雇的重要依据。作为一种新的评价方法，该评价模式的产生与发展最初来源于经济、科技的飞速发展提出的客观要求，从评价方法的角度来看，360度评价的产生与发展也来源于管理评价科学化的实际要求。

评价活动是一个复杂的过程，制约评价结果的因素有很多。评价是对评价客

---

① 何正平，胡燕. 从西方程序公正的演进逻辑看我国程序公正的制度建设[J]. 四川师范大学学报（社会科学版），2009，36（2）：54-59.

② 徐辰雪，常慧宁. 360度绩效考评的误用[J]. 企业管理，2011（7）：34-35.

体的有效性、可靠性、科学性及其价值的评定。[①] 因此，我们可以360度评价方法为基础，多主体、全方位地对评价客体进行评价。

2. 360度评价的优势

评价活动的实质是人们把握被评价对象对科技的发展、人类社会的发展、经济发展及人类生存环境的改善等方面产生的意义。[②] 360度评价的优势主要体现在以下几点。

（1）系统性

评价方法标准体系既要有能够全面地反映评价对象的内在属性，又要有能够反映评价对象与社会、科技、经济发展等外部关系的外在属性。引入360度评价，主要原因体现在：从影响评价对象实现价值的各个因素的角度来选择相应的评价方法，克服个体在认识客观事物时无法取得评价对象的所有信息而致使评价结论在一定程度上偏离客观实际的不足，从全方位、多维的角度建立一个360度评价方法体系。质量和水平可以从多个方面表现出来，从各个维度将这些评价指标和方法的差别加以抽象和提炼，与此相应的评价标准，也可以从多种视角、多个方面进行评价。

（2）客观性

评价方法的选择一定要建立在科学的基础上，才能将评价客体的本质特性充分地反映出来。360度评价方法将评价指标明确化，通过客观、规范的统计反映出真实效用，而且误差小。实施360度考核的考评者不仅来自不同层面，而且每个层面的考核者都有若干名。从统计学的角度看，能够选择合适的计量方法来综合计量评价对象，反映了结果更接近于客观情况，可以减少个人偏见及评分误差。

（3）导向性

在评价的过程中，通过多测度的反馈，能够引导和鼓励评价对象等相关人员和机构更加直观地看到自己的长处和不足，找到问题产生的原因，并采取改进措施，从而进一步提高人员和机构的质量，促进该领域健康发展，形成良性循环。

3. 360度评价方法体系

360度评价方法体系的构建是一项复杂的系统工程。其复杂性主要表现在评价主体的多元性、评价客体表现形式以及评价方法的多样性。其中，评价主体主要包括业界同行、相关管理部门（组织）、政府机构、社会受众和相关个人或团

---

① 邱均平，任全娥. 我国人文社会科学研究成果评价研究进展[J]. 情报资料工作，2006（4）：10-15.

② 俞立平. 科技评价方法基本理论研究——多属性评价面面观[M]. 北京：学习出版社，2011，22.

体；评价客体的主要分类标准为时间维度、类别维度、价值维度等；评价方法主要由定性评价法、定量评价法和定性定量综合评价法三大类组成。同时，在评价的过程中，对于其形成过程、社会价值、经济价值、科学价值等其他相关的客观属性，都应考虑在内。[①] 因此，我们从构成评价系统的主观属性（评价主体）与客观属性（包括不同时间维度、类别维度、价值维度的评价客体）的角度出发，构建一个基于360度评价的评价方法体系，如图4-2所示。

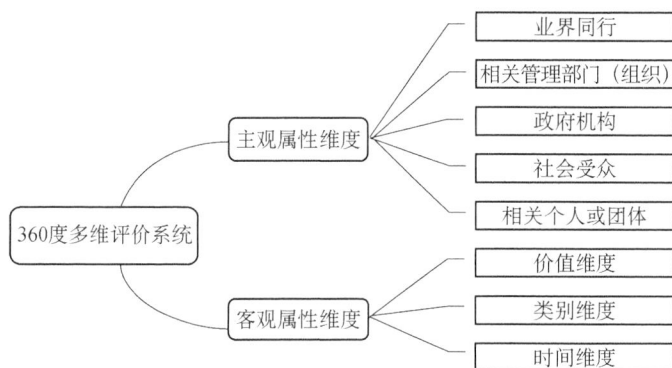

图4-2   360度多维评价系统构成

4. 360度评价方法的分析

（1）主观维度分析

评价活动的主观维度是相对于评价主体而言的，即从不同的评价视角进行价值判断的主体。根据360度评价相关的角度，我们可以将参与评价活动的主体大体分为相关管理部门（组织）、业界同行、政府机构、社会受众和相关个人或团体五个主体。

1）相关管理部门（组织）。相关管理部门（组织）作为评价项目的管理者，是项目质量把关的重要枢纽，主要管理项目的资金流动、运作流程或评价验收。各级社会管理部门及各办事处出于管理的方便与保证评价的可操作性，在评价活动中一般以间接指标评价方法为主。

2）业界同行。对固定领域的评价来说，业界同行最有发言权，是应然的评价主体。随着业界共同体的形成以及对业界评价的制度化，同行评议是目前世界各国在评价领域中使用最广泛的一种方法。

3）政府机构。政府机构作为相关评价活动的主要评审、立项以及成果实施

---

① 邱均平，谭春辉，任全娥等. 人文社会科学评价理论与实践（上）［M］. 武汉：武汉大学出版社，2012，118-119.

推广的主要参与者，其将更加注重评价对象的社会效益和经济效益，其主要采用的方法以经济计量法为主，社会评价、专家鉴定评价等方法为辅的评价方法。

4）社会受众。作为评价客体的社会活动都属于社会性活动，产生于社会，并受社会影响，最终也作用于社会。因此，社会受众作为评价主体，主要采取的评价方法有问卷调查法，现场询问法，网络评价、直接评价与匿名评价相结合等方法。

5）相关个人或团体。评价对象中的相关个人或团体都是创造者，对自己的成果进行自我评价，是一个实现自我校验、自我认识、自我提高的过程。因此，在个人评价的过程中，可采用标杆分析法等方法。

（2）客观维度分析

1）时间维度。按照评价成果或项目形成的生命周期，评价对象包括项目前期评价、项目中期评价和项目后期评价三种类型。项目前期评价即在项目申请立项阶段，成立由同行专家组成的评审小组进行立项评议，包括项目的可行性评价、项目的风险评价、项目的价值评价等，以便决策者做出科学的决策。项目的中期评价即对项目实施的过程进行的监督管理，对已完成的工作做出评价，及时发现项目实施过程中产生的偏差，评价的结果可为项目的调整提供必要的依据。项目中期评价主要是由相关管理部门和相关个人进行。项目后期评价即按照已制定的评价标准，对研究产生的成果进行严格的对比验证，业界同行、相关管理部门（组织）、政府机构、社会受众和个人或团体都应积极参与到科研成果的评价中，从学术价值、社会价值、经济价值等方面来衡量其质量等级。评价主体相对于评价项目的前、中、后期的重要程度指数如表4-1所示。

表4-1　评价主体相对于评价项目的前、中、后期的重要程度指数

评价主体	项目前期评价	项目中期评价	项目后期评价
相关管理部门（组织）	☆☆☆	☆☆☆	☆☆☆
业界同行	☆☆☆	☆☆	☆☆☆
政府机构	☆☆	☆☆	☆☆☆
社会受众	☆☆	☆☆	☆☆☆
相关个人或团体	☆☆☆	☆☆☆	☆☆☆

注：重要度指数按不重要（☆）、重要（☆☆）、非常重要（☆☆☆）来表示

2）类别维度。按不同的分类方法，评价对象可被分为不同的类别，如按涉及领域的不同，可分为商业、农业、工业等；按用途不同，可分为管理评价、质量评价、学术评价、国力评价等；按评价的时间区间不同，可分为事前预测型、

事中监督型、事后总结型。根据不同行业、不同领域，采用的类别维度也大不相同，相关的评价标准各有特点。

3）价值维度。评价的主体内容十分复杂，一般主要涉及创新性、价值含量（等）以及规范性三大方面。创新性评价主要表现在项目目标、重大发现、实现方法、相关成果是否具有创新性等。科学价值、社会价值和经济价值是价值含量评价的核心，其中科学价值主要表现在是否促进了科学进步和学科建设。社会价值即是否引起了社会的广泛关注，对人们的思想、观念是否具有积极的影响和贡献，表现为对于思想文化、伦理观念、价值观念和行为方式的改变具有的价值和社会影响程度。经济价值即对科研成果是否使国民经济盈利能力和投资回报能力有所增强，是否给社会经济带来直接或间接的效益等。规范性评价主要包括评价对象是否遵守既定的相关行业规范，以及是否具备一定的逻辑性等。

五、评价程序的标准

（一）评价程序的价值标准

评价程序标准设计的首要价值标准是程序公正。

所谓公正，是指人们之间分配关系上的合理状态，是一种价值和道德的判断标准。[①] 公正的评价程序则是指在评价活动中，按照合理的顺序、方式、步骤与规则，以有效实现相关主体的利益的过程。[②] 公正的评价程序张扬的是一种过程价值，是实现评价结果公正的理性考量，所要解决的根本问题是通过设置相应的评价顺序、方式、步骤与规则，实现评价结果公正，保证评价结果能够代表各研究主体的利益，节约评价成本，提升评价公信力，促进相关主体的繁荣与发展。因此，评价活动就必须按照程序公正的相关要求来开展。

目前，国内外学者无论是从法律的视角、管理的视角、组织的视角，还是从心理学的视角，都对程序公正的基本要求进行了研究，并形成了一些为学术界所认同的观点。借鉴这些成果，可以看出，评价程序设计的基本要求包括以下几个方面。

---

① 林晓婉，车宏生，张鹏等. 程序公正及其心理机制[J]. 心理科学进展，2004（2）：264-272.

② Leventhal G S，Karuza J，Fry W R. What should be done with equity theory? New approaches to the study of fairness in social relationships. In：Gergen K，Greenberg M，Willis R（Eds.），Social Exchange[C]. New York：Plenum Press，1980，27-55.

1. 信息沟通充分

其要求在评价过程中，应向评价成果完成人或完成单位提供与评价活动相关的评价目的、评价标准、评价方法等方面的信息，让完成人或完成单位知晓这些信息，从而减少他们对于评价过程的疑虑。

2. 标准始终如一

其要求在评价过程中，无论成果完成人或完成单位是谁，都应按照统一的评价标准进行评价，评审专家要抑制个人偏好，公平地对待各被评价方，且不能利用评审权来牟取私利。

3. 评价主体平等

其要求在评价过程中，无论是评价方、委托方还是被评价方都是平等的，只是分工有所不同，都有权对评价过程中的不正当行为进行监督或向相关部门反映。

4. 积极有效参与

其要求在评价过程中，保障成果完成人或完成单位能够有效地参与到与自身利益相关的评价活动中来，对评价结果有权提出自己的申诉意见，也能对评价过程中的不正之风进行揭露。

5. 信息公开透明

其要求在评价过程中，要让公正成为看得见的公正，让成果完成人或完成单位乃至社会公众了解评价的过程及其结果，既满足其知情权，又能加强对评价过程的监督。

6. 流程科学合理

其要求在评价过程中，要遵循评价活动的一般规律，科学合理地设置评价流程，符合保证评价效率的要求，程序中的各个环节和流程与评价目的具有必然的因果关系。

（二）评价程序公正的要素

利文撒尔（Leventhal）等认为，一个公正的程序必然包括以下 7 个要素：①委托人的选择，指决定由谁来制定决策；②基本规则的设定，指对程序要达到的目标、标准及可能的结果进行规范；③信息搜集，指对程序所要运用的信息进行充分搜集；④决策结构，指对决策过程进行确认；⑤申诉，指对不满的结果可以申诉，以寻求改善；⑥保护措施，指对有权者可能滥用职权的监测与防范；

⑦改变机制，指对程序不当的相关流程可以进行修改。[①]

借鉴利文撒尔等提出的公正程序的七要素，本书设计了优化后的评价程序要素，如图4-3所示。

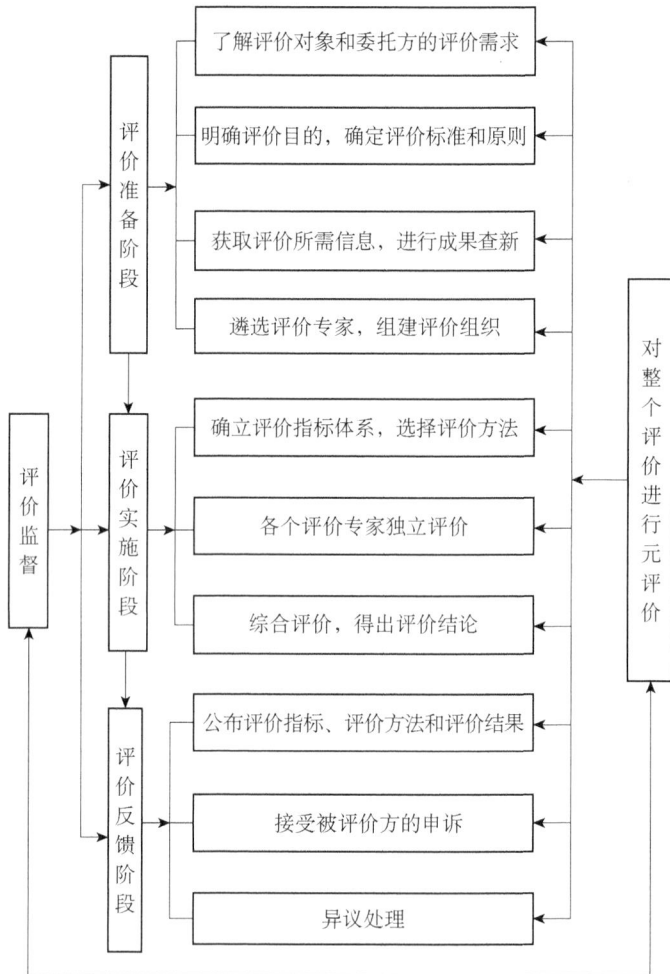

图4-3 评价程序要素

1. 评价准备阶段
这一阶段的流程要素主要包括以下几个方面。

---

① Leventhal G S，Karuza J，Fry W R. Beyond fairness：A theory of allocation preference. In：Mikula G（Ed.），Justice and Social Interaction：Experimental and Theoretical Contributions，from Psychological Research [C]. New York：Springer-Verlag，1980，167-218.

（1）了解评价对象和委托方的评价需求

通过初步审查评价相关资料内容，判断该评价对象或委托方对于人员、技术、时间等的要求，分析其面临的难点问题，从而达到提前预判、通盘考虑、合理安排评价活动。评价人员可以是某个研究机构或资助机构的内部人员，利用这些人员开展的评价一般都是研究机构的自我评价，或按照上级管理部门的有关规定对规模不大的计划和项目开展的评价。[①]但是，为了保证评价的公正性，评价活动最好采用招标形式，委托外部评价人员来实施。

因此，如果利用研究机构或资助机构的内部人员开展评价，应根据评价工作对评价人员的能力要求选择评价人员，这些能力包括四个方面：①调查能力，指设计调查方案的技能；②分析能力，指分析、解释通过调查获得的数据的技能；③表述能力，指以资助者和管理者易于理解的语言，提出评价结果的技能；④管理能力，指从管理的角度出发，提出资助者和管理者可以利用的结论和建议的技能。

如果要进行外部评价、委托外部评价人员开展评价，应注意以下两个方面的问题。

一是在涉及用户需求建议书时，为了公平起见，要把有关信息，即评价背景、评价的目标、希望采用的评价方法和评价工作进度、预算规则和最大预算量、评价时可以利用的其他辅助信息等传递给所有投标者。此外，对于投标者的提问，也要将答案散发给所有投标者。

二是在选择投标者时，主要根据他们提出的评价方案，重点考察其是否具备被评价对象所属领域的专业知识；是否能洞察评价的意图和背景；是否能以合理的成本进行有效率的评价；评价方案是否具有实用性；等等。

（2）明确评价目的，确定评价标准和原则

成果评价并不仅仅是"为了评价而评价"，而是要为管理与决策服务，改进科研管理，优化科技教育资源配置，激励科研人员，最终达到促进学术繁荣、推动科技和社会进步的目的。同时，在某一次具体的评价中，不同的委托方、不同的被评价方的目的也有差异，需要具体情况具体分析。成果评价的标准主要有真理性标准和价值性标准，其中真理性标准强调成果的科学性、延续性、创新性、完备性；价值性标准强调成果的理论价值、政治价值、伦理价值、人文价值和经济价值。评价标准应能反映研究主体的意志、利益和需求，同时也要符合评价对象自身的客观发展规律，以真理性标准为主、价值性标准为辅。在依据评价目的拟定评价标准后，评价人员应该广泛听取相关各界人士的意见和建议，完成对评

① 刘作义，陈晓田. 科学研究评价的性质、作用、方法及程序[J]. 科研管理，2002（2）：33-40.

价标准的最终修订。另外，评价活动必须遵循以下原则：依法评价原则，独立、客观和公正原则，分类评价原则。

（3）获取评价所需信息，进行成果查新

根据评价目的和评价标准，评价人员对成果依托的载体材料进行收集，如研究报告、发表的论文、出版的著作、论文（论著）被收录和被他人论文（论著）正面引用的证明、实际应用或采纳单位出具的证明和其他评价所需的材料等。这些信息的收集，依赖于被评价者提供的资料，同时为了保证信息的真实、可靠，需要对相关资料进行逐一核实。另外，应该把成果查新制度作为成果评价的必备过程，以真实地反映成果的新颖性和创新性水平，为判断成果的价值水平提供重要依据和参考。比较理想的成果查新方式是由评价方通过有查新资质的机构进行成果查新，并生成查新报告。

（4）遴选评价专家，组建评价组织

遴选评价专家时，评价主体应加强相关制度的建设：①加强专家遴选制度建设，应在相关行政管理部门的主持下，建立和完善相关专家系统，以随机、回避、轮换为基本原则，建立评审专家随机分配系统，加大同行专家评审力度，降低特定专家的影响力；②加强回避制度建设，通过界定专家需要回避的条件，严格执行回避制度，杜绝泄露评审信息、行政干预、暗箱操作、权学交易、利益冲突等可能导致不公正评价的行为；③加强专家问责制度建设，明确评审专家的职责和失责后果，做到权责要明晰、过失必追究，对因不作为（有权不用）、乱作为（滥用权力）或不当作为（工作过失）而造成不良后果的，必须严肃追究有关评审专家的责任。另外，根据评价工作的需要，还应建立相应的评价组织机构：①评价小组，专门负责对成果进行评价；②申诉受理小组，专门负责接受被评价方的申诉；③异议处理小组，专门负责对提出的申诉（异议）进行处理。

2. 评价实施阶段

这一阶段的流程要素包括以下几个方面。

（1）确立评价指标体系，选择评价方法

坚持以创新和质量为导向，正确把握数量和质量的辩证关系，针对评价对象涉及的不同领域、特征及形式，充分考虑同行评价与社会评价、定性评价与定量评价、过程评价与结果评价、当前评价与长远评价、直接评价与匿名评价、现场评价与异地评价、会议评价与网络评价等评价方法的适用性，建立分类评价指标及各指标的评价标准，合理确定各指标的权重，选择合适的评价模型，最终做出综合评判。

（2）各个评价专家独立评价

每位评价专家应当独立进行相关评价，提出各自的评价意见，其中提供的书面评价意见应当清晰、准确地反映评价成果的实际情况，所有评价专家对自己所出具的评价意见负责，自觉接受业内人士和公众的监督。

（3）综合评价，得出评价结论

评价活动实行评价负责人制度，每次评价活动推举一名评价委员会主席，评价委员会主席对整个评价过程和评价结果负责。评价委员会主席负责组织人员汇总每位咨询专家的评分结果，并计算出综合评分。评价委员会主席在综合所有评价专家评价意见的基础上，得出综合评价结论，并对评价结果负责，接受公众监督。

3. 评价反馈阶段

这一阶段的流程要素包括以下几个方面。

（1）公布评价指标、评价方法和评价结果

通过公示，被评价方可以对评价中采用的数据进行有效的检测，从中发现评价的误差，同时可以使被评价方和公众更多地了解评价的目的和导向，使评价者及时获取外界的建议和意见，使评价更加公开、透明，将其置于公众的监督之下。

（2）接受被评价方的申诉

当被评价方对评价结果不满意，特别是当其通过数据进行检测后发现评价结果存在明显的差错时，被评价方有权在一定时效内就该次评价过程和评价结果向申诉受理机构提出申诉，要求再次进行评价。

（3）异议处理

当被评价方提出申诉后，申诉受理机构要立即将其转交给异议处理机构，由异议处理机构启动相关异议的处理工作。①可以邀请有异议者采取现场或者通信方式进行答辩，阐述其观点和理由；②应该就投诉者提出的问题，组织原成果评审团成员和其他专家学者进行再评价，发现确有评价不公的，应给予修正，并向异议提出者及社会大众公布复查报告。异议处理能最大限度地减少在评价过程中出现漏评、误评等不良现象，有利于增强评价的准确性、科学性和公正性，克服评价活动中常有的主观性因素的影响。

4. 评价全程环节

这一阶段的流程要素包括两个方面。

（1）对评价进行"元评价"

所谓"元评价"，是指对评价的评价，也就是对"评价"活动本身的价值与缺陷进行评价。评价主体应建立有形的"元评价"体系，成立相应的管理机构，对评价对象、评价专家、评价标准、评价方法、评价环节、评价监督等进行研究、管理、规范和认证，以促进评价的科学化、规范化，从而达到程序上的公正。

（2）评价监督

为了对评价过程进行监督，评价主体需要拓展沟通反馈渠道，充分利用网上对话平台和工具，方便他人提出意见、建议和异议；需要建立专家公告制度，向社会公示评审专家成员名单，在评价完成后，向社会公示参与该次评价的专家名单，并对承担相应失责后果的评审专家酌情隐去或公开姓名进行公告；需要提高监督的科技含量，实现行政监督、公众监督、相关共同体监督、舆论监督和个人监督相结合，网络监督与传统监督相结合，过程监督和随机监督相结合，提高监督工作的效能。

第五章

评价科学指标

第一节　评价科学指标的内涵

评价科学指标是评价对象某一特征的概念及数量的表现，它既明确了评价对象的某一特征（即性质），又反映了评价对象的数量，具有定性认识和定量认识的双重作用。根据评价任务与目标的需要，能够全面系统地反映某一特定评价对象的一系列较为完整的、相互之间存在有机联系的评价指标就是评价指标体系。[①]评价科学指标和评价科学指标体系是被评对象全部或部分特征的真实反映，评价科学指标和评价科学指标体系准确地反映事物的真实程度是科学评价结论准确、可靠的基本保障。

简单地说，评价科学指标就是评价的标准和尺度，是衡量、比较事物的基本依据，评价科学指标体系则是评价指标的集合。同时，评价科学指标体系也是一个信息系统，是反映评价对象全貌的信息集合。每一项评价都需要设置多种指标，同时需要构建一个层次分明、互相联系并相互补充的评价科学指标体系。评价科学指标和评价科学指标体系是联系评价人员、评价对象的纽带，也是联系评价方法、评价对象的桥梁。一个好的评价科学指标体系能将评价对象描述得清楚明白、淋漓尽致，并得出科学、合理的评价结论，而一个欠妥的评价科学指标体系则往往会导致整个评价的失败。此外，评价科学指标体系还是一个十分有效的

① 娄策群. 社会科学评价的文献计量理论与方法[M]. 武汉：华中师范大学出版社，1999，103.

"指挥棒"，体现了评价者的内心思想和行为导向，不得不引起人们的高度重视。因此，评价科学指标体系的构建是科学评价中的关键。

由于评价科学指标体系构建的复杂性、各国科研活动体系以及文化背景的差异，目前各国在评价科学指标体系的构建上还没有形成标准化的、具有内在一致性的规则，因而评价科学指标体系的结构、构建方法、构建程序、指标数量等也各有差异，无法统一。人们试图构建一个模块式或菜单式的评价科学指标体系，由单一的基本构件组成模块或子菜单，这样用户可以根据实际需要任意组合模块或菜单，形成需要的评价科学指标体系，但目前并不成功，关键是缺乏有力的理论依据，更无法摆脱主观因素的影响。

第二节　评价科学指标的构建

科学地确定评价指标和评价指标体系是科学评价的前提，只有设计出科学、合理的评价指标体系，才有可能得出科学、公正的评价结论。任何事物都具有一些显现的、不同于其他事物的本质属性和特征，正因为如此，我们才能把这些本质属性和特征转换成不同的指标来表达事物，并在这些指标与事物的本质属性和特征之间建立某种对应关系，形成反映事物全貌或部分特征的指标集合，即评价指标体系。这样就允许研究者和分析人员有效地评价科学、科研活动（通过科学指标）对经济（通过经济指标）和社会（通过社会指标）的影响。

一、评价科学指标体系形成的原则

评价科学指标体系的形成是一个复杂的过程，因为评价指标体系本身是一个复杂的系统，是由一系列相互联系的评价指标构成的有机系统。因此，设计一个完整、科学、系统的评价指标体系不是一个简单、随意的过程，而是一个要经历多个互相联系的环节的复杂过程，并且要严格遵循和明确贯彻评价者的思路、坚持的原则。

评价科学指标体系形成的原则包括两层含义：一层是指评价指标体系构建原

则；另一层则是指评价指标筛选或优化原则。从某种角度来说，评价科学指标体系构建原则等价于指标体系定性选取原则，但二者还是有一些区别的，评价科学指标体系构建原则包括比指标体系定性选取原则更加广泛的内容，前者是"从无到有"的过程，后者是"从有到优"的过程。评价科学指标体系的构建原则一般都是在对具体问题的评价指标体系构建时才提到。评价科学指标体系的设计通常要体现以下基本原则：①科学性与实用性原则；②整体性与层次性原则；③全面性与系统性原则；④简洁性与聚合性原则；⑤主成分性与独立性原则；⑥定性与定量相结合原则；⑦动态性与静态性相统一原则；⑧通用性与可比性原则；⑨可操作性原则；⑩目的性原则；⑪政策引导性原则。[①]

此外，在评价科学指标体系的设计和构建过程中，还要正确处理指标体系的系统性、覆盖范围与针对性的关系。第一，评价科学指标的设置应围绕评价目的，客观、真实、全面地反映评价对象的属性，不能遗漏重要方面或有所偏颇。评价科学指标的设置要体现评价重点，对于一些对评价结论影响不大又难以测度的指标，可适当舍弃。评价科学指标体系应层次清晰，以便确定各指标的权重。第二，注重定量指标与定性指标的结合。评价科学指标的选择应考虑评价对象的特点和数据采集的条件。在可能的情况下，应该尽量全由定量指标来描述，而且目前社会化的统计数据尚不完备，定量与定性指标的结合是评价科学指标设计的一般原则。第三，直接指标和间接指标配合使用。从成本考虑，往往不能直接衡量所收集数据的复杂性和适时性。在这种情况下，使用某些间接指标可以表明项目实施的趋势。第四，指标的互斥性与独立性有机结合。评价科学指标体系是由一组相互间具有密切联系的个体指标构成的，而不是多个指标的堆砌。互斥性原则要求指标之间相互独立，不应因出现过多的信息包容、涵盖导致指标内涵重叠。但指标之间完全独立常常很难做到，在实际评价活动中，为加强对某方面的重点调查和评价，有时需要从不同角度设置一些指标，以便相互弥补和相互验证。这些指标之间的相关性可以通过适当地分别降低每个指标的权重等方法来处理。第五，合理处理指标体系的系统性与简洁性的矛盾。实践中，评价主体应该在保证满足评价目标和评价质量的前提下，尽可能地简化指标，评价科学指标体系的设计应在系统性与简洁性之间找到一个恰当的平衡点。

---

① 修国义. 企业技术评价方法研究[J]. 哈尔滨理工大学学报, 1998（2）：59-62；黄鹍，陈森发，周振国等. 生态工业园区综合评价研究[J]. 科研管理, 2004（6）：69, 92-95；盛学良，彭补拙，王华等. 生态城市建设的基本思路及其指标体系的评价标准[J]. 环境导报, 2002（1）：5-8；苏为华. 多指标综合评价理论与方法问题研究[D]. 厦门：厦门大学, 2000, 18-19.

二、评价科学指标体系形成的方法和过程

评价科学指标体系是从多个视角和层次反映特定评价对象的规模与水平的，所以它是一个反映被评对象的信息系统，构造一个评价科学指标体系，就是要构建一个反映被评对象全貌或重要特征的信息系统。系统的构造一般包括系统元素的配置和系统结构的安排两方面。在评价科学指标体系这一系统中，每个指标都是系统的元素，而各指标之间的相互关系则是系统结构。系统的一个重要特征是具有层次性，因此在构建评价科学指标体系时，一般是使用层次分析法建立指标体系的层次结构模型，如图5-1所示，然后再对指标进行筛选并优化指标体系的结构。[①]评价科学指标体系的构建是一个复杂的过程，整个过程中会涉及多种方法，并且要经历一系列步骤和环节。

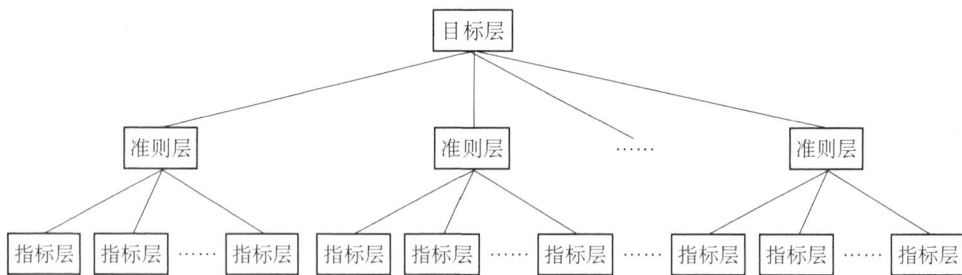

图5-1   层次结构模型

（一）评价科学指标体系形成的主要方法

一般来说，评价科学指标体系形成的方法通常包括以下几种。

1. 评价科学指标体系构建方法（初选方法）

评价科学指标体系的构建主要是通过层次分析法、频度统计法、理论分析法、专家调查法（如德尔菲法）等初步形成指标体系，然后对指标体系进行初选。评价指标体系初选的方法有分析法、综合法、交叉法、指标属性分组法等多种，但最基本、最常用的方法则是分析法。

2. 评价科学指标体系测验方法（优选方法）

评价科学指标体系测验主要是采用各种定性和定量方法对指标体系中的单项

---

① 黄鹂，陈森发，周振国等. 生态工业园区综合评价研究[J]. 科研管理，2004（6）：69，92-95；查先进. 信息分析与预测[M]. 武汉：武汉大学出版社，2000，182-184；苏为华. 多指标综合评价理论与方法问题研究[D]. 厦门：厦门大学，2000，15-16.

指标及整个指标体系的完整性、系统性、准确性、可行性、可靠性、科学性、关联性、协调性、冗余度等方面进行测验。一般以专家判断等定性方法为基础，以定量测验方法为补充。

3. 评价科学指标体系结构优化方法

评价科学指标体系结构优化主要是从层次深度、每一层次指标个数、是否存在网状结构等方面进行优化，同样可以是定性与定量分析方法相结合。

4. 评价科学指标量化与处理方法

指标量化（即指标属性值的确定）分为定量指标量化和定性指标量化。定量指标量化一般由统计和调查得出。定性指标量化根据量化时的具体对象不同，可分为直接量化法、间接量化法两种。直接量化法是将总体中各单位的某一品质标志性表现直接给出一个定量的数值（如直接打分法）；间接量化法则是先列出定性指标的所有可能取值的集合，并且将每个待评价单位在该变量上的变性取值登记下来，然后再对定性指标取值集合中的元素进行量化，依此将每个单位的定性取值全部转化为数量（如等级评分法、区间评分法、模糊评价法等）。评价指标量化还包括指标的无量纲化处理，即采用各种无量纲化方法对不同属性的指标值进行归一化处理，转换成可以直接比较的形式。[①]

（二）评价科学指标体系形成的过程

在任何评价中，都没有绝对科学合理的指标体系，只有相对科学合理的指标体系，也没有一个万能通用的指标体系，但仍存在通用的构建指标体系的一般方法和模式。评价科学指标体系构建是一个"具体—抽象—具体"的辩证逻辑思维过程，是人们对评价对象总体特征的认识逐步深化、逐步求精、逐步完善、逐步系统化的过程。一般来说，这个过程大致可分为以下 5 个步骤和环节：准备阶段、形成一般指标体系、指标体系初选、指标体系测验、指标体系实际应用与确立。[②] 国外构建评价科学指标体系的步骤也可供我们参考[③]，如图5-2所示，虽然较为简单，但简洁、明了。

① 黄鹂，陈森发，周振国等. 生态工业园区综合评价研究[J]. 科研管理，2004（6）：69，92-95；苏为华. 多指标综合评价理论与方法问题研究[D]. 厦门：厦门大学，2000，15-16；曹利军，王华东. 可持续发展评价指标体系建立原理与方法研究[J]. 环境科学学报，1998（5）：526-532.

② 查先进. 信息分析与预测[M]. 武汉：武汉大学出版社，2000，182-184.

③ 埃利泽·盖斯勒. 科学技术测度体系[M]. 周萍等译. 北京：科学技术文献出版社，2004，69-71.

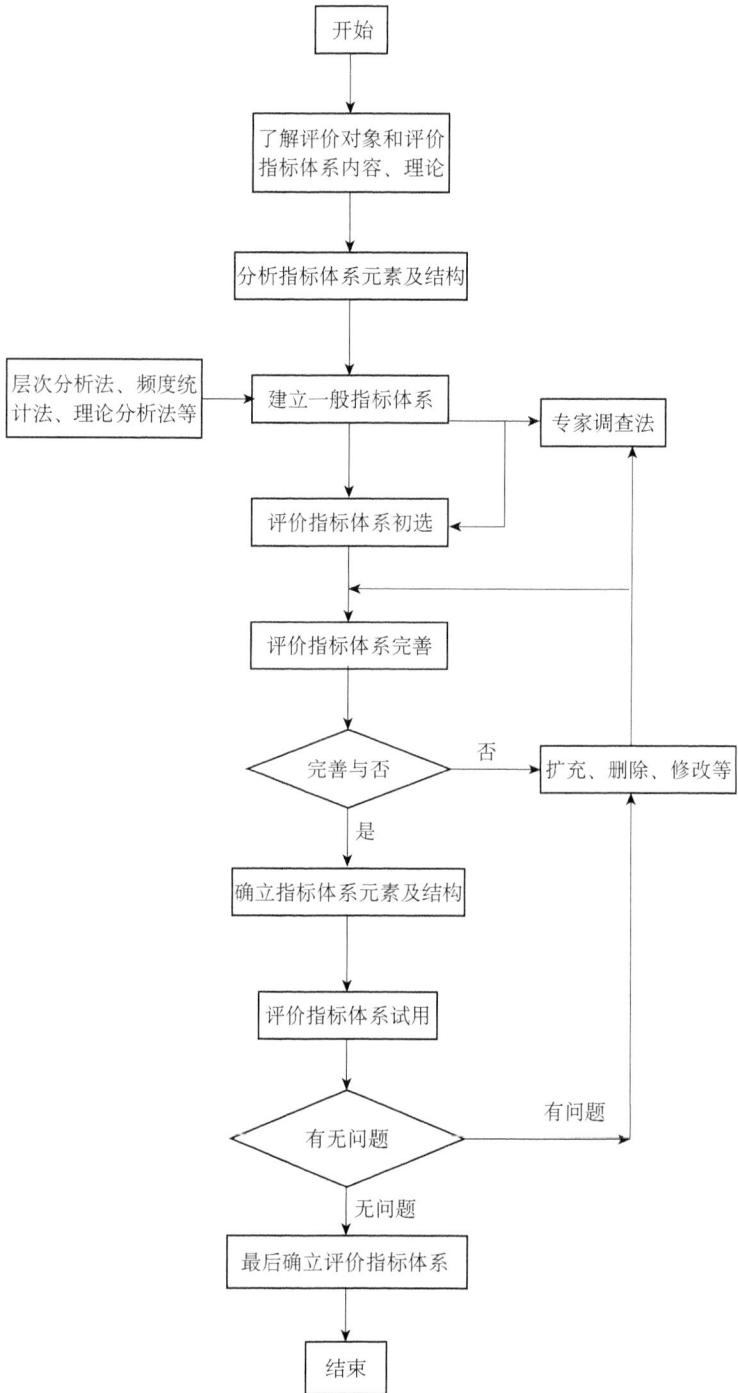

图 5-2 国外评价科学指标体系形成过程

评价科学指标体系在形成过程中受众多因素的影响。总的来说，评价科学指标体系的形成主要受评价环境、评价对象和评价主体三个方面因素的影响。评价对象的数量、结构和相互关系对评价科学指标体系的形成有重大影响，一般来说，如果评价对象数量多，结构和关系复杂，那么评价对象之间存在的可抽象化的共性相对减少，可比性难度也相应加大。同时，评价主体的数量、结构和相互关系、主体知识结构、评价意识和观念、认知能力和所处立场等因素都会对评价指标体系的形成产生巨大的影响。此外，评价环境也是评价科学指标体系形成的重要影响因素，如评价政策、评价经费、技术手段、评价工具与评价方法等。因此，一个完整的评价科学指标体系的形成是一系列综合因素共同作用的结果，是在特定的环境与条件下，评价主体对评价对象认识的过程、程度及结果。尽管如此，评价指标体系形成之后并不一定会被认可，而且不同的评价主体在评价过程中会形成不同的评价指标体系，究竟谁的指标体系更合理、更科学，又该怎样评价指标体系的有效性、可靠性和丰富性，应该有一个科学的标准和理论支持。

（三）指标值的确定及其规范化

在评价科学指标体系建立后，对于每一个评价指标，都应制定具体的标准和统一的计算方法。其中，可用金额、人数、时间、重量、体积等计量的指标，可进行定量评价，其他如对社会、政治、经济、军事、管理等的影响，可做定性评价的描述。由于各个指标的含义、测量量纲以及取值优劣标准不尽相同，为了能够对评价对象进行多指标的综合评价，有时要将各种指标值转化成一个相对统一的尺度，这一过程称为指标值的规范化。其实质就是把不能相加或相乘的指标值转化成可以汇总相加或相乘的综合指标值，即统一量纲。

在评价问题中，有时某些定性指标的值无法通过定量的方法得到，必须由专家的判断决定，该方法通常用分数、序数、等级、评语等作为评价的指标值，并依此做出总的评价。专家打分时，应尽量保证所有的指标值属于同一类型，即分为不同的分数或分为序数、等级，若有不同的，应尽量将其转化成同一类型，以利于综合评价与比较。[①]

---

① 国家科技评估中心. 科技评估规范[M]. 北京：中国物价出版社，2001，36.

三、评价科学指标体系

（一）学科专业评价指标体系

进行专业评价工作，首先要确定专业评价要素与内涵，其次要建立科学合理的评价指标体系。

1. 建立学科专业评价指标体系需要考虑的要素

指标的选择与设计是一件不容易的事情。任何可供使用的测度都有不足之处，而且不可能期望使用任何一个测度来给出有关研究生教育质量完全满意的指标，每个尺度充其量只是围绕一个广泛概念的某个侧面的局部测度。[①] 有时这一尺度与现实世界只有模糊和脆弱的联系，并且每个尺度还可能包含一些不相干的，即与评价没有联系的"额外负担"。但通过利用若干这样的尺度以反映事物各个不同的侧面，我们就可以限制那些不相干因素的影响，并得到一个较为完整和更为逼真的评价结果。从各国的评价实践来看，对于评价的批评声不绝于耳，尤其是曾经接受过评价的专家、管理人员更是如此。大家抱怨评价太多、太泛，评价体系不够合理，评价专家不够客观，评价时间太短，不能进行全面评价，等等。如何才能形成科学、合理的评价指标体系，哪些要素才能成为评价的测度，是学科专业评价中面临的非常棘手的问题。一般而言，在确定学科专业评价的具体指标时，有如下要素需要考虑：①对人才培养质量有重要影响的要素；②能够真正反映名牌专业建设水平的要素；③能够进行客观评价的要素，无论是通过量化还是质性的办法；④具有一定显示度的要素，对于评价的对象要有显示度，不能完全是隐性的，而是显性与隐性的结合；⑤能够体现发展性的要素，学科专业评价指标既要评价某专业的过去，也要评价现在，更要评价其未来的发展潜力，具有连续性、发展性的特点。

根据以上五个因素，基本就可以确定学科专业评价的基础指标，表5-1为常见的学科专业评价指标。[②]

表5-1　学科专业评价的基础指标示例

基础指标	衍化指标
学科科学成果相对值	A学科科学成果相对值
	X学科科学成果相对值

---

① 谢桂华. 教育部学位与研究生教育发展中心"十五"课题研究成果汇编——学位与研究生教育研究新进展[M]. 北京：高等教育出版社，2006，277-297.

② 董琳，刘清. 学科评价之文献计量指标分析[J]. 图书情报工作，2008（1）：31-34.

续表

基础指标	衍化指标
科学成果相对值 （按国家计）	A科学成果超过世界25%的国家
	A国家科学中心维持时间
学科论文产出数量	A学科国际论文数时间分布
	A学科各二级学科国际论文数时间分布
	A学科各子学科论文总数
学科论文产出比例	A学科国际论文数占科学产出比例时间分布
	A学科各二级子学科国际论文占学科产出比例时间分布
学科论文产出速度	A学科论文年增长率
	A学科各二级子学科论文年度增长率、平均增长率
学科论文产出数量、比例 （按国家计）	A学科被评价国家论文数时间分布
	A学科被评价国家在各子学科论文数时间分布
	A学科被评价国家论文数占学科比例
	A学科被评价国家在各子学科论文数占子学科比例
子学科间共有论文数	A学科a、b子学科共有文献数
论文所属期刊影响力等级	A学科国际论文在期刊等级区域中的数量分布
	A学科被评价国家论文在期刊等级区域中的数量分布
	A学科被评价国家发表国际论文在期刊等级区域中的数量分布
学科引文数量	A学科国际论文被引频次时间分布
	A学科二级子学科国际论文被引频次
学科引文数量 （按国家计）	A学科被评价国家发表国际论文被引频次时间分布
	A学科二级子学科被评价国家国际论文被引频次
	A学科被评价国家国内论文被引频次时间分布
	A学科二级子学科被评价国家国际论文被引频次分布
	A学科二级子学科被评价国家国内论文被引频次
	A学科被评价国家国内论文外文引文数
	A学科被评价国家国内论文中文引文数
学科篇均被引	A学科国际论文篇均被引时间分布
	A学科二级子学科国际论文篇均被引
学科篇均被引 （按国家计）	A学科被评价国家发表论文篇均被引频次时间分布
	A学科二级子学科被评价国家国际论文篇均被引时间分布
	A学科被评价国际国内论文篇均被引时间分布

续表

基础指标	衍化指标
学科篇均被引 （按国家计）	A学科二级子学科被评价国家国内论文篇均被引
	A学科被评价国家国内论文篇均外文引文数
	A学科被评价国家国内论文篇均中文引文数
学科零被引率	A学科国际零被引论文数及学科比例
学科论文高被引率	A学科国际1%被引论文数及占学科比例
	A学科国际10%高被引论文数及占学科比例
学科论文高被引率 （按国家计）	A学科国际1%高被引论文被评价国家所占学科比例
	A学科国际10%高被引论文被评价国家所占学科比例
学科文献老化速度	A学科发表最新参考文献的一半是在多长时间内发表的
参考文献数量 （分语种）	A学科中文参考文献数量
	A学科英文参考文献数量
	A学科其他语种参考文献数量
参考文献数量 （分类别）	A学科论文类参考文献数量
	A学科专著类参考文献数量
	A学科会议报告类参考文献数量
	A学科网络类参考文献数量
科学产出的数量 （分类别）	A学科论文数量
	A学科会议报告数量
	A学科其他类产出数量
学科自引率	A学科自引率世界平均水平
	A学科被评价国家自引率
学科被引率	A学科被除自身外其他各学科引用率
	X学科被其他各学科引用频次
	A学科a子学科被其他子学科引用率
学科同引强度	同时引用A、X学科的学科数
学科施引率	A学科对其他各学科的引用频次
	A学科二级子学科对其他子学科的引用率
学科耦合强度	A、X学科共同引用的学科数
题目主要关键词及频次	A学科论文题目核心关键词及频次
论文主要关键词及频次	A学科论文核心关键词及频次
	A学科十大关键词
	A学科各子学科十大关键词
	A学科与组合学科共有关键词

续表

基础指标	衍化指标
学科高被引论文	A学科过去2年论文在近2个月被引次数前0.01%论文
引文被引次数	A学科引文时间网络图
学科主要研究国家	A学科发文国际排名前n位国家、中国的排名
	A学科各二级子学科国际发文排名前n位国家
学科影响力国家	A学科国际顶尖国家（按引文数排序）、被评价国家的位置
学科发文机构类型	A学科各类发文机构及其论文产出
学科高产机构	A学科论文产出核心机构
学科论文产出数量、比例（按机构计）	A学科被评价机构在该学科的论文产出数量及学科比例
	A学科被评价机构在各子学科论文产出数量及占学科比例
学科高产机构的国家和地区分布	A学科核心论文产出机构的国家和地区分布
学科高影响力机构	A学科在国际居前列的机构（按机构被引频次排序）、被评价国家在其中的位置
学科引文数量（按机构计）	A学科被评价机构引文数
	A学科机构引文数世界平均水平
	A学科被评价机构在各子学科论文的被引次数
学科篇均被引（按机构计）	A学科被评价机构篇均被引
	A学科机构篇均被引世界平均水平
学科论文高被引率（按机构计）	A学科被评价机构高被引论文（引文数前1%论文）数及占学科比例
	A学科被评价机构高被引论文（引文数前10%论文）数及占学科比例
学科零被引率（按机构计）	A学科被评价机构零被引论文数及占学科比例
学科高影响力机构的国家和地区分布	A学科核心影响力机构所在国家和地区分布
学科发文作者总数	A学科发文作者总数（区分是否合并同名作者）
学科高产作者	A学科接触科学家
	A学科各自的杰出科学家
学科论文产出（按著者计）	A学科被评价科研人员论文数量
著者耦合强度	A学科科研人员耦合强度
学科论文引文数量（按著者计）	A学科被评价科研人员篇均被引
学科核心期刊	A学科国际核心期刊
期刊对学科的影响力指数	A学科某一期刊对该学科篇均被引/期刊篇均被引
	A学科某一期刊对各学科篇均被引/期刊篇均被引
学科基金种类	A学科受x基金资助论文数及占X学科论文产出比例

续表

基础指标	衍化指标
基金论文增长率	A学科年度基金论文增长率/论文增长率
学科合作论文数、合作率	A学科单一作者论文数及占学科比例
	A学科非单一作者论文数及占学科比例
国家合作论文数、合作率	A学科单一作者论文数（被评价国家是第一作者）
	A学科国际合作论文数（被评价国家是第一作者）
	A学科国际合作论文数（被评价国家不是第一作者）
	A学科国际合作率（被评价国家是否是第一作者）
机构合作论文数、合作率	A学科机构合作论文数（被评价机构是否第一作者）
	A学科国际合作率（被评价机构不是第一作者）
个人合作论文数、合作率	A学科个人合作论文数（被评价个人是否第一作者）
	A学科国际合作率（被评价个人不是第一作者）
合作伙伴	A学科国家合作伙伴
	A学科机构合作伙伴
	A学科个人合作伙伴

注：A学科指被评价学科，X指除A以外的各个学科，a、b分别指某一子学科，x指任一科研基金

2. 中国大学学科专业竞争力评价指标体系

如表5-2所示，对于中国大学学科专业竞争力，以投入—产出—效益为主线，采用绝对数量指标与相对数量指标相结合，重视存量和增量之间的关系，特别关注存量指标，即学校已有的各项基础性指标，以质量、效益和国际化为导向开展评价。

表5-2　中国大学学科专业竞争力评价指标体系

一级指标	二级指标
师资队伍	教师数
	博导数
	杰出人才
	教育专家
教学水平	博硕士学位点数
	人才基地
	教学成果
	人才培养

续表

一级指标	二级指标
科研水平	科研基地
	科研项目
	论文发表（含武汉大学中国科学评价研究中心权威期刊论文）
	发明专利
	论文被引
	科研获奖
学科声誉	国家一流学科
	ESI全球前1%学科
	上年度优势学科（含专家评审）

3. 中国研究生学科评价指标体系

中国研究生教育评价采用指标评价的方式，在选择和确定评价指标与权重时，重点关注的问题如下：①根据研究生教育的特点和规律，分析并选定了影响研究生教育的主要关键因素作为评价指标；②坚持高水平标准，只选择国家级和教育部的有关指标及数据，参考国际惯例和国务院学位委员会办公室的要求来选定评价指标。在广泛调查和研究的基础上，设置了4个一级指标、17个二级指标。各指标的权重是在广泛征求各类专家意见的基础上，按照它们之间的相对重要性，采用层次分析法来确定和计算的。具体指标如表5-3所示。

表5-3 中国研究生学科竞争力评价指标体系

一级指标	二级指标
办学资源	科研基地
	一流大学
	学位点
	杰出人才
	科研项目
	科研经费
科教产出	人才培养
	科研论文
	发明专利

续表

一级指标	二级指标
质量与影响	学生获奖
	高质量论文
	论文被引
	科研获奖
学术声誉	国家一流学科
	ESI全球前1%学科
	上年度优秀学科
	优秀期刊

（二）教师评价指标体系

教师评价指标体系是关于教师评价的完整的体系，包括评价的目的、评价运用的规则标准、评价的目标群体、评价所要涵盖的范围、评价的步骤和方法、评价的手段、评价涉及的人员以及评价提供的反馈信息等。高校教师评价指标体系的总体设计目标是通过建立完善、高效、可靠的教师信息管理系统，为人事、教学、科研部门提供良好的信息环境，为高校教师队伍建设和管理服务建立灵活、有效的评价系统，为提升教师队伍的业务水平提供保障。具体而言，可以概括为管理教师信息、对教师的业务和学术水平进行评价、促进教师发展、辅助领导和管理部门决策。

教师评价指标体系不仅重视结果性评价，更要做到全过程和全方位评价，强调完成工作的质量和发展过程，要全面地反映教师岗位胜任能力与素质。[1] 一般来讲，应该先组织小范围的评价试点，然后修订评价指标体系，保证评价指标体系的科学性和相对稳定性。图5-3为常见的教师评价指标体系。

同时，有了评价指标体系还是不够的，这时候应该通过科学的方法来确定不同指标在评价指标体系中的重要程度。也就是说，一方面，要对具体的指标给出其具体而明确的含义说明；另一方面，则是要确定各指标的权重。表5-4是依据图5-3的教师评价指标体系概括出的教师评价指标框架。[2]

---

[1]　郭文刚，董志明. 国内教师评价体系的探索和研究[J]. 教育理论与实践，2007（9）：39-41.
[2]　李颖，吴洪波. 高等学校发展性教师评价指标体系研究[J]. 科技与管理，2006（5）：144-146.

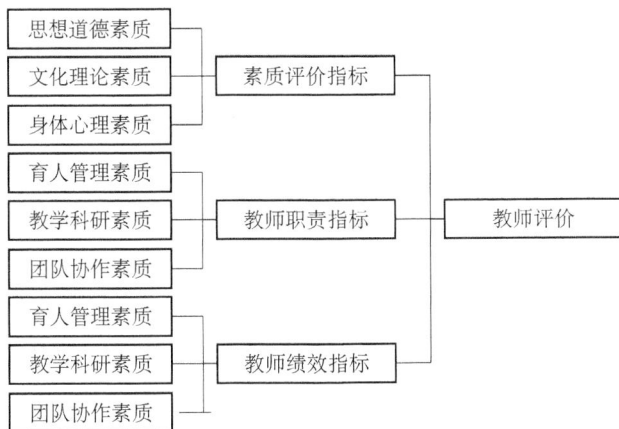

图5-3 教师评价指标体系

表5-4 教师评价指标框架

一级指标	二级指标	三级指标	最佳状态描述	得分	总体评价
教师素质指标（12）	品德素质（1.9）	思想素质（0.475）	具有科学的世界观和积极的人生观，有坚定的理想信念，有科学、现代的教育思想		
		政治素质（0.475）	有坚定的政治信仰，坚持四项基本原则，自觉拥护党的方针政策，有政治理论修养		
		德行素质（0.950）	有良好的职业道德、稳定健康的心理品质，热爱教育事业和生活，责任心强，诚实		
	文化理论素质（3.0）	文化知识（0.330）	具有广博的科学文化基础知识		
		专业知识（1.320）	具有精深的专业知识，包括专业基础知识、专业主体知识和专业前沿知识		
		相关知识（0.450）	具有教育学、心理学知识，并能够不断拓展自然、技术和社会科学知识面		
		继续教育（0.900）	教师在本年度进行继续教育的情况（教师在自评报告中完成）		
	能力素质（5.8）	规划设计能力（0.640）	熟练掌握教材，正确运用教法，注重因材施教		
		诊断评价能力（0.640）	根据学生的表情、举止，准确判断学生的理解情况，把握教学进度和准确评价学生		
		科研能力（1.330）	具有一定的课题研究能力，能写出一定水平的实验报告和研究论文		

续表

一级指标	二级指标	三级指标	最佳状态描述	得分	总体评价
教师素质 指标 （12）	能力素质 （5.8）	表达能力 （0.640）	发音准确、逻辑性强、对学生有感染力和吸引力，书面表达流畅，有较高的文字水平		
		创造能力 （0.640）	有丰富的想象力，能根据学生特点，用新形式解决问题，积极开展探索性教学实验		
		实际操作能力 （0.640）	能利用现代化教学手段进行教学，具备计算机操作、课件制作等能力		
		思维能力 （0.580）	思考问题深刻、条理分明、反应敏锐，善于全面思考和分析教学问题		
		适应能力 （0.350）	具有一定的应变能力、感染能力和自学能力		
		人际交往能力 （0.350）	能够正确处理人际关系，同事关系好，师生关系融洽，团队凝聚力强		
	身体心理 素质 （1.3）	职业兴趣 （0.640）	对教师职业热爱，对教书育人、自身专业发展认真对待		
		身心健康 （0.330）	自尊、自爱、自信、自强，意志坚强，体魄健全，心胸开阔，处事客观		
		自我调控能力 （0.330）	坚持信念，抵制不良风气，廉洁从教		
职责评价 指标 （30）	教学准备 （10）	教学观念 （2.100）	教学观念先进，强调学生的主体性、能动性和选择性，赋予学生学习的自主性、通识性		
		资料收集 （2.900）	教学资料收集全面、准确，课堂教学效果好，启发学生效果好		
		设计教学 （2.900）	教学设计合理，计划明确、具体、全面		
		制定目标 （2.100）	教学目标明确，集规范性、前瞻性、发展性于一体		
	教学过程 （20）	教学内容 （4.200）	教学内容具有系统性、前沿性、新颖性，理论和实际相结合		
		教学进程 （4.200）	教学进程充分结合学生特点，注重循序渐进和连续性		
		教学方法 （6.600）	教学方法有实用性，采用启发式、参与式、讨论式等方法进行教学		

续表

一级指标	二级指标	三级指标	最佳状态描述	得分	总体评价
职责评价指标（30）	教学过程（20）	教学手段（2.800）	能采用结合课程教学的教学手段，如采用多媒体等手段辅助教学		
		课堂气氛（2.200）	课堂气氛活跃，学生普遍参与，积极性高		
绩效指标（41）	教学绩效（27.5）	教学工作量（4.400）	圆满完成课时工作量、作业批改量、教学辅导工作量、教研活动工作量等要求		
		学生学业成绩（14.900）	学生的学习习惯良好、方法正确，学习积极性高，各项学习成绩好		
		教学效果（8.200）	教学效果良好，受到学生普遍欢迎，得到同行和专家的认可		
	教育成果（13.5）	教育、教学获奖情况（13.500）	（此项由教师在自评中填写）		
教育影响评价指标（17）	教学反馈（17）	教学管理者评价（2.400）			
		同行专家评价（6.800）			
		教师自我评价（3.200）			
		学生家长评价（1.500）			
		学生评价（3.100）			

（三）期刊评价指标体系

期刊评价的指标主要有总被引频次、影响因子、即时指数、载文量、被引半衰期。观察期刊评价指标体系不难看出，无论是载文量、影响因子还是被引半衰期、总被引频次等，都可以归为科研产出率和学术影响力两类。反映科研产出率的载文量指标可以体现出期刊能够容纳的论文数，而影响因子、总被引频次等反映学术影响力的指标则体现了期刊刊载的论文受关注的程度。期刊发文数量达到一定的积累，才能使期刊论文学术影响力产生质的飞跃。

中国学术期刊评价指标体系力求从期刊发文和被引用两个方面定量反映期刊的学术质量和影响力，选取的指标主要有基金论文比、总被引频次、影响因子、Web 即年下载率、二次文献转载或收录（社会科学期刊被二次文献转载，自然科学期刊被国外重要数据库收录）、专家定性评价。期刊的 Web 即年下载率是第一次被引入综合评价体系，主要表示一种导向，所以权重较低。另外，专家定性评价也是一个重要指标。中国学术期刊评价指标体系及权重如表5-5所示。

表5-5   中国学术期刊评价指标体系及权重

评价指标	基金论文比	总被引频次	影响因子	Web即年下载率	二次文献转载或收录	专家定性评价
权重	0.15	0.20	0.35	0.05	0.20	0.05

基金论文比：指来源期刊中，各类基金资助的论文占全部论文的比例。这是衡量期刊论文学术质量的重要指标。

总被引频次：指该刊自创刊以来登载的全部论文在统计当年被引用的总次数。这是一个非常客观、实际的评价指标，可以显示该期刊被使用和受重视的程度，以及在科学交流中的地位和作用。

影响因子：某一期刊前两年发表的论文在统计当年的被引用的总次数除以该期刊在前两年内发表的论文总数。这是一个国际上通行的期刊评价指标，是一个相对统计量，所以可以公平地评价和处理各类期刊。通常，期刊影响因子越大，它的学术影响力和作用也越大。具体算法为

$$影响因子 = \frac{该刊前两年发表论文在统计当年被引用的总次数}{该刊前两年发表论文总数}$$

Web即年下载率：指来源期刊统计当年出版并上网的文献数与其在当年被全文下载篇次之比。该指标表征上网期刊的即年反应速率，可用于测度当年该期刊在网上的扩散度，是研究期刊在网络环境下传播效率的一个新指标。计算公式为

$$Web即年下载率 = \frac{该刊当年出版并上网的文献在当年被下载的次数}{该刊当年出版并上网的文献数}$$

二次文献转载或收录：社会科学期刊主要统计被《新华文摘》《人大报刊复印资料》《中国社会科学文摘》3家文摘刊物收录或转载的情况。《人大报刊复印资料》只计算全文转载篇数，在统计转载次数时按一定的权重计算分值。

专家定性评价：指根据专家对期刊现实状态或文献资料的观察和分析，直接对评价对象做出定性结论的价值判断，是利用专家的知识、经验和判断通过记名表决进行评审、比较的评价方法。

自然科学期刊被国外重要数据库收录：对38个学科的自然科学期刊被国外重要数据库收录的情况进行了统计，将确定的9个数据库分为权威数据库和核心数据库，在加权处理时分别赋予不同的权重。在这9个数据库中，SCIE为权威数据库，GeoRef、INSPEC（Information Service in Physics，Electro-Technology，Computer and Control）、EI Compendex Web、CA（Chemical Abstracts）、BP

（Biosos Preview）、Medline、CABI（Center for Agriculture and Bioscience International）、MathSciNet 8个数据库为核心数据库。各学科的权威数据库及核心数据库如表5-6所示。

表5-6　自然科学期刊按学科被国外重要数据库收录情况统计表

学科	权威数据库	核心数据库
数学	SCIE	MathSciNet
信息科学与系统科学	SCIE	MathSciNet、EI
力学	SCIE	INSPEC、EI
物理学	SCIE	INSPEC、EI
化学	SCIE	EI、CA
天文学	SCIE	EI、INSPEC
地球科学	SCIE	EI、GeoRef
生物学	SCIE	BP、CA
农学	SCIE	CABI、BP
林学	SCIE	CABI、BP
畜牧、兽医科学	SCIE	CABI、BP
水产学	SCIE	CABI、BP
基础医学	SCIE	Medline、CA
临床医学	SCIE	Medline、CA
预防医学与卫生学	SCIE	Medline、CA
军事医学与特种医学	SCIE	Medline、CA
药学	SCIE	Medline、CA
中医学与中药学	SCIE	Medline、CA
工程与技术科学基础学科	SCIE	EI、MathSciNet、INSPEC
测绘科学技术	SCIE	EI、GeoRef
材料科学	SCIE	EI
矿山工程技术	SCIE	EI
冶金工程技术	SCIE	EI
机械工程	SCIE	EI
动力与电气工程	SCIE	EI
能源科学技术	SCIE	EI

学科	权威数据库	核心数据库
核科学技术	SCIE	EI
电子、通信与自动控制技术	SCIE	EI
计算机科学技术	SCIE	EI、INSPEC
化学工程	SCIE	EI
纺织科学技术	SCIE	EI
食品科学技术	SCIE	EI
土木建筑工程	SCIE	EI
水利工程	SCIE	EI
交通运输工程	SCIE	EI
航空、航天科学技术	SCIE	EI
环境科学技术	SCIE	EI
安全科学技术	SCIE	EI

（四）学校评价指标体系

1. 学校评价指标体系的概念

学校评价是指评价者根据一定的标准，采用一定的评价方法，对学校的一项或多项工作的显在和潜在价值进行判断，以便调整和控制学校工作的活动。其构成要素有评价人、评价标准、评价方法和评价对象。学校评价的本质是对学校的工作进行价值判断，其根本目的是调控学校的有关工作，促进学校的发展。

2. 学校评价的基本类型

按照不同的分类标准，学校评价可以划分为多种类型。从我国学校评价的实际来看，主要有以下几种分类方式。

（1）按照评价主体分类，可分为学校内部评价和学校外部评价

学校内部评价是以学校自身为主体开展的评价活动。自我评价是学校自我约束、自我制衡、自我调节的基本手段。在学校发展过程中，自我评价贯穿于始终。从另一意义上说，经常性的自我评价和自我反思活动是一所学校走向成熟的重要标志之一。

学校外部评价主要包括政府评价和社会评价。在我国，政府部门主要是按照国家的教育方针、政策和法律、法规来评价学校的办学方向、办学水平及办学的质量、效益等，对学校的各项工作进行指导、检查和监督。

完整的学校评价是外部评价与内部评价的有机结合。然而，目前的学校评价事实上是外部评价占据主导，内部评价没有发挥真正的功能。在一定意义上，这个时期的学校评价就是教育行政部门按照国家教育政策要求执行的质量监管的行政行为。"学校评价一直以来都是教育行政部门为了更好地对学校实施统一管理而开展的以督导为特征的评价活动。"[①] 因此，这种学校评价具有违规性、鉴定性、间断性、单一性、统一性和人为性等特征。这种"行政鉴定"式的学校评价在教育实践中对我国教育的发展起着不可估量的作用，具有固定的程序和步骤，准确高效、说服力强，具有广泛的应用性等优点。因此，这种评价曾一度对满足国家选拔人才的需求、对学校达到国家要求达到的统一标准、对改进学校的管理工作和教学工作产生了不可替代的调控、规约、导向、监管作用。同时，这种外控型的选项很难顾及学校自主发展的需要，学校也会在长时间中逐渐模糊自主发展的意识。由于长期受这种传统学校评价的影响，目前我国一些地区尤其是广大农村地区的学校评价实践中仍存在一些不足。[②]

（2）按照评价内容分类，可分为综合评价和专项评价

综合评价是对学校的各项工作进行全面、系统的评价，如"学校办学水平综合督导评价"。专项评价是对学校的局部或单项工作进行评价，如学校办学条件专项评价或学籍管理专项评价。一般来说，对学校的专项评价会说清楚是哪一项或哪几项的，如"学校艺术教育专项评价"或"学校体、卫、艺、科教育专项评价"。没有具体指明的学校评价，一般理解为综合评价。

（3）按照评价目的分类，可分为鉴定性评价和发展性评价

所谓鉴定性评价，是指用同一标准来评价同一类型而又各不相同的学校。鉴定性评价模式的核心理念源自工业化生产时代对标准化作业的追求，评价的基本方式是鉴定，即检验学校是否达到了既定的标准。但鉴定性学校评价模式由于缺少个性，重奖惩的弊端也是显而易见的，具体如下。

首先，根据正态分布的规律，总体来讲，任一群体内好、中、差的学校都呈现出"中间大、两头小"的状况。要用同一标准评价所有的学校，这种标准便只能以大多数的状况为基准。这样一来，对于基础较好的学校而言，无须太多努力便可获得好评，甚至会成为形形色色的学校中评优获奖的"大户"，觉得自己评不上先进是不正当的，这样评价就失去了它的激励性；对于基础较差的学校而言，竭尽全力也是难以企及，评价结果终究好不到哪里去，这种评价甚至会挫伤

① 刘志军. 新课程背景下的发展性学校评价[J]. 教育情报参考，2004（1）：34.

② 曾全红，曾祥斌，张建军等. 我国农村学校体育教育的现状及对策[J]. 武汉体育学院学报，2007（7）：90-93.

学校的积极性；对于那些居中游的大多数学校而言，反正奖优惩劣全都与自己无关，因而评价对于它们来说也失去了意义。

其次，由于评价结果与学校利益紧密相关，势必造成学校的紧张和焦虑，评价的目的成了"证明"而非"改进"，成了最佳状态表演而非常态展示。这样一来，代价不菲的学校评价就无法发挥其应有的效益和效果，既容易造成评价者与学校的对立情绪，影响学校正常的教育工作，又不利于及时发现问题，也不利于及时改进和提高。

最后，为了所谓的"公平"，必须使用统一的学校评价标准和评价方法。这种缺乏针对性的学校评价，容易导致"千校一面"，无法引导学校因势利导地办出个性和特色，不利于实施生动活泼的素质教育。

综上所述，鉴定性学校评价符合我国改革开放初期引导学校办学规范化、标准化的要求，并对我国基础教育事业的发展起到了积极的推动作用。应当看到，鉴定性评价长期以来成为我国学校评价的主流，是有其必要性和历史必然性的。然而，鉴定性评价的局限性和内在缺陷也是不容忽视的。尤其是在我国经济、社会和教育水平已经有了重大发展和提升的今天，探索如何更好地发挥学校评价的作用，成为一项具有重大现实和理论意义的课题。

我们知道，现代学校评价力求"用多把尺子衡量不同的学校"[①]。学校评价的目的由鉴定学校是否达到标准转向了如何促成学校进一步个性化发展，以更好地满足社会对优质教育日益增长的需求。促成发展是现代学校评价的根本目的，在这一意义上，我们相应地可以采用以发展为导向的教育评价，称为发展性评价。当然，发展性评价不是完全抛弃共同的标准和规范，而是建立在基本规范之上的对于划一标准的超越。实际上，在发展性教育评价思想方法中，标准已经内化在学校的发展之中。合乎标准是对于所有学校的基本规范，而个性化的发展才是更高的目标要求。

（五）大学评价指标体系

1. 中国大学及学科竞争力评价

（1）中国大学及学科竞争力评价的意义

开展中国大学及学科竞争力评价的目的是加强社会评价、提高教育质量、促进竞争发展、服务和谐社会。目前，我国高等教育发展很快，数量和规模不断扩大，各大学之间和高级人才市场之间的竞争日趋激烈，市场机制也开始被引入高

---

① 林少杰. 发展性评价的认识[J]. 现代教育论丛，2003（6）：27-30.

校和高等教育事业管理中，并发挥越来越大的调节作用。在这种背景下，无论是政府部门、高等学校还是社会各界都迫切需要了解各个培养单位的教学质量、科研水平、培养能力等方面的情况，只有通过多种主题（包括社会中介机构）开展的大学教育评价才能满足这种广泛的管理需求和社会需求。进行大学及其学科竞争力评价，具有重要的现实意义。

1）贯彻落实了文件精神，为建立完善的本科教育质量保障和评价监督体系贡献力量。

2）为政府部门管理决策提供定量依据。对大学教育的评价不仅全面收集了培养单位各个方面的原始数据，而且通过评价获得了大量的比较信息。

3）为高校的竞争和发展提供定位信息。由于工作范围和活动时空的限制，各级院校等培养单位平时了解和掌握的情况往往是部分的、局部的，仅依靠自己的力量很难弄清楚国内外的教育动态、其他培养单位的发展情况，以及自己所处的准确位置。对我国本科教育状况和水平进行全面评价与比较分析，就能为它们提供各个方面的评价结果和定位信息。

4）为社会各界了解大学提供快速通道。

5）为广大考生择校提供依据。

（2）中国大学及学科竞争力评价的指导思想和原则

中国大学及学科竞争力评价的指导思想是贯彻国家在教育、科学、文化领域的有关方针和政策，牢牢把握正确的政策导向，以科技部、教育部等五部委制定的《关于改进科学技术评价工作的决定》和科技部制定的《科学技术评价办法》等重要文件为指导性依据。中国大学及学科竞争力评价的原则如下：①正确处理定性与定量的关系，坚持定性分析和定量评价相结合的原则；②正确处理投入、产出与效益的关系，实行三者兼顾的原则；③正确处理自然科学与社会科学的关系，坚持两者同等重要、实行分类评价的原则；④正确处理规模与效益的关系，适当偏重于效益的原则；⑤正确处理数量与质量的关系，适当偏重于质量的原则；⑥正确处理国内数据与国外数据的关系，既要两者基本对应，但又要适当偏重于国外数据，这有利于与国际接轨，鼓励高校和科研人员走向世界。

（3）中国大学及学科竞争力评价指标体系

投入、产出、效益是影响科研竞争力的基本因素，我们据此来构建中国大学及学科竞争力评价指标体系，同时根据上面确定的评价原则进一步明确指标的权重。如表5-7所示，设立了4个一级指标、13个二级指标。

表 5-7　中国大学及学科竞争力评价指标体系

一级指标	二级指标
办学能力	教师队伍
	教育经费
	项目与平台
科教产出	学生数量
	学生获奖
	科研成果（含 RCCSE 权威期刊论文）
	效率与效益
质量与水平	学生质量与水平
	教学质量与水平
	科研质量与水平
	学科质量与水平
学校影响力	学术影响力
	社会影响力

2. 世界大学竞争力评价

（1）美国《美国新闻与世界报道》世界大学排行榜

《美国新闻与世界报道》每两年对全美本科院校评选一次。该排名的最初目的主要是给学生和家长在选择大学时提供一些参考数据。1987 年，《美国新闻与世界报道》开始面向研究生教育，改为每年评选一次，并在每年的春季公布最新的"全球大学排行榜"，以供秋季入学新生参考。《美国新闻与世界报道》对大学进行排行是依据卡内基教学促进基金会公布的高等学校分类法，先将大学进行分类，然后在同类之间进行评比，它的调查过程科学、严谨，具有权威性。

《美国新闻与世界报道》的评价主要基于两项原则展开：①根据专家确定的标志学术质量的定量指标；②根据他们作为局外人对有关教育质量的认识。因此，其数据来源广泛、精准度较高，为公正合理的大学评价奠定了基础。如表 5-8 所示，《美国新闻与世界报道》全球最佳大学排名的评价指标由全球研究声誉（12.5%）、区域研究声誉（12.5%）、学术论文发表（10%）、专著（2.5%）、学术会议（2.5%）、标准化引用影响力（10%）、总被引次数（7.5%）、前 10% 高被引文献数（12.5%）、前 10% 高被引文献占比（10%）、国际合作（5%）、国际合作论文占比（5%）、前 1% 高被引论文数量（5%）、前 1% 高被引论文占比（5%）13 个指标构成。[①] 总体来看，《美国新闻与世界报道》的评价指标分类较细，科学研究在评价中占绝对主导地位。

表 5-8 《美国新闻与世界报道》的大学评价指标体系

排名指标	权重（%）
区域研究声誉	12.50
全球研究声誉	12.50
学术论文发表	10.00
专著	2.50
学术会议	2.50
标准化引用影响力	10.00
总被引次数	7.50
前10%高被引文献数	12.50
前10%高被引文献占比	10.00
国际合作	5.00
国际合作论文占比	5.00
前1%高被引论文数量	5.00
前1%高被引论文占比	5.00

（2）英国《泰晤士高等教育》世界大学排行榜

自2010年起，《泰晤士高等教育》与世界首屈一指的数据公司——汤森路透科技信息集团合作，由汤森路透科技信息集团负责收集和分析所有与排名相关的数据。《泰晤士高等教育》还将采用新的评价标准和方法。在新的世界大学排名标准中，《泰晤士高等教育》保留了"同行评议"这一指标，由民意调查公司益普索·莫里（Ipsos Mori）接于声望调查工作，并采用了一种更为谨慎的抽样调查方式，在公信力方面有较大的改善。[②]

如表5-9所示，最新排名的指标体系设置一级指标5个：工业收入（科研转化），所占权重为2.5%；国际化，所占权重为7.5%；教学（学习环境），所占权重为30%；研究（总量、收入和声誉），所占权重为30%；论文引用（研究影响），所占权重为30%。[③]

---

① How U. S. News Calculated the Best Global Universities Rankings[EB/OL]. http://www.usnews.com/education/best-global-universities/articles/methodology[2019-10-12].

② Phil Baty. 世界大学排名的历史、方法和影响[EB/OL]. http://www.nseac.com/html/135/214384.html [2019-10-12].

③ How U. S. News Calculated the Best Global Universities Rankings[EB/OL]. http://www.usnews.com/education/best-global-universities/articles/methodology [2019-10-12].

表5-9 英国《泰晤士高等教育》的大学评价指标体系

一级指标	权重（%）	二级指标	权重（%）
教学（学习环境）	30.0	生师比	4.50
		声誉调查	15.00
		博士与本科生比例	2.25
		博士教师比例	6.00
		机构收入	2.25
研究（总量、收入和声誉）	30.0	声誉调查	18.00
		科研收入	6.00
		科研产出	6.00
论文引用（研究影响）	30.0	文章被引用次数	30.00
国际化	7.5	国际学生比例	2.50
		国际合作	2.50
		国际教师比例	2.50
工业收入（科研转化）	2.5	科研转化金额	2.5

（3）QS世界大学排行榜

2009年之前（包括2009年），QS公司和《泰晤士高等教育增刊》合作，曾推出泰晤士高等教育-QS世界大学排名。自2010年起，QS公司和《泰晤士高等教育增刊》的合作终止，推行了自己独立的世界大学排名，即QS世界大学排名。在与《泰晤士高等教育》的合作终止后，QS公司先后与《美国新闻与世界报道》《朝鲜日报》等机构合作发布世界大学排名，目前的合作机构为荷兰出版商Elsevier。除了全球的大学排名，QS还发布了亚洲大学排名、拉丁美洲大学排名、金砖国家大学排名等区域性大学排名。自发布以来，QS世界大学排行榜备受学术界的争议。其根本原因在于，该排行榜指标体系只有6个二级指标，尽管如此，它是唯一一个获得由UNESCO成立的大学排名国际专家组（International Ranking Expert Group，IREG）认证的世界大学排行榜。QS发布的排行榜的主要目的是为学生提供选择大学的资讯和一定程度的就业指导。如表5-10所示，其6个二级指标及其权重分别为学术领域的同行评价，占40%；全球雇主评价，占10%；单位教职的论文引用数，占20%；教师/学生比例，占20%；国际学生比例，占5%；国际教师比例，占5%。

表5-10 QS世界大学排行榜指标体系

指标	权重（%）
学术领域的同行评价	40
全球雇主评价	10
单位教职的论文引用数	20
教师/学生比例	20
国际学生比例	5
国际教师比例	5

（4）杭州电子科技大学中国科教评价研究院/武汉大学中国科学评价研究中心大学排行榜

2019年，该评价在原有一级指标师资力量、教学水平、科研能力、声誉影响力 4 个构成部分的基础上进行了二级指标的微调，更加突出质量和国际影响力，具体指标体系如表5-11所示。

表5-11 世界一流大学和一流学科评价指标体系

一级指标	二级指标
师资力量	专职教师数
	高被引科学家数
教学水平	杰出校友数
	国际合作论文数
科研能力	ESI收录论文数
	篇均被引次数
	高被引论文数
	德温特专利数
声誉影响力	西班牙数据排名
	进入ESI排名学科数

第六章

评价科学事业

第一节　评价科学事业的内涵和构成

　　我国的评价事业是一个由众多要素组成的系统，但是学界对何谓"评价事业"并没有一个统一的定义。本书出于统一格式的要求，又在章节目录设计时提出"评价科学事业"这一概念，这就增加了对这一概念理解的难度。比如，"评价科学"和"评价事业"这两个概念在内涵和外延上究竟是一种什么样的关系？"评价科学事业"的准确内涵究竟应该如何理解？为行文方便，本书将"评价事业"和"评价科学事业"这两个概念等同使用。

一、评价的概念

　　在学术界，目前对评价概念的理解，主要有管理学和哲学两个视角。从管理学视角出发，评价作为管理学名词，一般是指评价者对评价对象的各个方面，根据评价标准进行测量，最终得出一个可靠且有逻辑性的结论。从哲学视角出发，通常是从价值论和认识论的角度来对评价的内涵加以解释。笔者认为可以给"评价"做如下定义：所谓评价一般是指评价者按照明确的评价目的对评价对象的各种属性进行研究，并将其与评价标准进行比较，以判别评价对象有无价值和价值大小的一种行为。它是一种特殊的认识活动，其目的就是通过评价活动获得对评价对象的评价性认识。显然，评价是人类的最基本活动之一，人在生活中几乎时刻都会遇到评价的问题，比如，表现在意志中的"要"与"不要"问题，表现在态度上的"好"或"坏"问题，表现在情感生活中的喜、怒、爱、憎问题，表现在人际交往过程中的一个看似无关紧要的举手投足，如一个"点头"或"摇头"，一个"微笑"或"白眼"，一个不置可否的"沉默"，实际上都表示了一种评价。随着社会的发展，除了日常生活中的一些评价以外，政治、经济、军事及各行各业中的各种新产生的事物也层出不穷，而且其复杂程度、规模化程度都已不断膨胀，因此这也决定了我们必须在一个新的时代起点上重新认识评价活动的多样性和复杂性，重新认识加强评价理论研究的重要性和迫切性，重新认识建构和发展评价科学的必要性和艰巨性，重新认识进一步推动我国评价科学事业发展的重要性和探寻有效途径的必要性和可能性。

二、评价科学事业的概念

在对评价的概念进行界定的基础上，下面再对评价科学事业的概念进行界定。我们认为可以将评价科学事业理解为组织化、规模化和制度化的评价活动，它是由评价主体、评价客体、评价方法、评价法规制度、评价过程、评价监督以及评价理论研究等一系列评价活动的相关要素构成的总和。从性质看，评价科学事业既有经济属性的一面，因为很多评价活动的开展可以按照市场经济规律取得生产收入，但同时也要注意到，评价科学事业也应有公益的一面，在开展某些评价活动时，应该充分重视公益性的要求，不应过分追求经济利益。从地位和作用看，评价科学事业是国家、社会结构中不可缺少的一个重要组成部分，它的存在价值在于能够帮助解决人类社会时时面临的各种选择问题，是现代化管理中的一个重要环节或者前提和基础。从内容看，其至少应该包括评价理论的研究、评价人才队伍（含人员和机构）的培养与建设、评价活动（含评价科学研究活动）的组织与开展、评价政策法规的供给、评价产业的培育与发展（含评价数据库的建设与完善）等几个方面。

第二节 评价科学事业发展现状

我国的评价科学事业是一个由众多要素组成的系统，其发展也体现在各个领域、各个行业和各个方面。比如，按评价对象的不同，我们可以将评价科学事业进一步区分为环境评价、土地评价、企业评价、文化评价、科技评价等，还可以根据需要对评价对象进一步细分，如可以将科技评价进一步分为科技政策评价、科技计划评价、科技项目评价、科技机构评价、科技人员评价、科技期刊评价和科技成果评价等。显然，要对我国评价科学事业的发展做出全面和精确的概括，几乎无可能。由于该问题的研究难度较大和我们的研究水平有限，下面我们主要选择科学计量学这一视角，基于期刊论文数据、博硕士学位论文数据、图书目录数据、评价类课题立项数据、政策法规数据等，粗略地分析我国评价科学事业近年来在这些方面显示出的一些发展特征，具体包括评价科学研究成果方面的发展、评价科学研究队伍（作者和机构）方面的发展、评价科学研究主题方面的发展、评价科学课题立项方面的发展、评价科学政策文件发布方面的发展等。

一、评价科学研究成果

研究成果的发表是我国评价科学事业发展中的一个重要组成部分，因此学术期刊论文、博硕士学位论文、图书等研究成果数量的发展是衡量我国评价科学事业发展的一个重要指标。

为此，我们通过中国知网期刊论文数据库、中国知网博硕士学位论文数据库、中国国家图书馆联机公共目录查询系统等权威数据库，以"评价"和"评估"作为检索词，进行了相关检索。具体结果分别如表6-1、表6-2和表6-3所示。

表6-1 期刊论文类评价研究成果数量的年度分布（1935—2016年） 单位：篇

年份	1935	1936	1946	1949	1950	1951	1952	1953	1954
论文数	0	1	1	0	0	2	1	5	9

续表

年份	1955	1956	1957	1958	1959	1960	1961	1962	1963
论文数	9	23	44	46	69	44	17	34	49
年份	1964	1965	1966	1967	1968	1969	1970	1971	1972
论文数	100	74	22	2	0	0	1	0	14
年份	1973	1974	1975	1976	1977	1978	1979	1980	1981
论文数	33	86	121	111	141	228	428	599	737
年份	1982	1983	1984	1985	1986	1987	1988	1989	1990
论文数	968	1 141	1 341	1 652	2 265	2 612	2 776	3 008	3 200
年份	1991	1992	1993	1994	1995	1996	1997	1998	1999
论文数	3 644	4 144	4 227	6 171	6 735	7 217	7 737	8 249	9 274
年份	2000	2001	2002	2003	2004	2005	2006	2007	2008
论文数	10 029	11 366	13 093	15 644	18 397	21 877	25 926	29 353	32 461
年份	2009	2010	2011	2012	2013	2014	2015	2016	
论文数	35 515	37 994	40 147	42 266	45 358	47 979	50 945	52 302	

表6-2 学位论文类评价研究成果数量的年度分布（1988—2016年） 单位：篇

年份	1988	1989	1990	1991	1992	1993	1994	1995	1996	1997
博士论文	0	1	2	3	1	1	3	5	6	6
硕士论文	1	1	0	0	0	0	0	0	0	0
博硕合计	1	2	2	3	1	1	3	5	6	6
年份	1998	1999	2000	2001	2002	2003	2004	2005	2006	2007
博士论文	7	7	29	49	86	130	231	308	420	559
硕士论文	1	7	88	295	722	1 084	1 845	2 691	3 866	5 037
博硕合计	8	14	117	344	808	1 214	2 076	2 999	4 286	5 596
年份	2008	2009	2010	2011	2012	2013	2014	2015	2016	
博士论文	567	657	747	776	805	800	852	730	576	
硕士论文	5 388	5 888	6 634	7 551	8 821	9 333	10 163	10 017	8 943	
博硕合计	5 955	6 545	7 381	8 327	9 626	10 133	11 015	10 747	9 519	

注：中国知网博硕士学位论文数据库、中国国家图书馆联机公共目录查询系统两个数据库收录的学位论文的时间下限为1988年

表6-3　学术图书类评价研究成果数量的年度分布（1929—2016年）　单位：部

年份	1929	1930	1932	1935	1936	1939	1940	1943	1945
图书数	1	1	1	2	1	1	2	1	1
年份	1954	1955	1956	1957	1958	1959	1960	1961	1962
图书数	3	2	3	3	2	5	1	1	2
年份	1963	1964	1965	1966	1967	1968	1969	1970	1971
图书数	3	9	5	7	0	0	0	1	0
年份	1972	1973	1974	1975	1976	1977	1978	1979	1980
图书数	3	2	2	1	0	4	0	7	12
年份	1981	1982	1983	1984	1985	1986	1987	1988	1989
图书数	13	20	16	23	21	35	50	26	39
年份	1990	1991	1992	1993	1994	1995	1996	1997	1998
图书数	43	60	102	111	120	127	119	118	150
年份	1999	2000	2001	2002	2003	2004	2005	2006	2007
图书数	189	178	205	295	339	431	503	501	582
年份	2008	2009	2010	2011	2012	2013	2014	2015	2016
图书数	637	685	955	1 197	1 238	1 210	1 361	1 272	1 027

综合上述三类数据源的数据检索和统计分析可以发现，20世纪20年代我国就已经开展了评价科学研究活动，至今我国评价科学研究已走过了90多年的历程。按照各类研究成果数量的变化轨迹，我国的评价科学研究历史大致可以分为三个阶段。第一阶段是改革开放以前。在该阶段，每年发表的论文和出版的学术图书数量都极少，有的年份甚至是0。如果进一步细分，那么还可以将该阶段分为"1949年以前""1949年—1978年11月"两个阶段，但从整体看，这两个阶段在数量上并没有表现出明显的差异。第二阶段是20世纪70年代末80年代初到20世纪末（具体时间可划为1979—1999年）。在该阶段，我国的评价科学研究开始起步，并基本呈现出逐年增长趋势。第三阶段是21世纪到现在（具体时间可划为2000年至今）。该阶段是评价科学研究增长速度最为迅猛的时期。如果对此阶段进一步细分，那么也可以将其再划分为2000—2009年和2010年至今两个阶段，其中前一阶段的主要特征是"迅速发展"，后一阶段是"高位繁荣"阶段。从上述三类数据源的出版数量特征看，可以将这三个阶段分别命名为我国评价科学研究的"早期发展阶段""初期发展阶段""迅猛发展阶段"。相应地，我们认为我国评价科学事业的发展历程大致也可以按上述三个阶段划分。

从时间轴发展的角度看，总体上表现出各年代发展速度不均衡的特征。具体表现为：研究成果的数量与时代特征密切相关。当社会和经济的发展处于不稳定时期时，研究成果的数量就少，而当社会和经济的发展处于稳定时期时，研究成果的增长速度就较快。单从评价科学研究成果的数量角度看，经过改革开放以来40多年的发展，我国的评价科学研究已经取得了比较大的成绩，由此也从一定程度上反映出了我国评价科学事业已经取得了比较好的发展。

二、评价科学研究队伍

研究队伍是推动一项事业持续发展的主要力量。开展评价科学研究队伍的计量分析，一方面，有利于我们了解我国评价科学研究领域研究力量的分布情况和发展趋势，继而为提出有针对性的推动我国评价科学事业发展之策提供科学的依据；另一方面，也有利于我们从一个侧面考察我国评价实践中评价主体的发展态势。为此，我们通过统计分析中国知网期刊论文数据库中评价科学研究领域期刊论文的作者情况，来考察我国评价科学事业中研究队伍方面的发展情况。具体途径是检索篇名中含有"评价"或"评估"的核心期刊论文，时间范围为1992—2016年，对检索结果进行数据清洗后，共获得19.1万篇有效论文数据作为计量分析的依据。

（一）论文第一作者人数的发展情况

按第一作者统计，19.1万篇论文中共出现11.2万个不同作者的姓名，每位作者平均署名的论文数为1.7篇。历年第一作者人数的分布情况如图6-1所示。

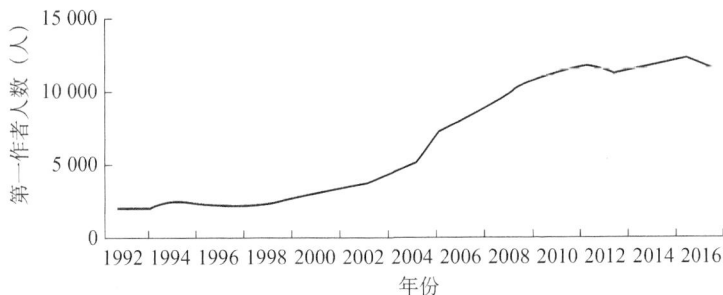

图6-1　论文第一作者人数（1992—2016年）

由图6-1可知，第一作者人数整体呈现不断增长的趋势，这在一定程度上显示了我国评价科学事业研究队伍不断壮大，也从一个侧面反映出我国评价科学事业的评价主体规模在不断扩大。从具体数量来看，1992年，以第一作者身份发表过核心期刊论文的作者数量约为2000人，2004年超过4000人，实现了翻一番；到2006年，达到了8000人，又翻了一番；到2010年，则突破了10 000人这个门槛，2016年大致为12 000人。从图6-1来看，历年第一作者人数的变化整体呈现为一个比较扁平的S形。

经进一步统计，我们发现在11.2万名作者中，以第一作者身份发表了1篇核心期刊论文的作者有80 992人，发表了2篇的作者有17 220人，发表了3篇的作者有6032人，三者合计共占第一作者总数的93%。从学科领域看，高产作者主要集中在环境影响评价、自然物资源评价、企业评价、经济评价、科技评价、教育评价、医药卫生评价、政府绩效评价等领域，其他还涉及人文社科评价、评价方法、评价哲学等学科领域。从机构性质看，绝大多数机构都有国家企事业单位编制，尤以高校占绝大多数。

（二）高产研究机构和专业化评价机构的发展情况

由于机构的改名和机构署名的不规范等原因，要对所有机构进行长时间的统计会有很大的困难，为此我们在机构统计方面重点选择了以下两个层面和视角：①重点统计 2014—2016 年评价科学研究论文的第一作者机构，以便能对目前评价科学领域的相关研究机构有一个宏观的掌握；②重点统计研究机构中的"专业化评价研究机构"的发展情况。

按第一机构的口径统计，可以得到2014—2016年发表评价类研究论文最多的机构，表6-4列出了这3年发表论文在100篇以上的83个高产机构名单（表6-4）。

表6-4　发表评价类研究论文最多的机构（2014—2016年）　单位：篇

序号	机构	论文数量	序号	机构	论文数量
1	中国科学院	788	8	北京师范大学	305
2	北京大学	470	9	中国石油大学	305
3	中国地质大学	403	10	中国矿业大学	287
4	四川大学	361	11	河海大学	286
5	上海交通大学	356	12	吉林大学	284
6	武汉大学	340	13	浙江大学	260
7	中南大学	323	14	中国农业科学院	242

续表

序号	机构	论文数量	序号	机构	论文数量
15	同济大学	240	46	安徽医科大学	141
16	复旦大学	228	47	北京交通大学	140
17	重庆医科大学	226	48	东南大学	135
18	长安大学	223	49	南京农业大学	135
19	西北农林科技大学	221	50	河北农业大学	132
20	华中科技大学	217	51	东北农业大学	129
21	南京大学	216	52	苏州大学	126
22	天津大学	214	53	北京工业大学	125
23	郑州大学	213	54	南京信息工程大学	124
24	华南理工大学	211	55	南方医科大学	122
25	西南大学	207	56	北京航空航天大学	119
26	清华大学	200	57	武汉理工大学	119
27	华北电力大学	196	58	西安建筑科技大学	119
28	首都医科大学	196	59	新疆农业大学	117
29	空军工程大学	194	60	东北林业大学	116
30	中国人民大学	186	61	哈尔滨工业大学	116
31	北京林业大学	184	62	合肥工业大学	116
32	湖南大学	184	63	暨南大学	115
33	中国农业大学	184	64	中国海洋大学	110
34	大连理工大学	181	65	中国社会科学院	110
35	南昌大学	175	66	北京科技大学	109
36	兰州大学	171	67	北京理工大学	108
37	中山大学	170	68	福建农林大学	108
38	西南交通大学	168	69	南开大学	108
39	中国医科大学	168	70	东北大学	106
40	重庆大学	167	71	华南农业大学	106
41	山东大学	160	72	中国中医科学院	106
42	华东师范大学	156	73	江苏大学	105
43	南京医科大学	154	74	厦门大学	105
44	西南石油大学	152	75	四川农业大学	105
45	西安交通大学	149	76	中国林业科学研究院	104

续表

序号	机构	论文数量	序号	机构	论文数量
77	贵州大学	103	81	西北大学	101
78	中国水产科学研究院	102	82	中国医学科学院	101
79	福州大学	101	83	中南财经政法大学	100
80	河南理工大学	101			

由表6-4可知，这3年中发表评价类论文最多的是中国科学院，其次是北京大学和中国地质大学。按机构的性质看，高校占了绝大多数，有76所，而且绝大多数是原"985工程""211工程"高校；其次是科研院所，共7个，分别是中国科学院、中国农业科学院、中国社会科学院、中国中医科学院、中国林业科学研究院、中国水产科学研究院和中国医学科学院。表6-4列出的高产机构中没有出现企业性质的单位，这说明了我国评价科学领域的研究力量主要集中在高校和科研院所。

由于评价活动的综合性、普遍性，几乎各学科领域都涉及评价问题的相关研究，因此发表论文的数量多，也并不一定意味着该单位的研究力量强，更多的可能只能说明该单位的规模大。所以，从这个意义上，我们认为相对而言，进行"专业化评价机构"的统计分析的意义也许更大，因为学科的发展毕竟要靠人，特别是"专攻型"的机构和学者。显然，专业化评价机构在理论研究、咨询服务、人才培养、学科建设等方面发挥着重要作用，我国评价科学事业的发展在很大程度上也正是依托这些专业化评价机构的发展而逐渐发展起来的。

为此，我们又在样本论文中抽取了第一机构名称中包含"评"字的相关论文数据，然后通过人工手段逐条进行审核，并对一些机构名称进行了统一，如将"国家药品监督管理局药品审评中心"统一改为"国家食品药品监督管理总局药品审评中心"等，最后统计出了发表论文总数在6篇及以上的37个评价机构名称、其发表的论文数量及学科领域，如表6-5所示。

表6-5　发表评价研究论文较多的专业化评价机构（2014—2016年）

机构名称	论文总数（篇）	学科领域
国家食品药品监督管理总局药品审评中心	115	医药卫生
武汉大学中国科学评价研究中心	73	科教
中国环境科学研究院环境基准与风险评估国家重点实验室	52	环境
环境保护部环境工程评估中心	42	环境
科技部科技评估中心	36	科技

机构名称	论文总数（篇）	学科领域
上海市教育评估院	27	教育
江苏省教育评估院	26	教育
四川师范大学西南土地资源评价与监测教育部重点实验室	25	土地
教育部高等教育教学评估中心	25	教育
国家食品药品监督管理总局药品评价中心	21	医药卫生
国家食品安全风险评估中心	18	医药卫生
南京大学中国社会科学研究评价中心	17	社会科学
复旦大学公共卫生学院卫生部卫生技术评估重点实验室	16	医药卫生
中国食品药品检定研究院国家药物安全评价监测中心	16	医药卫生
南京信息工程大学气象灾害预报预警与评估协同创新中心	16	环境
国家上海新药安全评价研究中心	16	医药卫生
中国资产评估协会	13	资产
军事医学科学院疾病预防控制所毒理学评价研究中心	12	医药卫生
财政部统计评价司	12	经济
国家环境保护总局环境工程评估中心	11	环境
南开大学战略环境评价研究中心	10	企业经济
重庆市教育评估院	9	教育
农业部果品质量安全风险评估实验室（兴城）	9	农业
中国石油集团测井有限公司油气评价中心	8	矿产资源
中国科学院上海药物研究所药物安全评价研究中心	8	医药卫生
中国药品生物制品检定所国家药物安全评价监测中心	8	医药卫生
上海中医药大学药物安全评价研究中心	7	医药卫生
环境保护部环境规划院环境风险与损害鉴定评估研究中心	7	环境
军事医学科学院毒物药物研究所国家北京药物安全评价研究中心	7	医药卫生
中国人民大学竞争力与评价研究中心	7	企业经济
《管理世界》中国企业评价中心	7	企业经济
河北农业大学资产评估研究所	7	资产
中国人民大学人文社会科学学术成果评价研究中心	6	人文社科
农业部农产品质量安全风险评估实验室（乌鲁木齐）	6	农业
兰州大学环境质量评价研究中心	6	环境
中国信息安全测评中心	6	信息安全
中联资产评估有限公司	6	资产

由表6-5可以得出以下几点结论：①从数量上看，发表过6篇及以上论文的专业化评价机构总共只有37家，这说明有一定学术影响力的专业化评价机构的数量极其有限；②从学科领域看，属于医药卫生、环境、教育等方面的评价机构最多，这在一定程度上说明了越是和人民生活质量关系密切的领域，对评价研究的需求就越多，国家也越重视，取得的成果也越多；③从评价机构的性质看，可以发现绝大多数机构属于国家事业单位。由此可见，必须积极加快第三方评价机构的培育工作。从发文总数量看，国家食品药品监督管理总局药品审评中心、武汉大学中国科学评价研究中心、中国环境科学研究院环境基准与风险评估国家重点实验室是排名前三位的机构，这些机构分属医药卫生评价、科教评价、环境影响评价领域。

三、评价科学研究主题

评价是人类的基本活动之一，人是一种能够自觉地追寻意义并创造价值的存在，而人对意义和价值的追寻与创造则是以他们对于追寻的意义和价值的认知与评价为前提的。就评价在人类活动中的重要地位和覆盖面来说，虽然自古以来就如此，但无论是其重要程度、复杂程度还是评价的重要领域，都是随着社会的变迁而变迁，随着社会的发展而发展。

为此，下面我们主要从科学计量学的视角，采用"打桩法"战略，即通过选择1992年、1999年、2009年、2016年四个时间点，绘制出知识图谱来透视近20多年来评价科学研究主题方面的变化，以间接地反映我国评价科学事业在学科、领域、行业方面的进展状况。具体研究方法是检索并下载中国知网期刊论文数据库这四年论文篇名里含有"评价""评估"的核心期刊论文，用NetDraw可视化软件绘制其研究主题图谱（图中的关键词频次阈值统一为≥7，共现次数统一为≥3），并予以解读。

四个时间节点的研究主题知识图谱分别如图6-2—图6-5所示。图中的每个点代表一个关键词，点的大小和关键词标签字号的大小代表频次的高低，点越大表示频次越高。连线的粗细代表共现次数的多少，线越粗的表示共现的次数越多。

如图6-2所示，1992年的评价科学研究主题主要有研究方法板块（A1）、教育评价板块（B1）和经济评价板块（C1）。

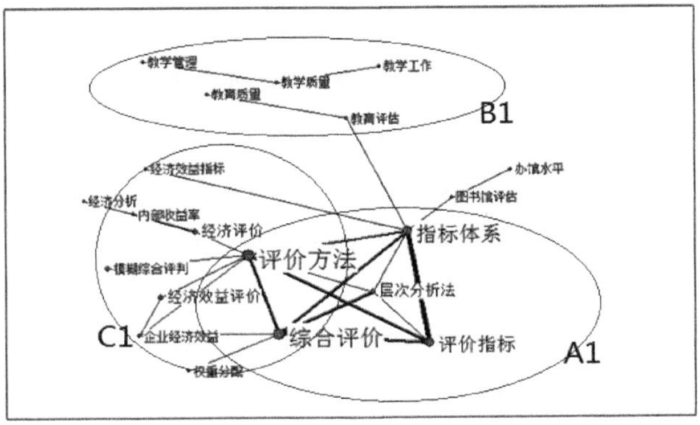

图 6-2　1992 年评价科学研究主题知识图谱

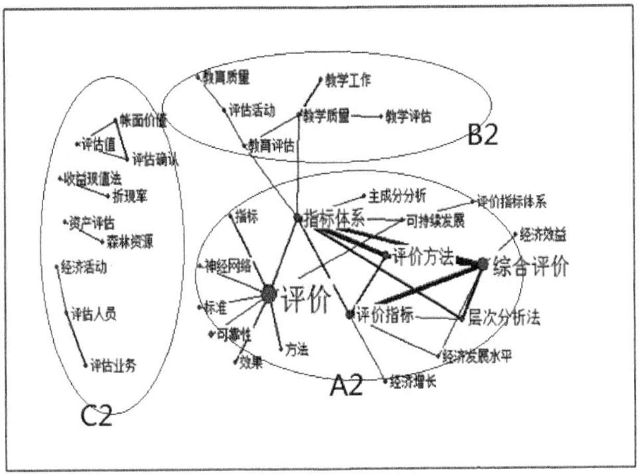

图 6-3　1999 年评价科学研究主题知识图谱

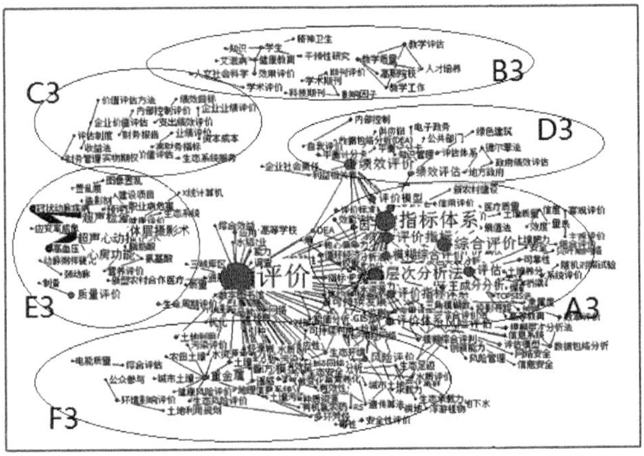

图 6-4　2009 年评价科学研究主题知识图谱

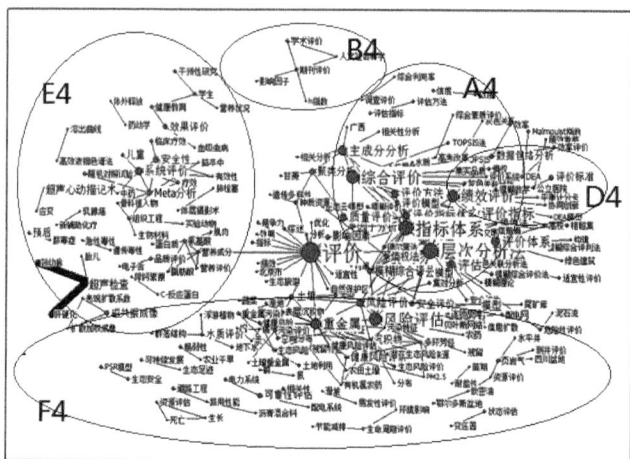

图6-5   2016年评价科学研究主题知识图谱

如图 6-3 所示，1999年的研究主题主要有研究方法板块（A2）、教育评价板块（B2）和企业/经济评价板块（C2）。

如图6-4所示，与1999年相比，2009年的研究主题已有很大的变化，主要表现为：研究方法板块（A3）的内容有了很大丰富；医药卫生领域（E3）和自然科学领域（F3）的评价（主要包括重金属评价、土壤评价、沉积物评价、生态评价等）异军突起；1999年的教育评价板块进一步扩展为科教评价（B3），绩效评价领域（D3）的兴起也较明显。

进一步观察图6-5可知，2016年的研究主题整体上和2009年相似，但也有进一步的发展变化，主要表现为：医药卫生领域（E4）和自然科学领域（F4）的评价板块内容更为丰富；教育评价板块和企业/经济评价板块则有弱化趋势。

综合上述四个年度的评价科学研究主题知识图谱，并且结合这四年数据的关键词词频统计结果，还可以发现存在以下几条规律。

1）评价科学研究随着时代的发展而发展，随着社会的发展而发展。评价对象的涉及面越来越广泛和多样化，评价对象的规模越来越大，评价活动的复杂度和知识集成度也越来越高。可以推断，如无特殊因素影响，评价科学研究活动必将进一步走向繁荣，这是一条不以人的主观意志而改变的客观规律。

2）近年来的研究主题主要集中在环境影响评价、教育评价、项目评价、安全评价、绩效评价、资源评价、质量评价、生态评价、耕地地力评价、水资源评价、风险评价、医药卫生评价等方面。从特征看，这些领域都是和人民生活质量以及人民生活满意度密切相关的领域，也反映出了当今时代的发展态势。

3）就增长速度来说，近年来增长较为明显的主要有风险评价和自然科学领域的评价。具体来说，主要有健康风险评价、生态风险评价、重金属污染评价、沉积物评价、土壤评价、土地利用评价、污染评价、效率评价、危险性评价、营养成分评价、道路工程评价等方面。

4）最近几年，方法类关键词呈现出快速增加态势，增幅比较明显的关键词主要有 Meta 分析、熵权法、熵值法、模糊综合评价法、随机对照实验、集对分析、模糊层次分析、主成分分析、层次分析、信度分析、数值模拟、聚类分析等。这表明评价科学领域的评价方法已经越来越丰富，定量化评价方法呈现出明显增长态势。

四、评价科学课题立项

评价科学研究是一项需要经费支撑的事业，稳定的课题立项资助是促进其顺利推进的重要条件之一。在我国，国家社会科学基金课题和国家自然科学基金课题是社会科学、自然科学研究课题最重要的组成部分，是推动我国评价科学研究事业发展的重要动力源泉之一，它们在一定程度上反映了我国各学科领域研究的最新进展，能够代表该领域的学术前沿和整体发展水平。因此，下面我们主要对这两类评价研究课题进行统计分析。

国家社会科学基金课题评价类项目的数据来源于国家社会科学基金项目数据库，由于考虑到国家社会科学基金网站中对教育学、艺术学这两个单列学科的课题数据的收录并不齐全，为此我们又同时检索了全国教育科学规划课题数据（1983年开始）和国家社会科学基金艺术学项目数据（1983年开始）。具体检索方法为课题立项的题目名称中包含"评价""评估"，时间跨度统一限定为1991—2016年。经过数据下载、数据整理和数据去重后，共获得各类课题数据1214项，每年的立项数量情况如图6-6所示。

由图6-6可知，评价类国家社会科学基金课题的立项数量整体上呈现逐年上升趋势。如果按照1991—1999年、2000—2009年、2010—2016年三个阶段的大致划分标准，那么这三个阶段的课题立项数量分别是48项、312 项、854项，年平均数量则分别为5项、31项、122项。由此可见，评价类项目在最近的20多年增长极为迅速，特别是最近几年的评价类项目已经达到年平均120多项的规模，表明该学科正处于蓬勃发展的阶段。因为在特定历史时期，一门学科发展的速度与规模在本质上是由社会、政府以及学科自身等多种因素综合决定的，社会的进步和发展会对某些学科提出越来越多的需求，如果政府认可某些学科的存在价值，则会通过各种方式，包括设立科学基金的形式来进行扶持，学科则会综合各种有利条件通过自身的累积进行进一步的发展。显然，课题立项是推动学科发展、引导学科发展方向的有利因素。

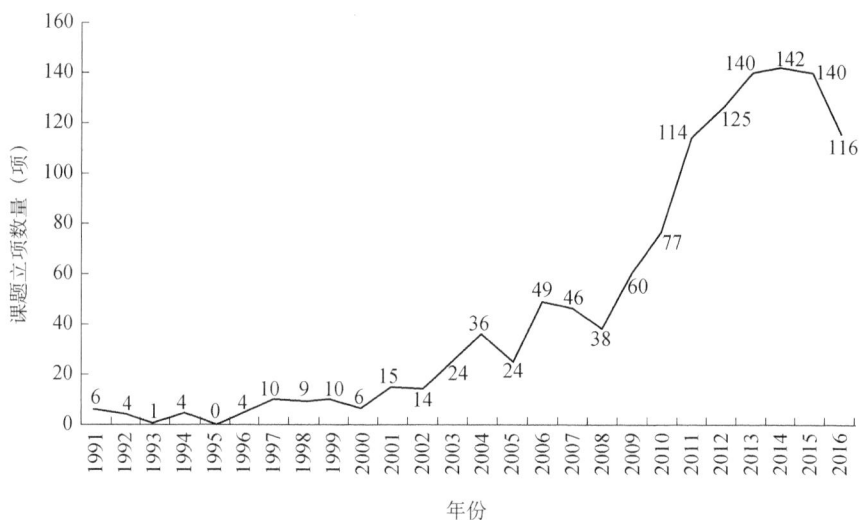

图6-6　评价类国家社会科学基金课题立项数量的年度分布（1991—2016年）

国家自然科学基金评价类项目的数据来源于国家自然科学基金委员会网站，其检索方式同样是在课题名称中输入"评价""评估"进行检索。网站只能查询到1999年以来的数据，因此国家自然科学基金课题的数据有效时间限定为1999—2016年，这样共获得5614项课题数据，每年的课题立项数量情况如图6-7所示。

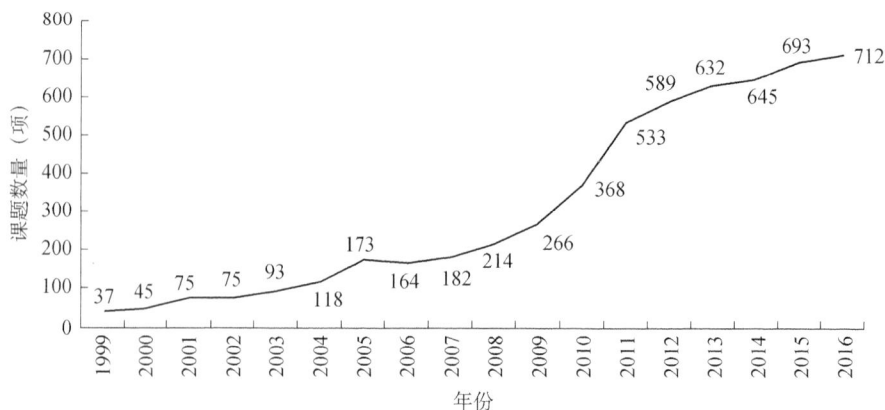

图6-7　评价类国家自然科学基金课题立项数量的年度分布（1999—2016年）

由图 6-7 可知，评价类自然科学基金课题的立项数量整体上呈现逐年上升趋势，2003 年以前在 100 项以内，2004 年开始突破 100 项，2008 年开始突破 200 项，2011 年后突破 500 项，2016 年更是达到了 712 项的高峰，表明评价科学类课题正处于蓬勃发展的阶段。

综合图 6-6 和图 6-7 可知，无论是国家社会科学基金还是国家自然科学基金，评价类课题的立项数量整体上都呈现逐年上升趋势。特别是在最近的 10 多年中，其增长极为迅速，表明评价科学事业正越来越受到政府和学界的关注。

另外，通过对课题题目中主要关键词的词频计量分析，我们还可以发现研究主题方面呈现出以下特征：从学科领域的分布来看，国家社会科学基金评价类课题近年来主要分布在应用经济、管理学、教育学、图书馆情报文献学、统计学、政治学、社会学等学科领域；国家自然科学基金评价类课题则主要集中在宏观管理与政策、地理学、建筑环境与结构工程、管理科学与工程、影像医学与生物医学工程、机械工程、水利科学与海洋工程、电子学与信息系统、计算机科学、中药学、药物学等学科领域。从纵向的长时间考察视角看，评价类课题的研究主题呈现不断扩展的态势，在一定程度上反映了评价科学研究的主题总是随着时代的发展而发展，随着社会的发展而发展的客观规律。从对课题负责人的统计情况看，评价类课题的学科领域分布很广，几乎涉及各学科领域，虽然已经出现了一些长期研究评价问题的专家学者，但总的来看数量仍极为有限。

五、评价科学政策文件颁布

国家的方针政策是我国各项事业改革与发展的主要推动力量。对于评价科学事业来说，国家的方针政策直接影响甚至是决定了评价科学事业发展的方向、范围、规模和成效。有的学者认为，政策实际上是一种非常重要和独特的资源，是政府的一种垄断性资源，其发展变化在一定程度上反映了政府意志的方向以及控制的力度。显然，收集和整理我国颁布的有关评价的政策文件，并进行系统的分析，有利于我们从宏观上掌握我国评价科学事业发展过程中的一些基本特点，也有利于我们从宏观上把握我国评价科学事业改革和发展的基本脉络。

为此，我们通过北大法律信息网收集了评价政策类相关数据。具体检索途径是在北大法律信息网的标题检索处输入"评价""评估"，时间截止到 2017 年 9 月，检索结果返回 2877 条记录，数据项内容包括文件标题、颁布单位、颁布日期等。

统计发现，评价政策文件的颁布时间最早起始于1983年，是农牧渔业部批转经营管理总站《关于开发农村合作经济经营单位技术经济效益评价的试点工作试行方案》。1983—2016年，我国颁布的评价政策法规数量的年度分布情况如图6-8所示。

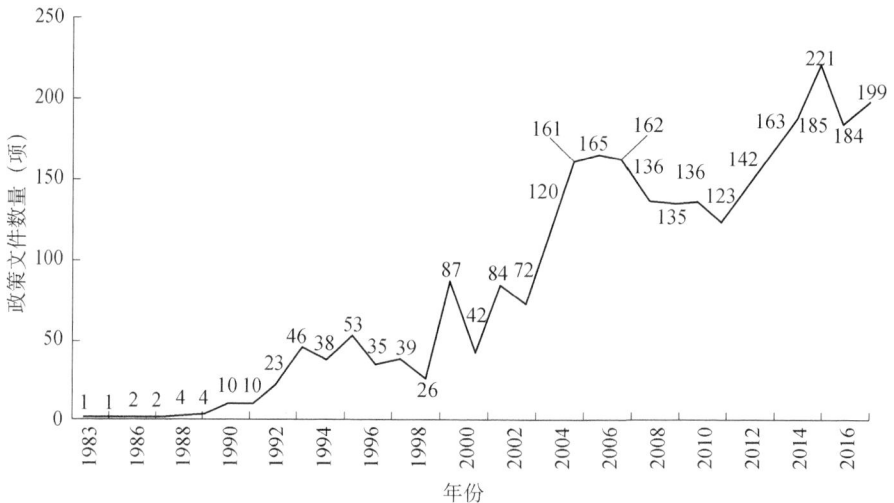

图6-8　政策文件数量的年度分布

由图6-8可见，我国评价政策文件数量整体呈现随时间推移而增加的趋势。如果将时间按照1983—1999年、2000—2009年、2010—2016年三个阶段大致划分，那么这三个阶段的文件数量分别是381项、1213项、1217项，年平均数量分别为22项、121项、174项。由此可见，评价领域的政策文件数量在最近20多年的增长趋势极为明显，这也说明了评价科学事业在国家和社会发展中的地位和作用在不断提升。

如果将各个部门颁布的评价政策文件按照其法定效力分类，则可分为三类：第一类是由全国人大及其常委会颁布的具有最高效力的法律，第二类是由中共中央和国务院颁布的仅次于具有法律效力的法规性文件，第三类是由国务院、环境保护部等部委颁布的规章性文件。经统计，这三类文件的数量分别是5项、15项、2857项，分别占总数的0.17%、0.52%、99.3%。

第一类文件分别是《全国人民代表大会常务委员会法制工作委员会关于〈中华人民共和国中小企业促进法〉有关制度立法后评估工作情况的报告》《全国人民代表大会内务司法委员会关于〈中华人民共和国残疾人保障法〉立法后评估的报告》《中华人民共和国环境影响评价法》《中华人民共和国资产评估法》《中华

人民共和国环境影响评价法》。由此可见，在我国，环境影响评价与资产评价这两个领域的评价政策制度已经发展到国家最高效力法律层面。第二类政策文件的具体内容如表6-6所示。

表6-6　国务院颁布的法规性文件

政策文件名称	颁布时间	颁布机构
《国有资产评估管理办法》	1991年11月16日	国务院
《国务院批转国家计委、国务院生产办、国家统计局关于改进工业生产评价考核指标报告的通知》	1992年2月17日	国务院
《地震安全性评价管理条例》	2019年3月2日	国务院
《国务院办公厅转发财政部关于改革国有资产评估行政管理方式加强资产评估监督管理工作意见的通知》	2001年12月31日	国务院办公厅
《国务院办公厅转发财政部关于加强和规范评估行业管理意见的通知》	2003年12月19日	国务院办公厅
《国务院办公厅转发教育部关于建立对县级人民政府教育工作进行督导评估制度意见的通知》	2004年1月17日	国务院办公厅
《国务院办公厅关于进行2004年各类突发公共事件评估分析的通知》	2005年1月15日	国务院办公厅
《国务院办公厅关于做好2005年各类突发公共事件评估分析的通知》	2005年12月25日	国务院办公厅
《国务院办公厅关于做好2006年突发公共事件应对工作评估分析的通知》	2007年1月9日	国务院办公厅
《规划环境影响评价条例》	2009年8月17日	国务院
《国务院关于取消76项评比达标表彰评估项目的决定》	2013年9月5日	国务院
《国务院办公厅关于委托对国务院重大政策措施落实情况开展第三方评估的函》	2015年7月8日	国务院办公厅
《国务院办公厅关于开展仿制药质量和疗效一致性评价的意见》	2016年3月5日	国务院办公厅
《国务院办公厅关于印发对省级人民政府履行教育职责的评价办法的通知》	2017年5月31日	国务院办公厅
《国务院办公厅关于印发对省级人民政府履行教育职责的评价办法的通知》	2017年5月31日	国务院办公厅

表6-7显示了我国评价政策文件制定中的权威部门构成及权威部门制定政策的数量情况（表中列出了颁布政策文件数量在10项及以上的部委）。

表6-7　评价政策制定中的权威部门构成及政策文件数量　　　单位：项

权威机构名称	文件数量	权威机构名称	文件数量
环境保护部	302	教育部	157
财政部	285	农业部	132
国家环境保护总局	194	国土资源部	115
卫生部	168	国家国有资产管理局	106

权威机构名称	文件数量	权威机构名称	文件数量
住房和城乡建设部	83	人力资源和社会保障部	22
国家发展和改革委员会	81	住房和城乡建设部	21
交通运输部	79	国家安全监管总局	21
工业和信息化部	64	劳动和社会保障部	20
建设部	63	国家林业局	20
科技部	58	中国保险监督管理委员会	20
国家税务总局	55	国家经济贸易委员会	19
国家安全生产监督管理总局	52	国家发展计划委员会	19
国家安全生产监督管理局	44	文化部	19
商务部	43	国家药品监督管理局	19
国家中医药管理局	42	中国银行业监督管理委员会	16
民政部	41	国家食品药品监督管理总局	16
人事部	41	中国地震局	15
交通部	39	人力资源和社会保障部	14
水利部	39	国家能源局	14
国家质量监督检验检疫总局	38	国家教育委员会	14
国务院国有资产监督管理委员会	37	国家工商行政管理总局	13
国家食品药品监督管理局	36	国家卫生和计划生育委员会	13
国家发展和改革委员会	34	国家文物局	12
科技部	34	国务院办公厅	11
中国证券监督管理委员会	28	对外贸易经济合作部	10
国家海洋局	25	铁道部	10
国家煤矿安全监察局	24		

注：表中数据统计起止时间为1983—2016年；对于一些名称有变化的机构，是累计统计的

　　由表6-7可知，在国家部委中，颁布评价政策文件数量较多的部门主要是环境保护部（国家环境保护总局）、财政部、卫生部、教育部、农业部、国土资源部、国家国有资产管理局等，总的特征是这些部委承担的管理职责都和人民群众的生活质量密切相关，也就是说，越是和人民生活质量密切相关的，一般来说颁布的评价政策文件也越多。

　　最后，从评价政策涉及的领域来看，我国颁布的评价政策文件涉及的领域主

要集中在环境影响评价、资产评价、安全评价、绩效评价、教育评价、职业病危害预评价、食品药品安全评价、绿色建筑评价、纳税评价等方面。当然，在不同的发展阶段，其关注的领域还是有所不同，比如，1999年以前，最主要的是资产评价和教育评价两个领域；2000年至今，环境影响评价则迅速崛起，占据第一位；绩效评价、安全评价的发展也很快。就最近几年来看，农业领域的评价政策文件增加得也较快。

第三节 评价科学事业发展趋势

我们对评价科学事业地位和作用的认识，不能一直停留在一种相对静止甚至是僵化的状态，不能一味地仅仅将评价理解为管理工作中的一个环节、一种看似帽子式的附加物、一种比较"虚"的存在。事实上，评价不仅具有定位定向的管理功能，它自身也可以发展成为一种产业，甚至是一种具有霸权地位的产业。比如，美国的标准普尔（Standard & Poor's）公司、穆迪投资者服务（Moody's Investors Service）公司和惠誉国际评级（Fitch Ratings）有限公司等国际评价机构对世界经济的影响就较大。《世界是平的》的作者弗里德曼曾说过："我们生活在两个超级大国世界里，一个是美国，一个是穆迪。美国可以用炸弹摧毁一个国家，穆迪可以用债券降级毁灭一个国家。"[①] 又如，科睿唯安（原汤森路透旗下的知识产权与科技事业部）等公司一直牢牢主导着全世界学术评价的发展方向，使得国内不少机构和科研人员片面化地以在国外发表论文为荣。加上其他因素的影响，最终就出现了国内目前既要支付大量版面费以发表论文，又要支出大量经费购买国外电子期刊数据库的现象。因此，各个行业领域事实上都存在着激烈的评价权的争夺问题，也是一个关乎国家软实力竞争的问题。

由此可知，客观地评价和总结我国评价科学事业已经取得的成绩和存在的一些问题，并在此基础上提出进一步推动我国评价科学事业发展的策略非常重要。

显然，经过几十年的发展，我国的评价科学事业已经取得了显著的成绩，比如，从评价科学研究成果数量看，已经呈现出繁荣景象。从具体数据看，最近几

① 托马斯·弗里德曼. 世界是平的[M]. 何帆，肖莹莹，郝正非译. 长沙：湖南科学技术出版社，2006，205.

年的CNKI期刊论文数量已经达到年均50 000篇以上的规模，博硕士学位论文达到年均10 000篇以上的规模，学术图书达到年均1200种以上的规模。从评价研究覆盖的主题看，已经非常丰富，并且呈现出随时间推移不断增长和深入发展的趋势。从评价研究方法的种类看，定量化评价方法的使用近年来呈现出明显增长态势，其中增长特别显著的主要有Meta分析、熵权法、模糊综合评价法、随机对照实验、集对分析、模糊层次分析法、主成分分析、数值模拟、聚类分析等。从评价研究队伍看，已经初具规模，表现为：研究人员的基数庞大，近年来仅仅在核心期刊发表过论文的第一作者人数就已达到了10 000多人，而且已经涌现出了一些长期关注评价科学事业的知名学者，同时专业化的评价机构也在不断发展之中，新机构的增加呈现加速发展的趋势。从国家对评价科学事业各方面的支持来看，其力度也越来越大。具体表现为：国家社会科学基金和国家自然科学基金对评价类研究课题的立项资助力度增长明显，最近几年的项目立项总量已经达到了每年800多项；"资产评估"等评价分支学科已经进入国家高等教育招生专业目录，评价类自设专业在研究生教育中不断增加；环境影响评价和资产评估等领域的政策制度安排现已发展到国家法律层面；国家对第三方评价也越来越重视，第三方评价正越来越多地成为我国政府部门进行绩效评价的一种重要形式，这无疑将给我国评价科学事业的发展带来更多的发展机遇。

当然，在看到成绩的同时，我们也要正视发展过程中还存在的一些问题和不足，主要如下：①评价科学事业的基本理论研究还很不足；②评价科学研究队伍中专攻型人员的比例还比较低；③发展比较成熟的评价分支学科还不多；④评价科学研究版图中的碎片化倾向还比较严重等。

下一步，我们认为可以通过以下几方面的努力，来进一步推进我国评价科学事业的发展。

一、加强评价科学事业的元理论研究

加强评价科学事业的元理论研究，可以从以下几个层面展开。

1）可以围绕评价学和评价科学的研究对象、学科定位、学科性质、发展历史、学科结构、研究方法、发展趋势等问题中的一个或几个开展更为深入、系统的研究。

2）可以在围绕如何构建和形成一个具有一般指导意义的、适用于各学科领域的、较为全面系统的"评价学"学科体系方面做出努力，出版类似于管理科学中的《管理学》《管理学原理》《管理学概论》的评价学著作。

3）可以在建构"评价科学"的整体性蓝图方面着力。这里的"评价科学"，意指所有以社会各学科领域评价活动作为研究对象的学科的统称，其主要研究对象是没有领域特征的一般意义的评价活动。这方面的元理论研究的主要工作可以放在梳理和总结评价科学的演进和发展历程、发展态势和发展规律，构建评价科学的学科结构体系，提出进一步推动评价科学发展的对策等方面。

二、加快构建评价学、评价科学的学科知识体系

为了推进评价科学事业的整体发展，我们认为现在已经很有必要从科学学及科学学学科建设的高度对评价科学的整体学科知识体系主动进行前瞻性的建构。这样做的意义如下：①有利于通过形成"前拉后推"的学科发展战略，实现推动评价科学发展中的默顿效应——由于信念和行为之间的反馈，直接或间接地促成了预言的实现；②有助于解决目前某些评价学科分支先行发展过程中遇到的难以回避的某些问题。

三、创办评价领域的学术期刊

学术期刊是推动学科发展的一个重要平台，学术研究的繁荣和发展离不开学术期刊这一平台的支撑。从我国目前的学术期刊目录来看，发表过评价类研究主题论文的期刊有很多，刊名中本身含有"评价""评估""评论"等词语的期刊也有20多种，如《环境影响评价》《油气藏评价与开发》《中国药物评价》《中国医院用药评价与分析》《药品评价》《药物评价研究》《中国社会科学评价》《电影评介》《教育测量与评价》《中国高等教育评估》《上海教育评估研究》《高教发展与评估》《中国图书评论》《教育评论》《新湘评论》《当代作家评论》《文学评论》《21世纪商业评论》《国际经济评论》《地质论评》《文艺理论与批评》《小说评论》等。但显而易见的是，所有这些期刊都属于或者说是主要面向各自学科领域的，属于或者说面向跨学科跨领域的期刊几乎没有。因此，为了改变这种散而不联、有点无面的局面，增进学科共识，以加强评价科学事业领域的学术性和学术力建设，创办一份以"评价科学""中国评价科学""评价科学研究"为刊名，定位于着重刊登评价领域普遍性、基础性理论研究论文的理论性刊物，是十分必要

和急迫的。

四、推动少数成熟分支学科进入国家高等教育招生专业目录

要有效地推动一项现代化事业的持续发展，能否源源不断地培养出一支专业化的教学和科研队伍是最重要的条件之一。要达到这个目标，就需要使这个学科能够进入国家的高等教育招生专业目录中，以便开设课程，培养学生，授予学位，持续地促进师生之间的学术交流。评价是人类的基本活动之一，评价科学事业在我国现代化建设事业中具有的重要作用和地位也早已被社会各界认可，由于各种因素的影响，除了"资产评估"已进入国家普通高等学校本科招生专业目录（专业代码：120208）和研究生教育专业学位目录（专业代码：025600）外，其他评价分支学科目前都没有正式进入相关目录，显然这是远远不够的。因此，应该推动更多比较成熟的评价分支学科进入相关目录。

在这方面，目前可以做的工作如下：①可以从学科建设角度加强评价科学事业的理论研究，提高"教育评价学""土地评价学""环境质量评价""安全评价""项目决策分析与评价""体育测量评价"等已开设课程的质量，并在更多的学科专业中开设评价类课程；②可以在研究生招生目录自设专业方面做出更多的努力，在更多的学科领域中设置评价类专业。

五、鼓励和扶持专业化评价机构的发展

建立相应的组织、机构、团体，是推动评价科学事业发展的重要保障。在评价科学领域，虽然实际开展评价活动的各类机构总量可能也不算少，但专门进行评价领域基础性研究并且同时开展评价实务的机构则不多，这显然已不能适应新形势发展的需要。因为当今社会是一个高度发达的社会，随着科学技术的发展和社会的全面进步，不仅各种新生事物层出不穷，而且无论是发展规模、知识集成度还是人们在价值观方面的多元化，都已到了一个新的发展起点，再靠经验评价、简单评价已经不能适应新形势的需要，因此鼓励和扶持专业化评价机构的发展是未来推动我国评价科学事业发展的努力方向之一。

六、进一步重视评价政策法规的供给

政策法规是一种垄断性的资源，也是一种独特的资源，由于它直接体现了政府意志的控制方向和控制力度，其往往能够直接影响甚至决定某项事业发展的方向、范围、规模和成效。显然，对于评价领域来说，如果能够及时地增加和完善相关的政策法规，不仅能够直接影响甚至决定我国评价科学事业的发展快慢和发展成效，而且因为评价工作具有的"定标准、立规矩、树导向"等特殊性质和特殊效能，因此还会直接影响相关领域的发展。所以，进一步重视评价政策法规的供给无疑是推动我国评价科学事业发展的有效对策之一。

第七章

评价科学的教育发展

第一节 评价科学的教育发展概述

评价科学是一门方法论科学或技术科学，其研究内容主要包括两大方面：①评价原理，即它研究系统评价活动本身的运动规律和各环节各组成部分的相互关系[①]，比如，研究评价过程的基本结构、各类参与者的心理现象及规律以及评价科学的发展规律等；②评价技术或评价方法，即评价科学为具体的评价实践提供可用的技术和方法，包括各种操作步骤、评价模型等。评价原理与评价技术两个部分相辅相成[②]，评价原理是指导评价活动的基本理论，评价技术的选择要在评价原理的指导下进行。评价理论和评价技术有时并不是为系统评价专门设计的，在其他一些学科研究和人类实践活动过程中也可以使用。因此，我们通常认为，评价科学是一门关于系统评价活动的基本规律和技术方法论的科学。那么，科学、可靠的学科必然要经得起实践的推敲，而教育领域就是非常适合评价科学的实验基地。

如今评价科学的教育逐渐受到人们和社会的重视，在教育领域也发挥着越来越重要的作用。评价科学的教育实践的发展正处于初期，实践途径包括学校教育、社会教育两大方面。评价科学的学校教育起步较晚，且教育对象大多是研究

---

① 潘瑶珍. 科学教育中的论证教学[D]. 上海：华东师范大学，2013，23.
② 蔡铁权，陈丽华. 我国科学教育研究述评[J]. 全球教育展望，2011，40（6）：74-83.

生群体，为本科生群体开设的相关专业则较少，相应地，硕博研究生在评价科学领域的成果也较多。评价科学的社会教育主要体现在评价会议和社会评价实践中。评价会议的召开，往往将该领域的专家聚集在一起，增加了进行学术交流的机会，共同探讨评价科学发展的诸多可能性。目前，评价科学领域的代表性会议主要有全国科学计量学与科教评价研讨会、科学计量与科技评价天府论坛、全国科技评价学术研讨会、管理决策与效率评价研讨会、全国第三方教育评价发展研讨会等。社会评价实践最早开始于国外，包括美国、日本、德国、英国、法国、韩国等国家，随后国内不少学者也逐渐尝试进行社会评价实践，评价类研究成果更加丰富，大致可将国内评价科学实践分为大学评价、期刊评价和人才评价三方面。

为了进一步发展和完善评价科学的教育，需要建立科学的教育管理体系，可以通过借鉴其他学科成熟的理论和方法来促进自身的成长。没有科学的评价，就没有科学的管理；没有科学的评价，就没有科学的决策。因此，在推进评价科学的教育管理工作上，应将评价科学融入管理类教育，使两者相辅相成、互相借鉴。同时，两者的融合发展中也势必存在一些问题，如管理类教育发展遭遇危机、评价科学对管理领域的关注较少、管理学研究缺少评价科学研究方法的应用等。这表明在评价科学教育与管理学教育的融合中，需要注重评价与管理学科课程的融合性，增加评价科学技术方法型课程的教学。

有了评价科学的教育实践，客观、科学地评价其教育效果对于评价科学的发展而言意义非凡。根据中国知网硕博学位论文数据库的反馈来看，关键词"指标体系""评价指标"的出现频率最高，还有一些与教育密切相关的关键词；评价科学领域中论文的高产机构分布较集中，主要为师范类大学，在排名前20中占了近一半，其次是综合型大学、理工类大学、综合性研究型大学。这些硕博学位论文的作者通常将评价科学的某个分支作为自己的科研方向之一，投入大量精力和时间进行深究，探索其奥秘，并积极分享自己的科研成果，促进该学科的全方位发展。评价科学教材的面世和有效推广是加强评价科学教育的强有力措施，如邱均平团队的评价科学教材《评价学：理论·方法·实践》、《人文社会科学评价理论与实践》（上、下册）、《文献计量学》、《信息计量学》、《网络计量学》、《知识管理学》等均从不同角度对评价科学进行了剖析和阐述，各有千秋。

第二节 评价科学的学校教育

评价科学在学校教育方面的发展较为缓慢，近几年才得到进一步推进，其教育主体主要分布在本科教育和研究生教育领域。本科教育中的"资产评估"专业与评价科学有直接相关性，截止到2020年，我国共有74所高校开设该专业，但该专业总体呈现出不够成熟的状态，教育投入仍需增加。在研究生教育中，"资产评估"专业的学生培养模式比本科更加完善，已取得一些实质性的成果。

一、本科教育

2019年，中国大学共有13个学科，61个大学专业类，506个大学专业。这13个学科分别是工学、理学、医学、管理学、农学、法学、艺术学、经济学、文学、教育学、历史学、哲学、军事学。但在这些专业中，直接开设与评价有关的专业仅有"资产评估"。本科层次资产评估学历教育是由国有资产管理专业方向发展而来的。一个行业的发展离不开教育的支持①，进入20世纪90年代，市场对资产评估业务、人才有了需要，并制定了注册资产评估师制度，一些院校专门建立了资产评估方面的专业方向。

我国资产评估本科学历教育发展历史较短，还处于摸索试验阶段，存在学科归属、专业口径选择、人才培养目标定位、模式构建、课程设置等方面值得深入探讨的问题。应用型本科院校资产评估人才培养目标取决于资产评估职业对人才的需要。资产评估是一个以提供资产价值判断服务为主要业务的行业，资产评估人员需要面对种类繁多的评估对象和复杂多变的市场环境，要求其在某一专业领域具有较强的专业知识和技能；既要有获取知识和综合运用知识的能力，又要有综合分析和判断的能力。同时，还要有良好的职业道德和团队协作精神。资产评估职业对人才的要求决定了应用型本科院校资产评估专业必须以此为基础对学生

---

① 刘国超，张文霞，刘颖. 对资产评估本科专业人才培养方案的思考[J]. 时代金融，2020（2）：138-139.

进行综合培养，以满足资产评估行业人才发展的需要。[①]我国涉及"资产评估"专业的高校如表7-1所示。

表7-1　国内高校设置"资产评估"专业名录

序号	院校名称
1	中央财经大学
2	运城学院
3	内蒙古财经大学
4	吉林财经大学
5	上海师范大学
6	南京财经大学
7	安徽财经大学
8	山东农业大学
9	河南财经政法大学
10	嘉应学院
11	西华大学
12	云南财经大学
13	辽宁对外经贸学院
14	上海立信会计金融学院
15	浙江财经大学
16	广西财经学院
17	河南财政金融学院
18	重庆工商大学
19	重庆大学城市科技学院
20	闽南理工学院
21	安徽外国语学院
22	浙江财经大学东方学院
23	青岛黄海学院
24	兰州财经大学陇桥学院
25	山西大学商务学院
26	重庆工商大学融智学院
27	长春科技学院

---

① 袁桂萍，李保婵. 应用型本科院校资产评估人才培养目标和模式[J]. 中国农业会计，2014（3）：28-29.

续表

序号	院校名称
28	山西财经大学华商学院
29	安徽建筑大学城市建设学院
30	重庆邮电大学移通学院
31	柳州工学院
32	成都理工大学工程技术学院
33	四川工商学院
34	福州外语外贸学院
35	云南工商学院
36	郑州商学院
37	成都师范学院
38	首都经济贸易大学
39	山西财经大学
40	东北财经大学
41	哈尔滨金融学院
42	上海对外经贸大学
43	皖西学院
44	铜陵学院
45	山东财经大学
46	邵阳学院
47	广东财经大学
48	四川农业大学
49	兰州财经大学
50	安徽建筑大学
51	吉林工商学院
52	广东金融学院
53	湖北经济学院
54	山东工商学院
55	河北经贸大学
56	成都东软学院
57	浙江大学城市学院
58	大连财经学院

续表

序号	院校名称
59	黑龙江财经学院
60	江西理工大学应用科学学院
61	兰州财经大学长青学院
62	山西农业大学信息学院
63	吉林建筑科技学院
64	山西财经大学华商学院
65	安徽财经大学商学院
66	沈阳科技学院
67	武汉学院
68	贵州财经大学商务学院
69	成都文理学院
70	西北大学现代学院
71	辽宁财贸学院
72	西南财经大学天府学院
73	绵阳城市学院
74	山东管理学院

可以发现，"资产评估"专业排名前10的学校如南京财经大学、内蒙古财经大学等全部属于财经类高校，从办学层次的角度看，资产评估专业多在山东财经大学、上海对外经贸大学、浙江财经大学等一般本科院校，沈阳科技学院、成都东软学院、福州外语外贸学院等本科民办大学，以及少数以中央财经大学为代表的重点高校。

钱坤等调查了江苏省293名注册资产评估师，发现本科及以上学历占57%，其中硕士及以上学历仅为4%，学历结构偏低；平均年龄已经达到43.25岁，40岁以上评估人员占比72%，而30岁以下执业资产评估师仅占1%，执业人员的老龄化现象非常明显。[①] 我们通过调查研究发现，资产评估专业未来储备人才不足；资产评估专业高端人才明显不足。因此，应增加对评价专业本科生的教育投入，扩大本科教育规模。

---

① 钱坤，王琴，黄忠全. 资产评估行业人才培养及政策环境研究——基于江苏省293份问卷的实证分析[J]. 中国资产评估，2014（9）：27-35.

二、研究生教育

我国已有很多高校开展了资产评估专业硕士教育。在培养过程中，各院校深入研究评价理论、评价技术和评价方法，取得了许多具有实际应用价值的创新性成果。[①] 评价科学专业应结合各院校学科优势设置专业研究方向。具体来说，招收资产评估专业硕士的高等院校，比如，综合性院校、财经类院校和工科类院校各有各自的办学特点和优势，研究方向可以依据不同优势设立。各院校专业方向的设置还应与当前资产评估行业的发展前沿结合起来。[②] 每个设有评价相关专业的高校都有不同的侧重发展的学科和模式，如图 7-1 所示。我们对以下五个具有代表性的科学评价单位进行详细说明。

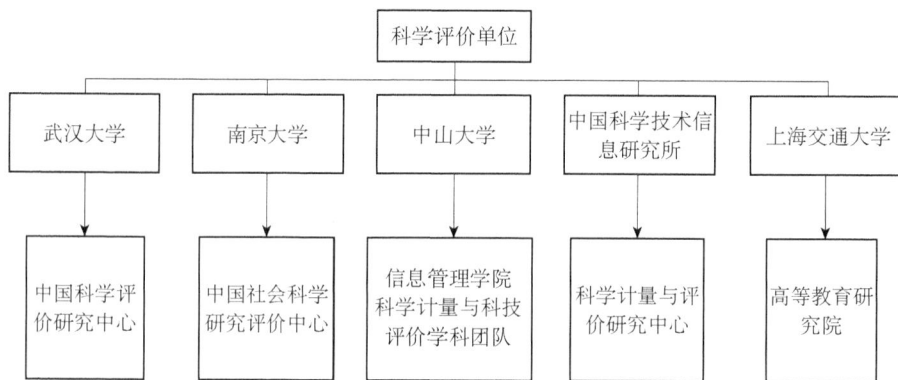

图 7-1 代表性科学评价单位及分布

（一）武汉大学中国科学评价研究中心

武汉大学中国科学评价研究中心是一个文理交叉的跨学科的学术机构，主要由信息管理学院、学校图书馆、教育科学学院、计算机中心与图书情报研究所等单位联合组建，挂靠在信息管理学院。这是我国高等院校中第一个综合性的科学评价研究中心，是集科学研究、人才培养和评价咨询服务为一体的多功能的中介性实体机构。该中心以"创新研究，开放服务"为宗旨，凝聚国内外社会资源，创新学术研究机制，加强评价人才培养，改善评价咨询工作，努力为我国科教兴国战略和现代化建设服务。其发展目标如下：目前该中心是武汉大学人文社会科

[①] 邓永勤，龙维军. 关于资产评估专业硕士培养的思考[J]. 中国资产评估，2015（12）：37-42.

[②] 陈艳，朱冬元. 资产评估专业硕士案例教学研究——基于人才培养供给侧的思考[J]. 中国资产评估，2019（1）：29-33.

学重点研究基地之一，经过几年的建设，使之发展成为教育部或省级重点研究基地，并进而成为国内一流、国际知名的评价中心之一。

该中心人力资源丰富、科研实力雄厚。自成立以来，其承担的科研项目数量和获得的项目经费屡创新高。以这些重要项目为依托，该中心充分发挥多学科交叉的特色，致力于"情报、计量、评价、管理"等领域的综合研究工作，并将文献计量学、科学计量学、信息计量学、知识计量学、网络计量学（简称"五计学"）和高等教育学的理论、方法、指标、模型应用于科技评价、教育评价、企业评价等领域，开展综合的科学研究和广泛的评价服务，取得了令人瞩目的成绩。武汉大学信息管理学院教授、博士研究生导师赵蓉英担任武汉大学中国科学评价研究中心主任，同时特聘国内外专家共同参与该中心的运作发展，如鲁索（Ronald Rousseau）、Wolfgang Glänzel、蒋国华。除此之外，还特聘谢科范、范并思、党亚茹、崔雷、王曰芬、黄晓斌等国内各高校教授作为该中心的研究员。

为了适应国家推进"双一流"建设战略的需要，武汉大学中国科学评价研究中心首次公布了"世界一流学科和世界一流建设学科排行榜"，推出了"中国高校一流学科建设整体水平得分排行榜"，为教育管理部门、各高校、考生和家长提供了重要数据参考。武汉大学中国科学评价研究中心通过数据分析得出以下结论：中国研究生教育水平地区差异较大；中国研究生院竞争力排名相对稳定；顶尖高校竞争力已经与一般高校拉开了距离；开设学科门类越齐全的高校竞争力越强；学科专业分布不平衡。[①]

武汉大学中国科学评价研究中心研究报告成果包括中国高校竞争力评价报告、研究生教育及学科专业评价报告、世界一流大学与一流学科评价报告。目前，研究生参与的科研项目包括高校学科专业评价与调整对策研究、中国高校社会科学竞争力评价研究、学术期刊质量多指标体系综合评价研究等。

（二）南京大学中国社会科学研究评价中心

1997年底，根据当时我国中文信息资源建设的现状和信息服务的需要，南京大学提出了研制开发电子版"中文社会科学引文索引"的设想，并于1998年上半年被列入南京大学重大项目。1999年4月23日，南京大学、香港科技大学签订了两校共同研制、开发"中文社会科学引文索引"（CSSCI）数据库的协议。1999

---

① 邱均平，韩雷. 双一流背景下ESI在研究生评价中的创新性应用——以2017—2018年研究生评价结果为例[J]. 甘肃社会科学，2018（2）：113-118.

年，"中文社会科学引文索引"被列为教育部重大项目。

中国社会科学评价研究中心对中国人文社会科学期刊的评价，多从受众、传播者、媒介与评价者四个维度进行。当前其分析致力于新创学术期刊的评价。新创学术期刊的评价一直都在各家期刊评价体系中缺席，但新创学术期刊作为我国学术期刊的重要组成部分，对其进行评价不仅可以丰富、完善现有的期刊评价体系，还可以促进新刊的健康发展。中国社会科学评价研究中心研究生的研究多以人文社会科学新创学术期刊为对象，分析了人文社会科学新刊的特点，并与其他期刊评价进行比较，指出我国人文社会科学新创学术期刊评价的目的应该是进行综合质量评价。而且，从新刊的实际情况出发，评价指标体系宜粗不宜细。研究发现，我国人文社会科学新创期刊评价指标里可设置意识形态属性指标、学术质量指标和编辑出版规范类指标，以评价期刊的政治方向、学术水准和编辑出版质量。此外，可以考虑设置新媒体类指标以引导期刊适应新媒体环境。评价过程中应以专家定性评价结果为主、其他量化指标为辅。[①]

CSSCI是一项凝聚了国内学术界、期刊界、管理部门集体智慧的知识创新成果，南京大学拥有CSSCI/CBKCI（Chinese Book Citation Index，中文学术图书引文索引）的全部知识产权和相关领域的商标所有权。为了保证CSSCI的研制工作顺利实施，并为国内社会科学领域提供相关学科状况的检索查询和统计分析服务，2000年4月，南京大学正式发文成立了中国社会科学研究评价中心。中国社会科学研究评价中心是产研一体的科学研究和咨询服务机构，也是南京大学"985工程"哲学社会科学创新基地。自成立以来，该中心以CSSCI数据库研发建设为中心，开展人文社会科学文献的数字化加工、数据分析、科学研究、咨询服务等工作。经过多年的发展，该中心建设了 CSSCI 数据库、CBKCI 数据库、CSSCI 扩展版数据库、学术集刊引文索引数据库、港澳台及海外华文引文索引数据库等多个人文社会科学引文数据库系统，并同步开展学术期刊、学术集刊、学术图书等学术出版的相关评价研究。

该中心不仅面向全国高校科研机构提供CSSCI数据服务，还同时开展下列方向研究：①引文分析、知识库与人文社会科学评价研究；②我国哲学社会科学研究现状与趋势研究；③人文社会科学信息资源与研究状况评价研究。目前，该中心已经完成的项目有国家社会科学基金重大课题"建立和完善哲学社会科学评价体系研究"、教育部人文社会科学研究重大课题攻关项目"中文社会科学引文索引研制及社会科学评价体系研究"、"集刊调查研究"等。CSSCI数据库面向高校

---

① 耿海英. 我国人文社会科学新创学术期刊评价探讨[J]. 情报科学，2018，36（12）：101-105.

开展网上包库服务，主要提供账号和IP两种方式控制访问权限，其中，账号用户在网页上直接填写账号和密码即可登录进入。包库用户采用IP地址控制访问权限，可直接点击网页右侧的"包库用户入口"进入。期刊评价将期刊划分为五个等级层次对期刊评价等级进行细化，有的专家持保留意见，经过综合考虑，这有利于推进期刊向更高级别升级，有利于激励乃至约束期刊，避免进入核心期刊阵营就万事大吉，或者认为反正也无法达到核心期刊的水平，从而自暴自弃、无所作为，逃避评价机构的监督。如今，CSSCI数据库已被北京大学、清华大学、中国人民大学、复旦大学、国家图书馆、中国科学院等高校和科研单位包库使用，为高校师生的科研工作提供了帮助。

（三）中山大学信息管理学院科学计量与科技评价学科团队

2014年10月5日，中山大学信息管理学院正式加入国际顶级信息学院联盟（iSchools），继武汉大学信息管理学院、南京大学信息管理学院之后，成为该联盟在中国又一个新的成员机构。中山大学信息管理学院科学计量与科技评价学科团队遵循创新、专业、开放、服务的发展理念，瞄准国家战略和学科前沿，面向政府、高校、企业等社会各界的实际需求，以专业的科技评价与科学计量研究为核心，为国家和粤港澳大湾区的科技创新驱动发展提供决策支持，为高校的科研管理和学科建设提供支撑。

在人才培养方面，其秉承"以学生为本，善待学生"的理念，培养了一大批学科知识广博、技术基础扎实、信息管理技能精良的专业人才，在海内外享有较高声誉。中山大学信息管理学院已拥有一支爱岗敬业、年富力强、声誉卓著、科研创新能力强的师资队伍，大部分教师有海外学习和访问进修经历。目前，中山大学信息管理学院的研究生评价学研究多从国内外对比的角度着手，结合案例分析评价中国与美国、日本、英国高校在情报学、档案学研究方面的异同。通过与美国在评价学方面的对比研究得出结论：在对评价专业研究生的培养过程中，要结合社会需求，以职业为导向制定培养目标；注重研究方法课程设置的系统、层次及协调化；引入实践导师，建立课程化的实习模式；通过网络平台整合和共享精品课程。[①] 新时期，学院面向学术前沿、面向国家重大战略需求、面向国家和区域经济社会发展，不断加强相关研究。

---

① 李海涛，吴嘉雯，王小兰. 中美iSchool院校档案学硕士研究生课程设置对比分析[J]. 档案学通讯，2019（2）：82-87.

（四）中国科学技术信息研究所科学计量与评价研究中心

中国科学技术信息研究所现直属于科技部，属于国家级公益类科研院所。该所于1978年首批招收情报学专业研究生。2006年1月，其被批准为国内首批图书情报与档案管理一级学科硕士学位授予权单位，并与北京大学、南京大学、浙江大学、武汉大学、吉林大学合作培养情报学、信息资源管理博士研究生。2002年10月，经人事部批准设立国内首家图书情报与档案管理学科博士后科研工作站。

中国科学技术信息研究所凭借自己的雄厚实力，形成了一支在国内外有影响力的优秀专家队伍。该所的研究生也参与国家自然科学基金、国家社会科学基金、国家软科学计划、新闻出版总署重大科技工程等重大项目的研究工作，取得了丰硕的研究成果。依托项目优势及国家工程技术图书馆、国家科技信息资源综合利用与公共服务中心和所属控股公司——万方数据股份有限公司的实践基地优势，采用"学以致用"的培养方式，研究生有大量机会深度参与科研项目与实践。多年来，其为社会不断培养和输送图书馆学、情报学、公共管理和信息资源管理等方面的人才，成为全国科技信息领域的学术中心和人才培养中心。

中国科学技术信息研究所培养的竞争情报方向硕士研究生、博士研究生数量均位居全球首位，形成了具有较大规模的研究生层次高级人才群体，通过教学相长推动了竞争情报领域研究生指导教师群体的产生。通过研究生教育培养，丰富和拓展了竞争情报理论方法体系的研究内容，推动了产业竞争情报、国家竞争情报、竞争情报系统等具有中国本土特色的竞争情报研究领域的产生和发展，为诸多研究生培养机构指明了研究生教育培养的方向。同时，竞争情报领域研究生毕业后成为竞争情报专业工作者的比例很低，竞争情报领域研究生指导教师队伍在衰弱，部分培养机构对竞争情报领域研究生培养的支持力度持续降低。由于目前经济科技社会对竞争情报领域高层次人才的巨大需求，中国竞争情报领域研究生教育培养将迎来新的发展机遇。[①]

中国科学技术信息研究所科学计量与评价研究中心的研究生课程设置精简优化，教师队伍理论与实践能力兼备，导师队伍内外结合、优势互补。多渠道的国际合作为研究生开阔学术视野提供了机会，同时强调论文选题的广泛应用性，毕业生就业优势突出。

---

① 陈峰. 中国竞争情报领域研究生教育培养进展述评——基于1995—2018年间学位论文统计分析[J]. 情报杂志，2020（2）：72-77.

（五）上海交通大学高等教育研究院

上海交通大学高等教育研究院是学校直属二级教学科研单位，下设世界一流大学研究中心、教育教学与人才成长研究中心、比较教育研究中心，并设有上海交通大学图书馆教育分馆。2003年，其首次对全世界研究型大学的学术表现进行评价，并推出了英文版世界大学学术排名，引起了国际学术界的广泛关注。2007年和2009年又先后开发出"学科排名"和"领域排名"，引领了国际大学排名的发展方向。

上海交通大学高等教育研究院针对研究生的培养工作，始终秉持高水平、国际化的发展战略，坚持理论与实践相结合、学术研究与政策咨询相结合的理念，以数据和资料库建设为支撑，以定量和实证研究方法为手段，积极推动学科交叉研究，经过长期的办学积累，形成了鲜明的办学特色。上海交通大学高等教育研究院一直坚持以世界一流大学研究为缘起，不断拓展学科领域，逐步构建了以高等教育学、比较教育学、教育与科技政策、院校研究、教学方法与教育技术、教育经济与管理等学科为支撑，以世界一流大学研究、研究生教育研究、科学与技术政策研究为聚焦点的学科发展与研究矩阵，形成了学科方向与学术品牌建设相互支撑、共同发展的布局结构，并致力于培养教育学、公共管理学等领域的高层次创新人才，这种学科之间的交叉和联系也为研究生提供了更多的研究方向，院内的研究生可以根据自己的兴趣点选择研究方向。

上海交通大学高等教育研究院以国际化战略为主导，坚持国际国内双向拓展学科影响力。该研究院中有海外名校博士学位、博士后研究经历或1年以上海外名校访问经历的教师占了教学科研人员的92%。其每年派出博士生赴海外著名高校访学，多位硕士毕业生分赴柏林洪堡大学、伦敦政治经济学院、伦敦大学教育学院、爱丁堡大学等著名高校攻读博士学位，并接收了墨尔本大学、加利福尼亚大学尔湾分校等海外著名高校博士生从事访问研究。

教育部印发的《教育信息化十年发展规划（2011—2020年）》指出，要通过优质数字教育资源共建共享、信息技术与教育全面深度融合，促进教育教学和管理创新，促进教育公平，提高教育质量。为加强研究生评估专业实践教学，应从以下三方面入手：①加快实验室建设，完善评估专业实验室。争取学校的大力支持，增加设备经费的投入，扩大实验室的规模，尽快建立评估专业实验室，改善实验室的环境，完善实验室的设施，购置能满足学生进行实验的必要设备。②编著实验教材，完善实践教学体系。一方面，要购买一些优秀的实验教材；另一方面，地方性院校应组织任课老师根据自己学院的特点编著实验教材，以补充实验教材，满足学生进行实验的需求。③加强实践教学师资队伍建设。教师的教学水平和教学效果的优劣对教学质量的好坏起到了关键性的作用。[1] ④加强实践性教学基地建设。为了能够让学生有更多的实习机会，学院可利用各种方式建立实习基地，以便输送更多的学生去事务所实习，既可以开阔学生的视野，又加强了实践，真正做到理论与实践相结合。[2] 通过以上方式，可以增加学生的就业机会。

第三节　评价科学的社会教育

社会教育是一种活的教育，它的深刻性、丰富性、独立性、形象性远非学校教育可比。协调社会教育力量可以培养学生积极参加社会活动的能力，社会教育能将分散的、自发的社会影响纳入正轨。社会教育直接面向全社会，又以社会政治、经济为背景，它比学校教育、家庭教育具有更广阔的活动余地，影响面更为广泛，能更有效地对整个社会产生积极作用。对于评价科学的社会教育，笔者认为评价学术会议、社会评价实践是评价科学从事社会教育两个大的方面。

一、评价学术会议

（一）全国科学计量学与科教评价研讨会

全国科学计量学与科教评价研讨会原名为科学计量学与大学评价国际研讨会，是一个代表了科学计量学与大学评价领域的学术前沿水平，由国内外权威机构联合主办的国际性高层次论坛。2016年，武汉大学中国科学评价研究中心和中国科学学与科技政策研究会主办的第九届研讨会，正式将研讨会改名为"全国科学计量学与科教评价研讨会"，同时在该届研讨会开幕式上，全国科学计量学与

---

① 姚玲. 地方性院校资产评估专业实践教学的难点及对策——以广东嘉应学院为例[J]. 中国管理信息化, 2019, 22（5）: 210-211.

② 程玉英, 刘丽, 周晓辉. 资产评估课程实践教学研究[J]. 河北农业大学学报（农林教育版）, 2012（2）: 115-118.

信息计量学专业委员会主任邱均平教授首次公开使用了"五计学"的概念。目前，全国科学计量学与科教评价研讨会已成功举办12届。2021 年 6 月，第十二届全国科学计量学与科教评价研讨会在杭州电子科技大学顺利召开。该次会议由全国科学计量学与信息计量学专业委员会、杭州电子科技大学、武汉大学中国科学评价研究中心主办，中国科教评价研究院（杭电）、数据科学与信息计量研究院（杭电）、国际计量与评价研究中心（杭电）、浙江高等教育研究院、高教强省发展战略与评价研究中心（浙江智库）共同承办。[①]

全国科学计量学与科教评价研讨会紧随时代发展，会议涉及文献计量学、科学计量学、信息计量学、网络计量学、知识计量学和科教评价等相关领域，为专家学者提供了一个广阔的学术交流平台，探讨当前学科发展和前沿成果，培养和推出了许多年轻的优秀学者，同时推动有关国家或评价机构的深层次合作，为学科发展创造了难得的机会和条件。该会议对于贯彻落实"科教兴国"战略，促进"五计学"的发展与应用，推动我国科教评价科学事业更好地发展，提高我国科教评价的学术地位，具有重要意义。

（二）科学计量与科技评价天府论坛

科学计量与科技评价天府论坛（简称"天府论坛"）是由中国科学院成都文献情报中心主办、科学计量与科技评价研究中心承办，旨在为国内外专家学者提供前沿性、高水平、开放性的学术交流机会与平台的国际性学术论坛，从而推动科学计量与科技评价研究的创新发展。论坛自2017年首次设立以来，已成功举办4 届。2017年，由中国科学院成都文献情报中心举办的"天府论坛"在成都召开，在会上"科学计量与科技评价研究中心"首次揭牌成立。来自国内外百余名科学计量学的专家学者参与论坛，其围绕"科学计量学与科学评价的理论方法和应用研究"这一主题展开了深入的学术探讨和交流。2018年，由中国科学院成都文献情报中心主办、科学计量与科技评价研究中心承办的第二届"天府论坛"成功举办，此次邀请到来自全国60余家高校和科研机构的240余名专家学者，围绕着科学计量与科技评价领域的国际研究进展和前沿发展动向展开了交流与探讨。论坛上各高校机构的17位专家汇报了各自的最新研究进展，主题涵盖高被引科学家分析、热点主题识别、学科交叉、社会网络分析、评价指标等多个方面，多方

---

① 第十二届全国科学计量学与科教评价研讨会在杭州顺利召开［EB/OL］. http://www.hdu.edu.cn/news/important_28459［2021-11-15］.

位、多角度地论述了科学计量与科技评价研究的最新进展。[①] 2019年11月，第三届"天府论坛"成功举办，来自60余家高校和科研机构的200余名海内外科学计量与科技评价领域的著名专家学者到场，论坛的主题是"科学计量与科技评价的研究与实践"，分为特邀大会报告、大会主题报告、热点对话、投稿论文报告和专题学术沙龙五部分，与会专家学者深入交流、探讨了科学计量与科技评价的理论与应用、发展与创新。

"天府论坛"得到了众多高校、研究机构以及学术期刊的支持和认可，得到了国内外专家学者的称赞和广泛关注，目前已成为科学计量与科技评价领域具有显著影响力的国际学术论坛。"天府论坛"对于加快我国科学计量与科技评价研究的深入发展，加强与国际领先国家和机构的交流合作，推动学术交流、合作研究和应用工作，提高我国科学计量学的国际影响力，具有重要意义。

（三）全国科技评价学术研讨会

全国科技评价学术研讨会由《科研管理》编辑部与中国科学学与科技政策研究会、中国科学学与科技政策研究会科技管理与评价专业委员会合办，由全国各地区高校承办，旨在促进国内科技评价领域的交流与协作。研讨会每年举办一届，截至2020年，已成功举办20届，陆续走过重庆、哈尔滨、大连、杭州、西安、成都、上海、北京、武汉、天津等地，每届研讨会都有来自国内各高等院校及科研机构的专家学者出席，受到了科技评价领域内学者的一致认可与重视。每届研讨会根据社会需求和时代的发展设定一个研讨主题，围绕这个主题展开交流与探讨，如 2017年第十七届全国科技评价学术研讨会在大连海事大学举办，研讨会主题为"科技评价：从实践到理论"；2018年第十八届全国科技评价学术研讨会在哈尔滨工程大学举办，研讨会主题为"科技评价与治理"；2019年在重庆工商大学召开的第十九届全国科技评价学术研讨会，有近500位领域内的专家学者围绕"科技评价与区域协调发展战略"进行探讨和交流；2020年在内蒙古工业大学召开的第二十届全国科技评价学术研讨会，与会专家围绕"新时期的科技评价"与学术能力提升进行了研讨。

全国科技评价学术研讨会从举办至今已有20多年，科技评价领域内对于该研讨会有着广泛的认可和关注，该研讨会促进了国内从事科技评价和创新研究的专家学者的交流与合作，提高了国内高校的培养热情以及研究人员的研究热情，拉动了科

---

① 陈云伟，张志强. 科学计量学迎接新挑战与新机遇——2018科学计量与科技评价天府论坛综述[J]. 图书与情报，2018（5）：134-140.

技评价领域内研究成果数量的增长，为我国科技评价水平的提高奠定了坚实基础。

（四）管理决策与效率评价研讨会

管理决策与效率评价研讨会自2011年首次召开以来，已经连续举办9届，每一届研讨会举办的同时，都会出版和发布当年的《中国地方政府效率研究报告》。该报告是国内具有专业性、系统性的智库年度成果，旨在探究政府效率理论、定量考察中国地方政府效率现状及问题，从而论证经济社会发展与政府效率之间的内在联系，为促进中国地方政府治理现代化与提升地方政府效率贡献智慧。[1] 自出版以来，该报告在保持原有的基本思路和方法的基础上，不断总结和创新，每一年都有新亮点，2018年，创新性地推出中国效率"十高省"、中国效率"百高市"、中国效率"百高县"以及中国扶贫效率"百强贫困县"榜单。2020年1月，第九届管理决策效率评价研讨会暨《2019中国地方政府效率研究报告》发布会在北京举办，会议由北京师范大学政府管理研究院、江西师范大学管理决策评价研究中心、社会科学文献出版社联合主办。2020年报告基于营商环境与地方政府效率的互动关系，结合地方政府履职及治理现代化实际，完善相应的指标体系，测度与分析了2019年我国政府效率，发布了2019年中国地方政府效率排行榜，更好地彰显了智库的功能。[2] 会议总结、提炼了政府在工作效率方面的经验与不足，提出未来发展的建议，帮助政府聚焦不足、吸取经验，持续提高地方政府的工作效率，提高贫困县政府扶贫效率。同时，该报告的发布也有助于中国地方政府科学决策，进一步提升地方政府治理效率。

（五）全国第三方教育评价发展研讨会

2015年，中华教育改进社发起并组织了第三方教育评价机构联谊会，旨在配合政府落实关于"建立第三方评价的政策"，解决第三方评价主体缺位问题。联谊会的建立促进了各组织机构的合作与交流，改变了各自为政的局面，促进了中国第三方教育评价的发展。[3] 2016年，"第二届全国第三方教育评价机构联谊

---

① 季哲."管理决策与效率评价研讨会暨《2017中国地方政府效率研究报告》发布会"在北京举行[J]. 中国行政管理，2018（1）：2.

② 人民论坛网. 第九届管理决策效率评价研讨会暨《2019中国地方政府效率研究报告》发布会在京举行[EB/OL]. http://www.rmlt.com.cn/2020/0103/565709.shtml[2020-09-09].

③ 储朝晖. 中国第三方教育评价发展的机遇和挑战——兼论第三方教育评价机构联谊会发展[J]. 评价与管理，2018，16（2）：12-16.

会"暨第三方教育评价论坛举办，与会人员共同探讨了第三方教育评价的行业标准、发展方向和发展路径。2019年5月12日，全国第三方教育评价发展研讨会在北京召开，会议由中华教育改进社和北京公众教育科学研究院主办，旨在落实《国家中长期教育改革和发展规划纲要（2010—2020年）》《中共中央关于全面深化改革若干重大问题的决定》《教育部关于深入推进教育管办评分离促进政府职能改变的若干意见》有关文件的精神，促进第三方教育评价体系健康发展。① 中华教育改进社理事长、全国第三方教育评价机构联谊会主席储朝晖研究员等出席会议，共有80余位来自中华教育改进社以及全国第三方教育评价机构联谊会的会员代表参与会议。研讨会上，各位专家学者围绕着教育评价理念、技术、市场、机构管理、未来发展等方面对第三方教育评价机构的发展进行了深入探讨。在当前第三方教育大规模发展的环境下，全国第三方教育评价发展研讨会为第三方教育评价机构的工作指明了发展方向，进一步通过改进推动第三方教育评价。

二、社会评价实践

对于国外科学评价，已在绪论中有过介绍，这里我们只介绍国内的科学评价实践。我们将国内科学评价实践分为大学评价、期刊评价和人才评价三方面具体说明，分别选取其中具有代表性的体系或机构进行阐述。

（一）大学评价

1. 武汉大学中国科学评价研究中心的评价

武汉大学中国科学评价研究中心成立于2002年，由武汉大学信息管理学院、教育科学学院、学校图书馆等单位组建而成，是一个跨院系联合的研究中心，是集科学研究、人才培养和评价服务于一体的实体性学术研究机构，也是我国高校中第一个综合性的科教评价研究中心。② 该研究中心的成立进一步满足了社会各方面综合评价的需要，促进了管理与决策的科学化的跨学科研究，同时也是为了贯彻教育部和科技部提出的"逐步扶植和依托社会中介组织开展评价活动，建立独立的社会化科研评价体系"③的精神。该中心的研究工作主要围绕"科技评价

---

① 木铎. 全国第三方教育评价发展研讨会在北京召开[EB/OL]. http://www.jcwj.net/2019/zyhd_0513/923.html[2020-09-09].
② 武汉大学中国科学评价研究中心简介[J]. 华东经济管理，2011，25（3）：161，163.
③ 武社. 武汉大学"中国科学评价研究中心"成立[J]. 情报资料工作，2003（4）：46.

与管理""社科评价与管理""大学及学科专业评价""期刊评价与管理"四个方向开展，并且承担着人才培养、大学诊断、企业评价、社会咨询等评价任务，较好地满足了社会各界对于评价的需求。该中心以"创新研究，评价服务"为宗旨，以"立足湖北，面向全国，走向世界"为思路，凝聚国内外社会资源，创新学术研究机制，加强评价人才培养，改善评价咨询工作，为科技管理和教育管理的科学化、规范化、高效化，实现教育、科技、经济、社会的协调和可持续发展做出了贡献。

近年来，该中心的科学研究成果丰硕，其不断发挥自身多学科交叉的特点，将"五计学"和高等教育学的理论方法及模型指标应用于科技评价、教育评价、企业评价等领域，开展创新性综合评价研究。其学术团队不断壮大，团队由来自国内外著名大学和相关研究机构的专家学者组成，身为我国著名情报学家和评价管理专家、文献计量学的主要奠基人之一的邱均平教授担任该中心主任，全面负责研究评价工作。该中心每年或每两年出版《中国大学及学科专业评价报告》《中国研究生教育评价报告》《世界一流大学与科研机构学科竞争力评价研究报告》《中国学术期刊评价研究报告》四大报告，不断向政府管理部门和社会各界提供评价服务，满足社会发展需求，受到了单位及个人的广泛认可。武汉大学中国科学评价研究中心在科研评价领域内的优异表现，使得其社会声誉稳步提升，现已成为国内外有名的科教评价研究基地、评价人才培养基地以及学术交流中心和咨询服务中心。

2. 武书连大学评价

武书连的《中国大学评价》是国内研究大学评价最早、持续时间最长的一个排行榜，其中《中国大学评价1998》创立了以"对社会的贡献作为唯一衡量标准"的中国大学综合评价体系，2002年运用"学科归一"的方法在国内首次实现了不同学科之间的直接比较，排行榜在国内学术界具有一定的权威性。武书连大学排行榜包括高校综合实力、专业实力、教师平均学术水平、本科毕业生质量等多个分项排名，给予科研人员、考生以及大众一个较为准确的参考。武书连大学排行榜的指标体系主要从大学人才培养和科学研究的功能出发，更注重人才培养的结果和科学研究的成果。[①] 该排行榜的优势在于采用的数据全部是公开数据，即各大学对外公布的数据，以及在公开检索平台上可以查询到的数据，建立了更加公开、透明的全部结果可重复、可检验的大学评价体系。[②]

---

① 唐祎迪，於海燕. 对大学评价指标体系的差异化修正与重构——基于武书连、校友会、网大和武大等四个排行榜[J]. 亚太教育，2015（31）：294.

② 刁晓平. 武书连先生与中国大学排行榜[EB/OL]. http://edu.qq.com/a/20130327/000350.htm[2020-09-09].

（二）期刊评价

当前我国的七大核心期刊评选体系包括南京大学"中文社会科学引文索引（CSSCI）"、北京大学《中文核心期刊要目总览》、中国科学院文献情报中心"中国科学引文数据库（CSCD）"、中国科学技术信息研究所"中国科技核心期刊"、中国社会科学院文献信息中心"中国人文社会科学核心期刊"、中国人文社会科学报学会"中国人文社科学报核心期刊"以及"中国核心期刊（遴选）数据库"。下面简单介绍最常见的两个期刊评价。

1. 南京大学"中文社会科学引文索引（CSSCI）"

CSSCI期刊评价是用来检索中文人文社会科学领域的论文收录和被引用情况的人文社会科学引文数据库。CSSCI 源于1997年底，南京大学根据当时国内中文信息资源建设的情况以及对于信息服务的需求，提出开发CSSCI的设想，于1998年将其列为南京大学的重大项目。1999年4月，香港科技大学与南京大学签订协议，决定两校共同研制、开发CSSCI数据库。截至2014年，南京大学中国社会科学研究评价中心组织研发的CSSCI检索平台已推出三版，同时2015年南京大学联合中国图书评论学会共同研发了数据库。

CSSCI当前收录了包括法学、管理学、经济学、历史学、政治学等在内的25大类的500多种学术期刊，现已开发了自1998—2019年20余年的期刊数据，并在不断延续。期刊的来源选择根据文献计量学知识，采取定量与定性相结合的方法，从全国2700多种中文人文社会科学学术性期刊中精选出学术性强、编辑规范的期刊进行收录。通过CSSCI平台可以检索到所有来源期刊的来源文献和被引情况。检索来源文献有多种检索条件，包括篇名（词）、作者、关键词、期刊名称、作者机构等，同时可以选择发文年代、卷期、文献类型等检索条件，其中检索入口可以按照需求选择精确检索、模糊检索、逻辑检索等优化方式，检索所得结果会按照不同的检索途径对发文信息或被引信息进行分析统计，并支持文本下载，检索结果能够满足绝大多数用户的需求。

CSSCI是我国人文社会科学的主要文献信息查询平台，为广大用户提供文献检索服务。对于社会科学研究者而言，CSSCI可以从来源文献和被引文献两个方面为研究人员提供相关研究领域的前沿信息和各学科学术研究发展的动态，通过不同学科、领域的相关逻辑组配检索，挖掘学科新的生长点，展示实现知识创新的途径。对于社会科学管理者而言，CSSCI可以提供地区、机构、学科、学者等多种类型的统计分析数据，从而为制定科学研究发展规划、科研政策提供决策和参考。对于期刊研究与管理者而言，CSSCI提供多种定量数据，如被引频次、影响因子、即年指标、期刊影响广度、地域分布、半衰期等，通过多种定量指标的分析统计，可以为期刊评价、栏目设置、组稿选题等提供定量依据。CSSCI 也可以为出版社与各学科著作的学术评价提供定量依据。

目前，CSSCI 数据库已被国内外数百所高等院校和科研机构订购和使用，极大地促进了高校师生的科研工作，满足了人文科学、社会科学以及期刊研究者的学术需求，在我国学术界和期刊界产生了重要影响。

2. 北京大学《中文核心期刊要目总览》

北京大学《中文核心期刊要目总览》是由北京大学图书馆及北京十几所高校图书馆众多期刊工作者及相关单位专家参与进行的研究项目产生的项目研究成果。自 1992 年出版《中文核心期刊要目总览》第一版以来，课题组根据期刊的发展变化特点进行更新，在 2008 年之前每 4 年更新研究和编辑出版一次，2008 年之后，改为每 3 年更新研究和编辑出版一次，2020 年出版了第九版。《中文核心期刊要目总览》课题组的研究主要围绕对核心期刊评价的基础理论、评价方法、评价软件、核心期刊的作用和影响等问题，运用定量评价和定性评审相结合的方法，采用被索量、被摘量、被引量、影响因子、基金论文比、Web 下载量等 9 个评价指标，众多领域内的学科专家参与评审工作，以求使评价结果尽可能准确地揭示中文期刊的实际情况。《中文核心期刊要目总览》主要分为各学科核心期刊表、核心期刊简介、专业期刊一览表等几部分，可以用来查阅学科核心期刊以及检索正在出版的学科专业期刊。该书的出版旨在为图书情报部门对中文学术期刊的采购、典藏和评价等工作以及为读者导读提供参考。

（三）人才评价

2014 年 1 月，教育部人文社会科学研究重大项目开题报告会暨长安大学中国人文社会科学评价研究中心成立仪式举办，中国人文社会科学评价研究中心是在教育部社会科学司的支持下，依托长安大学政治与行政学院、经济与管理学院、图书馆、杂志社、社科处和发展研究中心等单位成立的一个跨学院、多学科、综合性研究机构。该研究中心立足我国实际，借鉴国际经验，本着"夯实基础、加强应用、凝练特色、服务社会"的宗旨，坚持以创新、质量、贡献为导向，为建立具有中国特色的人文社会科学研究评价体系开展基础理论和实践研究，为繁荣和发展我国哲学社会科学提供服务。[1]

---

[1]　长安大学中国人文社会科学评价研究中心简介［EB/OL］. http://evaluation.chd.edu.cn/zxjj.htm［2019-09-10］.

　　自成立以来，中国人文社会科学评价研究中心承担了教育部人文社会科学重大项目的多个科研课题，包括"构建符合人文社会科学各学科特点的分类评价标准和评价指标体系研究""大数据时代基于云计算的人文社会科学成果评价信息化研究"等。2015年，该中心首次开始进行"中国哲学社会科学最有影响力学者排行榜——基于中文期刊的研究"的研究，这是首次以科研成果质量为基础，用定量化的综合性指标构建了一个反映中国人文社会科学各学科科研工作者的科研成果影响力的评价体系。2020年，该中心以对科研成果在其学术领域及同行间影响力的评价为基础，突破简单计数的办法，综合衡量学者的学术成果对其所在学术领域的贡献程度。数据主要来源于中国引文数据库（CNKI）、超星发现系统等，以中国引文数据库的学科分类作为二级学科排行榜划分的依据，将哲学社会科学领域内的81个二级学科划分至20个一级学科中，最终形成了20个一级学科排行榜（管理学、经济学、马克思主义、哲学、政治学、法学、军事学、宗教学、语言学、文学、艺术学、历史学、考古学、社会学、民族学、教育学、体育科学、统计学、新闻学与传播学、图书馆/情报与文献学）、81个二级学科排行榜、5个交叉学科排行榜（经济与管理科学交叉学科、政治行政与法学交叉学科、文学艺术与历史文化交叉学科、社会学与教育学交叉学科、信息管理与传播交叉学科）。[①]

　　中国人文社会科学评价研究中心所做的学科评价、人才评价、机构评价等各方面的评价工作，对评价实践的开展起到了重要作用，对政府高校、科研单位的研究发展、人才引进、绩效管理和学术诚信监管等具有重要作用。

第四节　评价科学的教育管理

　　笔者认为，"没有科学的评价，就没有科学的管理；没有科学的评价，就没有科学的决策"[②]。管理科学是兴国之道，管理教育也是兴国之道。自20世纪以来，管理学知识的爆炸式增长使得管理学科逐渐成长为一门具有多个分支学科和

---

　　① 中国哲学社会科学最有影响力学者排行榜：基于中文学术成果的评价（2020版）[EB/OL]. http://xw.qq.com/cmsid/20200622A08KQM00[2021-05-25].

　　② 邱均平，文庭孝等. 评价学：理论·方法·实践[M]. 北京：科学出版社，2010，6.

庞大知识体系的科学，而面对进入市场经济后我国复杂的管理现实问题，科学管理知识依旧面临着短缺的困境。在这样的背景下，我国管理学教育更多地关注具体的管理学知识的传播、移植、创新对管理现实问题的科学指导，形成了一个较为完善的教学框架体系，却忽视了把"管理"和"管理学"整体作为研究对象的纯管理理论教学研究。[①] 另外，近年来，随着信息网络社会的发展和进步，对于管理类毕业生的要求逐渐发生变化，对于实践能力越发看重。党的十九大报告明确提出，"完善职业教育和培训体系，深化产教融合、校企合作"。因此，为了适应新时代发展的需要，满足社会对人才的需求，管理类学科的教学改革时不我待。

我国在评价理论方面的研究比较滞后，尤其是系统性、综合性、普适性的"元问题"层次的评价理论研究成果非常少，致使在我国不仅作为学科意义上的评价学或评价学科始终尚未独立地凸显和成长起来，而且为各行业各领域的评价实践活动提供理论指导的作用也远远没有发挥出来。[②] 基于评价学在社会现实中的重要性和当前存在的不足，未来评价科学的发展还将是一个重难点。

管理学科改革要顺应"管理科学化"的发展方向。当前"管理科学化"已经成为管理理论研究者和管理者的共识。管理科学化包括三个层面的含义：①在管理实践层面上，管理科学化就是应用管理科学知识指导管理实践、解决管理实际问题、提高管理活动效率的过程，这是一个以科学理性管理取代直觉经验管理的过程；②在管理问题研究层面上，管理科学化就是以科学、理性的态度和方法思考、研究管理问题的过程，这个过程强调以科学的方法论指导管理问题的研究，探索管理活动规律，创新管理科学知识；③在管理学科发展上，管理科学化就是增强管理学学科的科学属性，推进管理学学科发展，促使管理科学知识有效积累和系统化的过程，这个过程试图使管理学成为一门真正的科学。从三个层面的关系来看，管理实践层面的管理科学化是根本目标，有效解决管理现实问题、提高管理活动效率是管理科学化的根本目的。相对于管理实践层面，管理问题研究和管理学科发展层面的管理科学化是手段，前者是核心手段，管理研究层面的科学化能够促进管理科学知识的创新和丰富，这为指导管理实践和管理学科发展提供了知识源泉；后者是基础手段，管理学科的发展有利于管理知识的积累与传播，从而进一步为管理科学知识的创新和应用奠定基础。

管理学科作为一个独立的学科门类出现，评价科学等核心学科在其发展过程

① 黄速建，黄群慧. 管理科学化与管理学的科学性[J]. 经济管理，2004（18）：4-8.

② 汤建民，邱均平. 评价科学在中国的发展概观和推进策略[J]. 科学学研究，2017，35（12）：1813-1820，1831.

中起到了支撑作用。虽然两学科间的互相借鉴丰富了管理类研究领域，但两者之间仍然是相互独立的存在，这不利于知识之间的有效交流和融合。如今信息量的猛烈增长以及学科研究的多样化、复杂化，使得学科门类之间没有十分明确的分类界限，各学科在不断趋于融合。评价与管理有着密不可分的联系，评价是管理中不可缺少的环节，因此评价科学应是高等教育中管理类专业学生不可或缺的一门专业教育课程。因此，应该将评价科学融入管理类教育之中，加强学科融合，推动两学科的共同发展，期望能够在不同观点的交流中碰撞出创新的火花。

一、将评价科学融入管理类教育

从战略思路上说，完善和发展一门学科的方法一般可以分为两种：一种是立足于学科自身角度去逐步完善；另一种则是通过借鉴其他学科成熟的理论和方法来完善自己。其中，第二种方法常常可以收到事半功倍的效果，但从哪些学科去借鉴则显然还要具体地分析这些学科和评价学科之间的内在联系。我们认为，管理科学作为与评价学相邻、相近的学科，是能为评价学科或评价科学提供新的洞见和支持的。就两个学科间的关系来说，一方面，评价本身就是管理过程中的一个环节，评价科学和管理科学有交叉领域的存在。评价的发展不可以脱离管理，管理是进行评价的基础，评价是管理的拓展和应用，为管理提供了新的发展动力。[①]另一方面，两者在学科性质、学科属性方面也高度相近，比如，两者的学科属性都可以用"弱科学性"或"既有科学性又有艺术性"等词或语句来概括，两个词语在很多场合和语境中相互替代使用在逻辑上也都行得通。评价科学已经成为数据分析和研究的必要手段和保证，已经成为管理的新模式和重要环节，被广泛应用于管理的不同研究领域，是管理的重要内容和目标。

（一）评价科学是进行管理活动的重要手段

科学评价广泛兴起的原因之一是由于管理的需求。管理的需求是指有关企业组织等评价主体需要对正在进行的项目或管理活动进行有效管理和实时控制。评价在管理活动中起着两大作用：①管理者需要通过评价及时、全面地了解管理活动的整个过程，对于活动有整体的把握，从而制订可行计划、进行人员及资源分配、督促并监督执行者顺利完成活动；在项目执行过程中，管理者也需要通过评

---

① 邱均平，文庭孝等. 评价学：理论·方法·实践[M]. 北京：科学出版社，2010，130.

价实时地掌握现实情况与预测情况之间的差距，提出问题的解决方案，并及时纠正。②在对项目的评价活动中，管理者要根据评价的结果综合当前所处环境条件因素，衡量项目实施的效果与可能性，从而决定项目是否实施或者是否需要调整。评价科学的出现，能够帮助管理活动更加有效地进行，同时减少了项目开始后又出现项目终止或调整带来的损失。因此，评价科学逐步发展为管理活动的重要手段。

（二）管理领域中的众多研究方法和技术是进行评价活动的重要工具

评价学的方法论是关于评价活动的途径、手段和方式的学说，研究评价方法的本质及其发生、发展、演变的规律与整体结构体系。管理方法体系中的许多研究方法主要包括定性方法中的同行评议法、案例研究法、德尔菲法、标杆分析法以及信息的搜集获取和数据处理方法、数据检索方法等，都被大量地应用在评价活动中，在科学评价、科学管理、科学决策以及科学预测等方面取得了优异的成果。其中，评价学中的信息获取与管理科学中信息获取的方法相似，都是通过评价信息的获取和处理实现评价数据的处理。评价信息是指用于评价活动中的各种信息的总称，包括关于评价主体、客体、中介的信息，评价数据往往隐含在评价信息之中，评价信息的获取常采用逻辑关系法、分类获取法、咨询法、对比法、追踪法等，通过多种途径和渠道收集信息，然后对数据信息进行甄别、筛选、整理、序化、加工和分析。在这个过程中，各种方法相互联系形成一个方法体系，由低级到高级对数据信息进行分层处理，使评价信息形成适合于科学评价利用的形式。①评价科学的发展需要管理研究方法的支持，而管理研究方法的发展为评价科学发展的科学性、合理性提供了基本保障。管理研究的技术也成为评价研究活动中不可缺少的手段，一些在管理领域不断发展的应用技术，如数据库、信息检索被直接应用到评价科学领域，形成网络评价、评价信息数据库等新的领域。管理领域的技术对于提高评价活动的有效性、准确性起到了重要作用。

（三）评价科学广泛应用于管理研究领域

评价学的内容体系可以分为理论研究、方法和技术研究以及应用与实践研

---

① 王宏鑫. 评价学：从实践到理论的飞跃——读《评价学：理论·方法·实践》[J]. 图书情报工作，2011，55（17）：138-143.

究。其中，理论研究包括科学评价活动的研究和评价学科建构的基本问题，方法和技术研究包括科学评价的技术研究和科学评价方法、工具的研究，应用与实践研究包括科学评价的应用案例研究和各行业、各学科领域内的科学评价应用研究。按照内容层次可分为宏观科学评价、中观科学评价和微观科学评价，其中宏观科学评价包括国家和政府的科学评价政策法规制定、体系建设、人才教育与培养、产业发展与管理，以及资源配置、调控、管理、开发、利用等，中观科学评价包括各类产业、机构、组织的评价，微观科学评价包括政府、企业、社会组织和个人以某一具体活动为对象的科学评价活动的实施、认识、评价指标体系建构、评价方法选择、评价信息的收集、评价结果的发布与利用等。

从管理研究领域来看，工商管理、企业管理等领域的管理类教育早期起源于其他学科的范畴，主要研究国家、产品和企业层面的竞争力问题，并运用各种指标对不同级别主体的竞争能力进行研究、比较和分析，被称为竞争力评价。竞争力评价是评价科学的一个方面，因此管理领域内的竞争力分析实质上是对评价科学的应用。科学评价是管理科学和科学管理过程中的重要组成部分。[①]科技评价是指对评价对象做出完整评价，将其评价信息交予管理与决策部门的一项政策性研究，是一项能够提高管理和决策水平的科技咨询活动，是科技管理的重要环节。科学评价作为科技管理与市场机制相结合的产物，是科技管理的必要手段和科学决策的重要依据。因此，有关政府以及科研部门从事管理工作，也需要学习评价科学知识。与此同时，信息管理科学领域有关评价问题的研究主要面对知识的产生、发布、传播、存储、利用，形成了文献计量学；科技管理领域有关评价问题的研究主要关注科技评价、项目评价、科研绩效评价、科技统计分析、技术经济评价；科学学领域有关评价问题的研究主要面对科学活动过程，形成了科学计量学；管理学领域有关评价问题的研究主要集中于综合评价和系统评价。[②]对近年来大数据进行研究的结果表明，"大数据研究方法"成为一个研究热点，评价科学的信息计量方法也是大数据研究方法之一。评价科学涉及大数据研究中的数据获取、处理、分析以及应用，主要作用是通过获取的数据信息进行定量研究，所得到的结果用来支持有需要的领域的信息资源优化和为规划提供定量依据。评价科学中的相关研究方法在大数据理论研究及大数据实践应用中越来越常见。

---

① 蒋国华. 关注科技实力的评估、指标和排序[J]. 南开管理评论，2000（3）：53-55，65.
② 吴新星. 国际化视野下管理学课程教学与实践研究[J]. 长春师范大学学报，2019，38（9）：186-188.

二、存在的问题分析

自21世纪到现在，被称为评价学的快速发展阶段，主要表现为评价研究成果数量迅猛增加，评价应用领域进一步拓展，评价的方法和工具日益先进，评价规模和复杂性程度都大为提高。然而，这主要是从评价实践开展的视角来说的，从学科建设的角度来看，目前仍然是初期。因为这些成果中从学科角度进行理论升华和系统研究的比例还不高，元问题层面的研究成果非常缺乏，学科建设的意识还不强。同时，目前我国各大院校在管理类课程教学中存在着教学模式单一、重理论而轻实践的问题，很难培养出管理实践能力较强的学生，无法满足国内外企业对应用型管理人才的需求。因此，当务之急是要对我国高等院校管理学课程的现有教学模式进行改革与创新，尝试将评价学与管理学进行融合，促进两个学科的共同发展。然而，在融合的过程中，仍存在许多尚待解决的问题，具体如下。

（一）管理类教育发展遭遇危机

我国高等院校有部分课程存在着重视理论知识的讲授与考核而忽略实践能力培养与训练的问题，管理学课程也不例外。管理学教育在课程设置上存在的主要问题包括课程结构不合理、教学形式单一、考核方式不灵活以及教学资源有失时效性等。[①] 在信息快速发展的今天，管理类教育尤其是信息管理教育遭遇了前所未有的危机，原因如下：一方面，是管理类教育在专业设置上有较大的自主权，不同类型的高校根据自身需求有不同的课程设置。虽然消除了因办学理念不同而造成的障碍，但导致各高校对于教育课程有所侧重，没有达到理论与技术兼顾的初衷，没能形成强大的合力和综合优势。另一方面，是大数据发展的冲击，信息技术发展迅速，令人目不暇接。信息技术对社会各个领域都产生了深远的影响，国家和社会的形势改变，社会对于管理人才的需求改变，人们应用技术的手段和方式改变，一些高校和学科快速做出反应，成立的新学科向大数据技术应用方向靠拢。根据教育部公布的数据，截止到2019年，我国已有480多所高校设置了数据科学与大数据技术专业。由此，管理类教育必须抓紧时间研究对策，进行教学改革，以应对环境变化和强大的竞争者。

---

① 吴新星. 国际化视野下管理学课程教学与实践研究[J]. 长春师范大学学报，2019，38（9）：186-188.

（二）评价科学对管理领域的关注较少

现代意义上的评价活动是指以科学研究活动为对象而进行的评价活动。其主要工作可以放在梳理和总结评价科学的演进历程和发展规律，构建评价科学的学科结构，界定评价科学和管理科学、设计科学、决策科学、领导科学、预测科学等相近、相邻、相似学科之间的关系，探寻评价科学新学科创生区位，分析评价科学学科创生发展的动力来源，提出评价科学的发展对策等方面。评价活动的出现是以评价活动开始进入政治、经济、管理与决策等社会活动领域为起点的。[①]对于评价活动，可以从多个层面展开研究，其中从各学科层面进行展开，主要应用在管理与决策领域，包括环境与状态评价、过程评价、结果及影响评价、绩效评价等。目前，人们对评价活动的关注焦点主要集中在经济学（资产评价）、科学学（科技评价）领域，对于管理领域的关注较少。

（三）管理学研究缺少评价科学研究方法的应用

管理学属于软学科的范畴，软学科是当前社会发展的必然产物，具有涉及学科多、范围广等特点。[②]信息时代的管理是国内外环境变化、短期与长期目标、政治、经济、社会、文化等因素交叉形成的系统性问题。它已成为比任何历史时期都复杂的系统工程，无法仅凭一门学科领域来解决。评价学的综合评价方法在管理学研究领域依旧适用。评价学的综合评价方法是指以现代信息技术与计算技术为基础，综合运用各种定性、定量方法进行多层次、多指标、多数据、可视化的评价的方法，包括层次分析法、多指标综合评价法以及知识图谱分析。其中，层次分析法是一种定性和定量相结合的多目标决策方法，它把复杂问题分解成若干组成因素，按支配关系形成层次结构，然后两两相比确定各因素的相对重要性，计算各因素的权重，并以此为基础实现对不同决策方案的排序。该方法适用于处理管理学中众多决策选择等相关问题。多指标综合评价法是根据评价政策导向、目标、对象特点，确定评价准则或原则，构建多层次的定性与定量指标相结合的评价指标体系与评价模型，请专门的评价小组或专家先对各项指标赋权，再对对象的相应指标打分，通过加权运算，结合其他的评价方法对评价对象进行评价与分析。多指标综合评价法适用于现实管理学中对于结果的控制方面。知识图谱分析是通过将应用数学、图形学、信息可视化技术、信息科学等学科的理论与

---

① 邱均平，文庭孝等. 评价学：理论·方法·实践[M]. 北京：科学出版社，2010，102.

② 金薇吟. 试论交叉学科的类型质及其生成因[J]. 学术界，2006（4）：93-98.

方法与计量学引文分析、共现分析等方法相结合，并利用可视化的图谱形象地展示学科的核心结构、发展历史、前沿领域以及整体知识架构达到多学科融合目的的现代理论。因此，对于管理问题的研究需要结合多学科方法，利用系统分析、定性定量相结合等方法，而目前应用的研究方法较单一，大多只是考虑统计学、经济学领域的相关方法，忽视了对评价科学的应用。

（四）评价科学较少融入管理类教育

目前，只有极少数高校的管理类教育中加入了评价科学相关课程，而加入的课程也没有做到与管理学充分结合。以杭州电子科技大学为例，管理类教育在本科教育中被分为工商管理、管理科学与工程两个大类，其中工商管理细分为工商管理、市场营销和人力资源管理三个方向，管理科学与工程细分为信息管理与信息系统、工业工程、电子商务和物流管理四个方向。在这两大类共七个方向中，仅有信息管理与信息系统和电子商务专业下设信息计量学教育必修课程。可见，信息计量学作为评价科学的相关课程，虽然在课程设置中有所涉及，但在各专业中设置比例低。评价科学除了是信息管理类的必修课以外，也是工商管理等专业在研究中的重要手段，高校在分析自身需求进行教学改革时，应该对评价科学的课程设置比例进行调整。另外，要保持和推动一门学科的持续发展，源源不断地培养一支专业化的教学和科研队伍是最重要的条件之一，而要达到这个条件，就需要使这个学科进入国家的高等教育招生专业目录。事实上，近年来，在研究生招生目录自设专业方面的工作已经取得了一定的进展，很多高校已经自主设置了与评价学相关的专业，如东北师范大学的"教育统计、测量与评价"（专业代码0401Z4）、四川师范大学的"土地利用管理与评价"（专业代码0705Z2）、大连理工大学的"材料无损检测与评价"（专业代码0805Z3）、山东科技大学的"矿山评价技术及工程"（专业代码0819J2）、四川大学的"临床药物与器械评价学"（专业代码1002Z3）、武汉科技大学的"食品药品安全风险评价"（专业代码1004Z2）、天津中医药大学的"临床评价"（专业代码1005Z1）等。可以看出，尽管该方面取得了一些进展，但是在管理方向的招生中依旧没有出现评价学相关专业。

三、融合发展

通过考察管理学的发展脉络可以发现，多学科交叉的跨学科方法几乎贯穿了整个管理学的发展历程，管理学就是在不断吸收、借鉴其他学科的研究方法的基础上发展起来的。对管理学发展造成重大影响的路径或者方法应该是其他学科的概念、模型、方法和技术在管理学中的移植，赋予了管理学多学科移植性的特点。正是管理学研究的多元学科借鉴促使管理学研究学者从不同的方向、不同的层面、不同的角度和采用不同的研究方法进行研究和探索，使得管理理论的研究层面十分广泛。[①] 同时，没有科学的评价，就没有科学的管理，评价与管理之间密切的关系也表明，在评价科学的发展过程中，借鉴管理科学的发展经验不仅是可行的，而且是必要的。

（一）注重评价与管理学科课程融合

管理类教育中学科之间的知识交融与整合是各高校一直向往却未达成的目标。[②] 该类教育中存在多种学科方法的借鉴，这不会影响管理学的理论体系和规范机制，反而会避免管理学呈现出一种"老态"。[③] 管理类教育忽视了信息获取或数据分析、管理研究方法等技术与研究方法的课程教学。近年来，社会对数据分析、人工智能应用人才的需求激增，因此笔者建议在对管理类教育教学进行改革时加入评价科学的课程教学，注重其课程知识与其他管理课程之间形成连接网络，保证各课程相互融合。由此，笔者建议管理类教育教学改革中加入评价科学的课程教学，注重其课程知识与其他管理课程之间形成连接网络，保证各课程相互融合。在学科课程融合方面，可以向国外高校学习和借鉴，耶鲁大学商学院在课程设置中做到了注重课程基本知识教学与其他课程的联结，帮助学生学会将多种学科联系在一起。国内高校在构建新的管理教育学科体系时，也可以学习国外高校的学科网络形态，形成跨学科、多核心的新模式。

（二）增加评价科学技术方法型课程的教学

随着数字化水平的提高，评价活动的科学化程度也日益提高，评价理论和研究方法日益成熟，评价方法逐步从定性评价向定量评价，再向定性与定量相结合的综合评价转化。管理学的研究方法就是指人们在管理过程中进行的人事管理活动或现象，解决管理问题过程中运用的方式、法则、手段和规范的总和。评价的

---

① 张媛媛. 管理学多学科交叉的研究方法[J]. 现代管理科学，2009（4）：95-96.
② 郑腾豪，王凤彬，王璁. 管理学科体系的网络分析[J]. 管理评论，2018，30（10）：196-206，237.
③ 张媛媛. 管理学学科属性的定位——基于交叉学科的视角[J]. 社会科学管理与评论，2008（3）：17-25.

定性与定量研究方法也是管理学中应当涉及的研究方法，是管理类专业学生必须具有的知识储备，而当前各高校在该方面的课程设置还很少。基于当前管理类教育面临的"危机"，高校应当及时制定应对措施，调整教育培养目标，重新设置教育课程和教学内容，提高对输出的重视程度，保证学生在充分学习理论型课程的同时，提高技术方法型课程的摄入比例，注重对具有实践能力和综合能力的人才的培养，从而满足数字时代对管理类专业实用型人才的需求。

今天，数字经济已发展为主体经济的核心部分，各个领域出现跨界融合趋势，技术逐步向智能化发展，数据分析成为重要生产力，教育改革逐渐迈向智慧教育阶段。学科教学改革要顺应时代发展和数字信息时代发展的大趋势，依据社会对管理类专业毕业生的需求条件，充分考虑学生的职业发展和知识储备需求，努力做到以学生为中心、以社会需求为中心设置教育课程以及教学内容。管理与评价已经密不可分、融为一体，将评价科学融入管理类教学逐渐成为新的发展趋势。管理类教育应该做到与评价科学等相关学科进行横向联系，培养学生综合运用多学科知识与方法解决现实问题的管理能力，在此基础上，管理教育应当主动加强与其他相关学科的沟通与合作，共同创建新的学科平台和学科发展生态链。

第五节 评价科学的教育效果

目前，对评价科学有两种理解，即有广义和狭义之分。广义的评价科学覆盖的范围非常广泛，囊括了各行各业、各学科领域、各层次、各种类型的评价。狭义的评价科学是指以科学活动（指广义的科学活动，即包含科学和技术）和科学研究活动为对象的评价，它覆盖的范围比较狭窄，主要是对与科学研究活动有关的人、事、物的评价，意指"评价科学或科学研究"[1]，包括科学出版物评价（或称文献评价，包括对论文、期刊、著作、专利、标准、数据库等的评价）、科研机构评价（包括科研机构评价和大学评价等）、科研工作评价（包括科研计划评价、科研项目评价、科研成果评价、科研投入与产出评价、科研绩效评价、科研能力评价、科研人员评价、科研管理评价、科研政策评价等）、科技评价（包

---

① 汤建民. 加快构建和发展我国的评价科学[N]. 中国社会科学报，2018-09-25（1）.

括科技计划、科技项目、科技机构、科技人员、科技成果、科技政策和科技管理等的评价）和学科评价（包括学科发展的阶段、现状、水平、前景、学科结构及学科之间的相关度等的评价）等。评价科学的教育管理正处于摸索实验阶段，客观评价其教育效果对于推动评价科学的发展有着重要意义，因此本节重点研究评价科学的教育效果。

一、评价科学的教育效果评价

为了更直观、具体地分析评价科学的教育效果，我们选择 CNKI 中的博硕论文数据库，以"评价学""评价科学""科学评价"为检索词进行主题检索，检索时间为 2020 年 3 月 2 日，剔除不完整的文献后，共得到 698 篇文献。然后，借助文献分析法，从关键词、发文机构、作者这几个方面对这 698 篇博硕论文进行分析。文献分析法是指搜集、鉴别、整理某一研究主题的相关文献，并对其进行系统性的分析，以此获取信息，进而形成对事实科学认识的一种研究方法。[①]

（一）关键词分析

在统计这 698 篇博硕士论文的关键词分布情况的基础上，笔者选择了排名前20 的关键词，用 Excel 绘制成图 7-2，横坐标代表论文中出现过的关键词，纵坐标则代表文献数量。从图 7-2 可以看出，排名前 20 的关键词可根据对应的文献数量大致分为四类。第一类为超高频次关键词，包括关键词"指标体系""评价指标"，两者的出现频次非常高，分别在 99 篇和 96 篇论文中出现过，这意味着"指标体系""评价指标"在评价科学领域具有极其重要的地位，同时也是该领域的热门研究主题。第二类关键词的出现频次比第一类关键词少了近一半，包括"层次分析法""学习过程""问卷调查""评价方法""综合评价"。关键词"硕士学位论文"的出现频次为 33，考虑到很可能是因为该词是必须添加的关键词，因此不予讨论。第三类包含的关键词有"引文分析""教学效果""文献计量""科研评价""小学科学""科学探究能力"，这些关键词在文献中出现的频次在排名前 20 的关键词中处于平均水平。第四类关键词的出现频次最小为 14，最大为 16，包括"成果评价""科学素养""人文社会科学""科研成果""学术

① 黄李辉，阮永平. 文献分析法在我国管理会计研究中的应用——基于 33 篇样本文献的分析[J]. 财会通讯，2017（4）：39-43.

评价""评价体系"。笔者发现,随着涵盖范围的扩大,关键词出现的频次往往有降低的趋势,最后一类中的关键词包含的范围普遍较大,其在文献中出现的次数则较少。

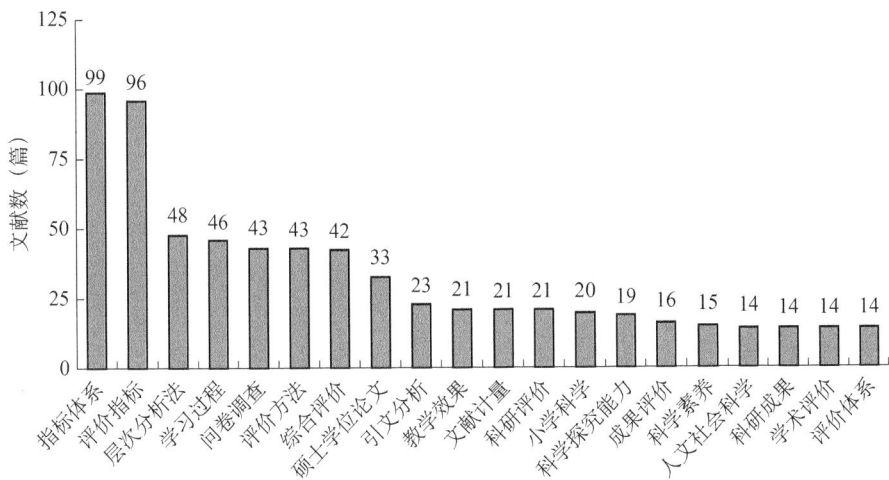

图7-2 评价科学相关文献关键词分布

评价体系的建立和完善必然需要借助科学的方法,其中层次分析法、问卷调查、引文分析、文献计量等均是计量领域常见的分析方法,同样适用于评价科学的研究。从图7-2来看,也有不少文献中使用了上述几种分析方法来研究评价指标。另外,与教育密切相关的关键词在评价科学的博硕论文中数量较多,且出现频次也较高,如"学习过程"出现46次,"教学效果"出现21次,"小学科学"出现20次。由此可以推测,在利用分析方法建立评价体系之后,必然是将该评价体系应用到具体实例中来检验其效果,以便在实践中探索理论的可能性,而教育研究在这方面发挥了重要作用。

(二)发文机构分布

2020年3月,笔者对博硕论文的发文机构分布情况进行了统计,最终选择发文量排名前20的机构进行重点分析,如表7-2所示。

表7-2 博硕论文的发文机构排行

排名	发文机构	发文量（篇）	排名	发文机构	发文量（篇）
1	华东师范大学	35	3	大连理工大学	20
2	华中师范大学	31	4	山东师范大学	15

续表

排名	发文机构	发文量（篇）	排名	发文机构	发文量（篇）
5	西南大学	15	13	武汉大学	9
6	吉林大学	15	14	辽宁师范大学	9
7	陕西师范大学	14	15	湖南大学	8
8	南京师范大学	12	16	苏州大学	7
9	东北师范大学	11	17	天津大学	7
10	河南大学	10	18	上海师范大学	7
11	华南理工大学	10	19	湘潭大学	7
12	华中科技大学	9	20	福建师范大学	7

可以看到，评价科学中教育论文的高产主体为国内众多知名大学，其中以师范类大学为主，排名前20的机构中师范类大学的比例占了近1/2，排名前10的机构中师范类大学更是占了 6 成。发文量排名第一的是华东师范大学，它是我国重点大学，位列世界一流大学 A 类建设高校，是"985工程""211工程"高校；华中师范大学排名第二，它是教育部直属重点综合性师范大学，国家首批"双一流"世界一流学科建设高校，国家"211工程""985工程优势学科创新平台"重点建设院校，同时也是国家培养中、高等学校师资和其他高级专门人才的重要基地。

事实表明，以上两所师范大学均拥有较为优良的教育环境和教育体制，这在很大程度上保证了学生在评价科学上的学习效果，有效促进了评价科学的理解和传播，从而创作出更多优秀的作品。此外，发表评价科学教育论文较多的师范类大学还包括山东师范大学、陕西师范大学、南京师范大学、东北师范大学、辽宁师范大学、上海师范大学、福建师范大学。可见，术业有专攻，师范类学子在评价科学教育方面的研究成果较多，因此在发表博硕论文篇数排名前20的大学中，师范类大学就有9所，且排名第一位和第二位的机构均为师范类大学，其中华东师范大学拥有的博硕论文数量为35篇，而华中师范大学则有31篇。

评价科学中教育论文的发文量排在第三位的机构是大连理工大学，它是教育部直属的全国重点大学，是国家"双一流"大学 A 类建设高校，是"985工程""211工程"重点建设高校，师资力量均可与排名前两位的机构匹敌，学生在评价科学教育方面的成果颇丰，博硕论文累计发文量达到20篇。在前20的排行中，同属于理工类大学的发文机构还有排名第11位的华南理工大学，该校是教育部与广东省人民政府共建的全国重点大学，"211工程""985工程"高校，"双一流"

高校，倡导以工见长、理工结合，具备综合性研究发展的基本条件，为评价科学的教育研究工作的开展提供了良好的基础。

综合型大学也属于评价科学教育研究的高产机构，如西南大学、河南大学、苏州大学、湘潭大学。西南大学是"世界一流学科建设"高校，截止到2020年4月，西南大学有53个一级学科，涵盖了哲、经、法、教、文、史、理、工、农、医、管、艺等12个学科门类，其中有3个国家重点学科、2个国家重点（培育）学科，28个一级学科具有博士学位授予权，51个一级学科具有硕士学位授予权，有1种专业博士学位、19种专业硕士学位，另有博士后科研流动站（工作站）22个。① 可以认为，西南大学的学科建设处于稳步发展状态，这种环境促使评价科学的教育研究实现跨学科交流与实践具有了可能性，能取得更好的教育效果。

吉林大学、武汉大学、湖南大学等综合性研究型大学也是评价科学的教育研究的主力军，其中吉林大学发文量排名第6位，武汉大学位于第13位，湖南大学位于第15位。吉林大学入选国家创新人才培养示范基地、全国深化创新创业教育改革示范高校，是首批建立研究生院的22所大学之一，是亚太国际教育协会、21世纪学术联盟的重要成员。截止到2020年3月，武汉大学共有4个校区，设有人文科学、社会科学、理学、工学、信息科学、医学、跨学科7大学部34个学院（系），开设有123个本科专业。② 截止到2021年12月，湖南大学设有27个学院，学科专业涵盖11大门类，拥有本科招生专业74个。③ 总体而言，这类综合性研究型大学有着较为全面、完善的学科发展条件，有利于结合其他相关领域进行评价科学的教育研究。

华中科技大学、天津大学这两所高校在评价科学教育方面的研究也不逊色于师范类院校，同样产出了不少优秀的评价科学教育的硕博论文。对于理工类学校来说，坚持深化教育改革，进一步实施素质教育，使人文教育与科学教育协调配合是重点。河南大学和湘潭大学虽然是两所"双非"院校，但是两所院校的教育与法律专业是学校的王牌专业，自然对评价教育科学的研究也比较深入，在这一领域发表的论文也不少。总的来说，师范类院校对于评价科学教育的研究是最为深入的，其次是综合类、理工类的"985工程""211工程"院校，以及以教育或者法律为王牌专业的普通高校。

---

① 西南大学. 简要介绍［EB/OL］. http://www.swu.edu.cn/xxgl_jyjs.html［2021-11-15］.
② 武汉大学. 学校简介［EB/OL］. http://www.whu.edu.cn/xxgk/xxjj.htm［2021-11-15］.
③ 湖南大学. 学校简介［EB/OL］. http://www.hnu.edu.cn/hdgk/xxjj.htm［2021-12-15］.

（三）作者分析

如图 7-3 所示，大连理工大学的迟国泰在评价科学方面的研究最为积极，发文最多，发文量是排名第二作者的两倍多。迟国泰毕业于大连理工大学，获管理科学与工程博士，毕业后留校，是大连理工大学教授、硕士生导师、博士生导师。发文量排名并列第二的作者分别是东北师范大学的郑长龙、武汉大学的邱均平、华东师范大学的范并思、华东师范大学的郑晓蕙、合肥工业大学的李兴国，这些作者发表的论文为 3 篇。邱均平教授主要从事图书情报学、信息计量学和评价学的教学与研究工作，特别是在文献计量学、科学计量学与网络计量学、科学评价与大学评价等方面有精深的研究，评价科学方向的代表性著作有《中国大学评价报告》《中国研究生教育评价报告》《大学评价与科研评价》等。郑长龙是东北师范大学化学系的教授，科学教育哲学研究为其主要科研方向之一，"科学教育哲学研究"这门博士生课程就是由郑长龙教授讲授的。

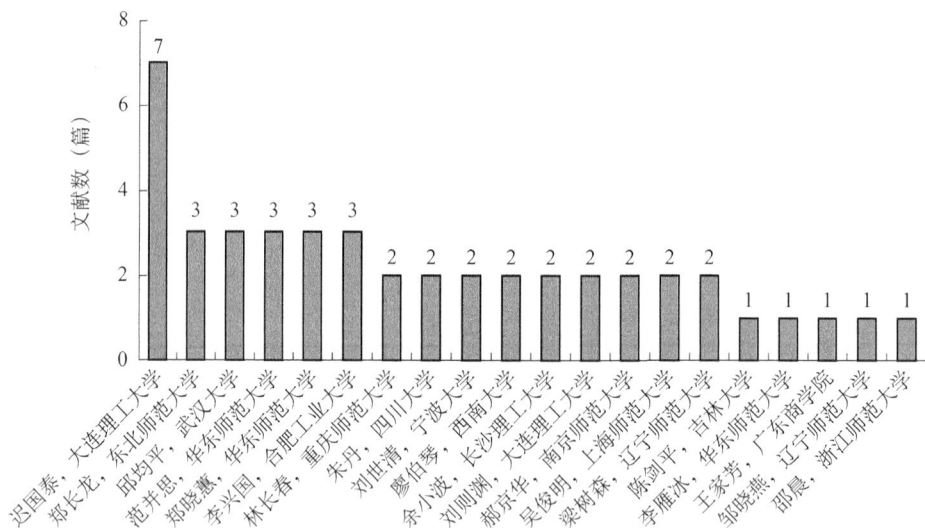

图7-3　作者发文情况统计

注：余小波现在就职于湖南大学

发文量排名前 3 位的作者所属机构中，师范类大学共有7所，理工类大学共有2所，其中大连理工大学出现2次，同样出现2次的机构还有华东师范大学，其他机构还包括武汉大学、合肥工业大学、四川大学、宁波大学、西南大学。由此可见，评价科学教育在很多高校都有涉及，学生对评价科学有自己的理解与认识，甚至由此引发出一系列思考，并取得了部分创造性成果与应用。可以说，评价科学的教育效果毋庸置疑，当然也还有进一步发展的空间，评价科学的魅力有待进一步发掘。

二、评价科学教材

（一）邱均平团队评价科学教材

邱均平是当代著名情报学家、评价管理专家，中国文献计量学的奠基人之一，长期从事高等教育评价和研究工作。现任杭州电子科技大学教授、博士生导师，中国科学评价研究中心创始人、首席专家和评价品牌负责人，中国教育质量评价中心主任，享受国务院政府特殊津贴。其主持并完成了国家社会科学基金重大项目、国家自然科学基金资助项目等30余项，出版了《文献计量学》《科学计量学》《信息计量学》《网络计量学》《知识管理学》《知识计量学》《大学评价与科研评价》等著作60多部；在《情报学报》、《中国图书馆学报》、*Scientometrics*等国内外重要期刊上发表论文600多篇，其中有80余篇获奖或被《新华文摘》《人大报刊复印资料》全文转载。获教育部科学研究（人文社会科学）优秀成果二等奖、三等奖，湖北省社会科学研究优秀成果省级一等奖3项和湖北省科技进步奖等36项。

《教育评价学：理论、方法、实践》是武汉大学中国科学评价研究中心和武汉大学中国教育质量评价中心以邱均平为主的师生多年从事文献计量学、信息计量学、科学计量学、网络计量学、知识计量学和教育评价学等教学与科研的结晶与升华。[①]《教育评价学：理论、方法、实践》从理论、方法、内容和应用等四个方面全面系统地构建和阐述了教育评价学的基本内容。理论和方法部分主要包括教育评价学的理论基础、方法论概述和指标体系等。内容和应用部分主要包括教师评价、学生评价、课程评价、学科专业评价、学校评价等。教育评价学的研究在教育学、评价学、科学计量学、文献计量学、科学学等领域都具有广阔的应用前景。

《人文社会科学评价理论与实践（上、下册）》包括人文社会科学评价理论、人文社会科学评价体系和人文社会科学评价实践三个方面的内容[②]，可供管理类专业，如信息管理、情报学、科技管理、科技评价、公共管理、管理科学与工

---

① 汤建民，邱均平. 评价科学在中国的发展概观和推进策略[J]. 科学学研究，2017，35（12）：1813-1820，1831.

② 汤建民. 建构和发展我国的评价科学[J]. 西南民族大学学报（人文社科版），2019，40（1）：227-233.

程、教育评价与管理等许多专业的高校师生以及各级管理和决策人员、科技工作者、社会科学工作者及广大科研人员阅读和使用。

（二）《竞争力评价》教材简介

《竞争力评价》是由胡昱、马秀贞撰写的，该书依据"研究综述→理论分析→评价指标→评价方法→实践分析"的思路，分别从国家竞争力、地区竞争力、产业竞争力、城市竞争力以及企业竞争力五个层面对竞争力进行了系统的分析与评价；在界定竞争力五个层面的定义的基础上，给出了五个层面竞争力理论的各种分析模型、评价原则、评价指标和评价方法，最后对国内外各层面竞争力评价的实践进行了概括和总结。

国家竞争力的测算包括经济总量、经济效率、经济结构、发展潜力和创新能力五个方面的指标。在全球化的环境下，过去那种自主发展的模式已经不复存在了，各国必须竞争才能发展。政府无疑在国家竞争中扮演着关键的角色。如果政府能在全球化的经济中知己知彼，准确把握经济发展方向，创造出有利于经济发展和私人企业获利的经济环境，就能在国际经济中立于不败之地。作者通过对各国经济发展史的分析、对全球各地企业高管以及政府官员的访谈，以生动活泼的方式检验了世界主要国家和地区政府战略的成败。读者尤其是企业可以根据作者梳理的各国发展轨迹，推断它们的经济发展前景，做出更恰当、合理的投资决策。针对目前经济波动、全球经济发展方向不明的情况，该书可谓是拨开迷雾之作。

对地区竞争力的研究和评价，必须选择相应的指标。该书从竞争力内涵及系统构成出发，按照系统性、层次性、可行性、可比性和指标量化性等原则，建立了由三大模块（核心竞争力、基础竞争力和环境竞争力）、八大要素（经济实力竞争力、产业竞争力、对外开放竞争力、人力资本竞争力、基础设施竞争力、科学技术竞争力、区域管理竞争力和生态环境竞争力）、30个项目、84个指标构成，涵盖了竞争实力、竞争潜力和竞争环境等三大系统结构的地区竞争力评价指标体系。

产业竞争力的实质是产业的比较生产力。产业竞争力比较的范围是国家或地区，产业竞争力是一个区域的概念。因此，产业竞争力分析应突出影响区域经济发展的各种因素，包括产业集聚、产业转移、区位优势等。在产业竞争力研究上，具有一套专业的评价指标体系，包括显性指标、隐性指标、与市场营销有关的各项指标、与企业组织管理有关的各项指标、间接原因指标、需求因素类指标、相关产业因素、企业战略、结构和竞争状态因素指标等。从产业整体竞争力的角度来看，一个国家的产业是否有竞争力，主要是由技术革命和技术创新、经济发展阶段、产业资源、产业政策和市场规模五个因素决定的。技术革命决定了一个产业在人类历史长河中的兴衰，它不因一国一地的特殊情况而改变其总的演变趋势；一国经济所处的发展阶段决定了这个国家哪些产业存在比较优势，容易产生有竞争力的企业，哪些产业的企业成为有竞争力的企业的条件还不具备；国家相关资源的余缺决定了有潜力成为有竞争力产业的发展顺序和发展路径；产业政策能够影响、促使甚至在一定程度上决定某个产业有竞争力或丧失竞争力；市场规模则决定了这个产业的最终竞争潜力。这五个因素共同决定了一个产业的整体竞争力。

城市竞争力是近几年在国外兴起的城市管理新课题，包括城市潜在竞争力——城市资源经营；城市核心竞争力——城市产业；城市综合竞争力——城市环境与管理；城市未来竞争力——城市发展战略。城市竞争力是在社会、经济结构、价值观念、文化、制度政策等多个因素的综合作用下创造和维持的，是城市为其自身发展在区域内进行资源优化配置的能力。其具有五大特征：系统性、动态性、相对性、开放性与差异性。因此，培育城市竞争力可以从一定区域内城市的差别优势出发，权衡自身在区域的角色定位，把城市间的纯竞争关系转变为竞争-合作关系，形成优势互补、相互促进、共同发展的"双赢"局面。

（三）《项目评价》教材简介

《项目评价》是由董华撰写，该书对项目评价的相关概念、基础理论与方法、基本原理以及基本指标的计算方法进行了详细的介绍，结合不同行业的项目评价案例，详细阐述了相关项目评价的基本内容与方法，以及项目的选择评价、综合评价、过程评价和后评价的有关理论与方法。《项目评价》可作为高等院校相关专业的教材，也可作为工程技术人员、项目管理人员、政府管理部门以及投资和咨询机构管理、业务人员的参考书。

项目评价的基本内容包括净现值、现值指数、内含报酬率。净现值是指特定投资方案引起的未来各年现金净流量折成的现值总和，或指特定项目未来现金流入的现值与未来现金流出的现值之间的差额。它反映了一个项目按现金流量计量的净收益现值，是一个绝对数指标，在比较投资额不同的项目时有一定的局限性。现值指数是指特定投资方案引起的未来现金流入的现值与未来现金流出的现值之间的比值，是相对数，反映了投资的效率，消除了投资额的差异，但是没有消除项目期限的差异。内含报酬率是指能够使未来现金流入量现值等于未来现金流出量现值的折现率，或者说是使投资方案净现值为零的折现率。其计算方法包

括 "逐步测试法""年金法"，前者适合于各期现金流入量不相等的非年金形式，后者适合于无筹建期，而且经营期各年现金净流量相等的情况，符合普通年金形式，可直接利用普通年金现值系数表来确定与该年金现值系数相邻的两个折现率，然后根据内插法即可计算该方案的内含报酬率。内含报酬率是根据项目的现金流量计算的，是项目本身的投资报酬率。

项目评价的辅助方法包括静态回收期和动态回收期。静态回收期是指收回全部原始投资所需的时间。其优点在于计算简便，容易为决策人正确理解，可以大体上衡量项目的流动性和风险。其缺点则是忽视了时间价值，把不同的货币收支看成是等效的，没有考虑回收期以后的现金流，也就是没有衡量盈利性，还会促使公司接受短期项目，放弃有战略意义的长期项目。动态回收期是指投资项目在考虑资金时间价值的前提下，收回全部原始投资所需要的时间，即在给定折现率的前提下，能使净现值等于零时的年限。动态投资回收期=M+第 M 年尚未收回的投资额的现值/第 M+1 年现金净流量的现值。动态回收期克服了静态回收期不考虑时间价值的缺点，但依然没有考虑回收期以后的现金流，不能衡量盈利性。

（四）《投资环境评价》教材简介

《投资环境评价》是由王庆金、马浩、王磊撰写的，该书阐述了投资环境评价的内涵、特征和原则，建立了投资环境评价指标体系，论述了投资环境评价方法及投资环境评价的一般流程，介绍了国内外投资环境评价现状与发展，并提出了改善我国投资环境的对策建议。

投资环境评价是指对外投资者在广泛搜集资料的基础上，对目标投资国有关外资运行的各项基本条件进行评价和衡量，分析其优劣、利弊及具体特点，为制定跨国进入策略、经营策略以及其他投资决策提供依据，为投资项目的可行性研究奠定基础。评价投资环境的各项资料和指标的来源大致如下：①通过实地考察来取得。通过这一途径获得的资料准确性高，但在异国他乡开展这样的调查成本高，花费的时间长。②通过各种出版物和有关信息与咨询机构来获得，例如，世界银行和联合国提供的有关统计资料，东道国提供的国情统计资料、年鉴、经济刊物、法律文本以及有关银行提供的资料。这样获得的资料准确性不及前者，但花费的时间和开支会减少。最佳方法是通过第二条途径获得总体资料，然后展开少量的实地调查进行局部补充。各投资企业在实力、经营策略、投资方向等诸多方面存在很大差别，不同投资活动对投资环境各要素的敏感程度也很不一致。因此，各个国际投资者评价东道国投资环境的方法与侧重点不相同，使用比较普遍的环境评价方法有国别冷热比较法、评分法等。

（五）《战略评价》教材简介

《战略评价》是由李文明撰写的。战略评价是指检测战略实施进展，评价战略执行业绩，不断修正战略决策，以期达到预期目标。战略评价包括三项基本活动：考察企业战略的内在基础；将预期结果与实际结果进行比较；采取纠正措施以保证行动与计划的一致。

该书首先从总体上对战略和战略管理的概念、原则、特点、内容、研究进展等进行了分析，然后专门针对战略评价这一战略管理特定工作环节进行了深入的剖析和细致的梳理，逐一分析战略评价的主体要素、客体要素、信息要素、手段要素，以及战略评价的设计阶段、组织阶段、实施阶段和反馈阶段。在此基础上，该书结合实际案例详细介绍了系统性战略评价、总体战略评价两种特殊的评价方法与理念，企业战略评价、区域性战略评价和国家战略评价等几种具体的战略形式及其要旨。

战略评价可以从五方面入手：一致性、和谐与适合性、可行性、可接受性、优势性。日本战略学家伊丹敬之认为，优秀的战略是一种适应战略，它要求战略适应外部环境因素，包括技术、竞争和顾客等。①

同时，企业战略要适应企业的内部资源，如企业的资产、人才等；再者，企业的战略也要适应企业的组织结构。企业战略应该能把企业的各种要素巧妙地组合起来，使各要素产生协同效果。美国战略学家斯坦纳·麦纳认为，评价战略时应考虑6个要素：①战略要有环境的适应性；②战略要有目标的一致性；③战略要有竞争的优势性；④战略要有预期的收益性；⑤战略要有资源的配套性；⑥战略要注意规避其风险性。英国战略学家理查德·努梅特提出了可用于战略评价的四条标准：一致、协调、优越和可行。协调与优越主要用于外部评价，一致与可行则主要用于内部评价。②

---

① 转引自：李福海. 战略管理学[M]. 成都：四川大学出版社，2004，35.
② 转引自：李福海. 战略管理学[M]. 成都：四川大学出版社，2004，38.

第八章

评价科学应用

第一节　评价科学应用领域

在现实生活中，已经出现了"三百六十行，行行在评价；东西南北中，处处在评价；昨天和今天，天天在评价；赞扬和贬低，人人议评价"的评价大环境。当然，评价在人类活动中的重要地位和作用虽然自古以来就如此，但其还是随着现代社会的加速发展而同步呈现出越来越受重视、越来越占据重要位置的发展趋势。具体表现为：在评价的应用领域，除了日常生活中的一些评价外，政治、经济、教育、环境、资源、军事等各行业、各学科领域，只要是人类关注的对象，无论是人、财、物还是某个事件，以及各行各业中的各种新产生的人为事、人工物，都无不成为评价科学的应用领域，尽管在应用的广度上有宽和窄、深度上有浅和深、成熟度上有初步和相对完美等方面的显著差别，但一切都正在扩展和变化中。

考虑到以期刊论文、图书专著等为表征的研究成果是观察和衡量一门学科、一个学科群组或学科门类发展状况的最重要测度，下面从期刊和图书两个视角来观察我国评价科学应用领域近年来的发展广度和深度。

一、从期刊论文看评价科学应用领域的发展

为了能够从宏观上比较完整地反映出当前我国评价科学的应用领域版图，我们选择中国知网的"中国学术期刊（网络版）"作为数据源，以"评价"作为检索词进行"篇名"的"精确"检索，时间样本选择2015年，下面从三个视角展开分析。[①]

第一个视角是对论文的学科领域分布进行考察，主要分布在环境科学与资源利用（2845）、建筑科学与工程（1199）、地质学（1065）、石油天然气工业（1059）、公路与水路运输（940）、水利水电工程（713）、矿业工程（576）、安全科学与灾害防治（525）、农业基础科学（520）、电力工业（500）、农作物（479）、计算机软件及计算机应用（435）、临床医学（3193）、心血管系统疾病（1039）、肿瘤学（919）、外科学（873）、医药卫生方针政策与法律法规研究（789）、预防医学与卫生学（690）、医学教育与医学边缘学科（676）、中医学（675）、药学（652）、内分泌腺及全身性疾病（643）、妇产科学（608）、儿科学（444）、中药学（439）、神经病学（430）、农业经济（1114）、宏观经济管理与可持续发展（1583）、工业经济（1300）、企业经济（1645）、经济体制改革（609）、会计（560）、轻工业手工业（546）、金融（527）、旅游（400）、高等教育（2142）、职业教育（1017）、教育理论与教育管理（584）、中等教育（536）、外国语言文学（555）及其他（2085）等专业。

研究论文的分布主要可归为5个大类，即自然科学类、医药卫生类、经济和管理类、教育类、其他类。其中自然科学类主要包括环境、资源、建筑、地质、石油天然气、运输、水利水电、矿业、灾害防治、农业、电力、农作物、计算机等行业领域，论文合计10 856篇；医药卫生类主要包括临床医学、心血管、肿瘤、外科、医药卫生方针政策与法律法规、预防医学与卫生学、医学教育与医学边缘学科、中医学、药学、内分泌腺及全身性疾病、妇产科学、儿科学、中药学、神经病学等，论文合计12 070篇；经济和管理类主要包括农业经济、宏观经济管理与可持续发展、工业经济、企业经济、经济体制改革、会计、轻工业手工业、金融、旅游等，论文合计8284篇；教育类主要包括高等教育、职业教育、教育理论与教育管理、中等教育等，论文合计4279篇。此外，还有其他领域的一些论文，如外国语言文学等，由于数据库并没有列出所有论文的学科分类，因此对一些论文数量偏小的学科也没有提供准确的数据，笔者估计这部分领域的论文总

---

① 潘瑶珍. 科学教育中的论证教学[D]. 上海：华东师范大学，2013，65-66.

量可能在10%—20%。客观地说，中国知网期刊全文数据库的学科分类体系的系统性、科学性、严密性等还存在某些不足，但仍可以为评价研究论文的学科领域分布提供一个大致的参考。

第二个视角是对论文的高频关键词进行统计。其方法是通过中国期刊全文数据库检索并下载篇名中包含"评价"的论文题录数据，然后计算出每个关键词的频次。考虑到数据下载的工作量限制，并为了尽量保证数据的质量，我们在期刊选择上加上了"核心期刊"这个条件，这样共检索得到了2015年的10 445篇论文的数据。

经计算，发现评价研究论文的关键词种类非常广泛，共出现了27 661个关键词，表8-1列出了频次在20次及以上的前138个高频关键词。

表8-1　评价研究论文中的高频关键词

关键词	频次	关键词	频次	关键词	频次	关键词	频次
评价	525	综合评价	319	指标体系	313	层次分析法	306
评价指标	245	绩效评价	199	评价体系	192	重金属	184
评价指标体系	156	系统评价	155	主成分分析	149	评价方法	142
质量评价	140	风险评价	138	Meta分析	130	模糊综合评价	120
评价模型	118	安全性	105	因子分析	99	聚类分析	81
模糊综合评价法	70	熵权法	64	土壤	62	效果评价	62
数据包络分析	60	安全评价	58	随机对照实验	55	临床疗效	55
评价标准	52	GIS	51	水质评价	49	疗效	48
影响因素	47	学术评价	46	熵值法	44	稳定性	44
生态风险	42	因子分析法	42	沉积物	41	熵权	40
AHP	39	性能评价	39	危险性评价	39	影响因子	38
学生	38	图像质量评价	37	期刊评价	37	磁共振成像	37
安全性评价	37	疗效评价	36	健康风险评价	36	营养成分	36
污染评价	36	总被引频次	34	定量评价	34	超声心动描记术	34
模型	33	道路工程	33	生态风险评价	33	人文社会科学	31
土地利用	31	BP神经网络	30	权重	30	主成分分析法	30
生命周期评价	30	竞争力	30	交通工程	30	DEA	29
指标	29	云模型	29	动态评价	29	教学质量	28
效度	28	健康评价	28	组织工程	28	效率评价	27
健康教育	27	可持续发展	27	层次分析	27	灰色关联度	27

关键词	频次	关键词	频次	关键词	频次	关键词	频次
高校	27	环境影响评价	27	信度	26	抗旱性	26
健康风险	26	适宜性评价	26	平衡计分卡	26	植入物	26
地下水	25	模糊数学	25	有效性	25	学术期刊	25
模糊综合评判	24	模糊评价	24	不良反应	24	安全工程	24
灰色关联分析	24	超声检查	24	生态文明	24	大学生	23
服务质量	23	DEA模型	23	污染	23	水质	23
地理信息系统	23	实证研究	23	动物模型	22	高等教育	22
粗糙集	22	数值模拟	22	中药	22	水资源	22
生态环境	22	可靠性	22	指纹图谱	22	公立医院	22
儿童	22	创新能力	22	糖尿病	21	高职院校	21
循环经济	21	生态安全	21	集对分析	21	多环芳烃	21
感官评价	21	玉米	21	心室功能	21	核心版	21
空间分布	21	2型糖尿病	20	教学评价	20	预后	20
遗传算法	20	老年人	20	种质资源	20	营养评价	20
新型城镇化	20	遥感	20				

由表 8-1 可以看出，高频关键词主要可以分为两大类：第一类是表征评价方法的方法类关键词，如层次分析法、主成分分析、Meta 分析、因子分析、聚类分析、熵权法、数据包络分析、信度、效度等；第二类是表征评价对象和评价领域的关键词，如重金属、土壤、生态风险、沉积物、道路工程、学生、水质评价、学术评价、期刊评价、安全性评价、疗效评价、污染评价等。其中，第二类关键词可以比较准确地反映出我国评价科学当前的主要应用领域。

第三个视角是对论文研究主题的结构进行考察。其方法是通过对上述 10 445 篇核心期刊论文的关键词进行共现统计，然后用 NetDraw 等可视化软件进行知识图谱绘制，如图 8-1 所示（图中的关键词频次阈值为 ≥7，共现次数为 ≥3）。

由图 8-1 可以看出，当前评价科学的主要应用领域大致可以划分为 6 个板块。其中，第 1 个板块是自然科学领域评价，主要包括重金属评价、土壤评价、沉积物评价、生态等；第 2 个板块是医药卫生领域评价，包括安全性评价、疗效评价等；第 3 个板块是期刊评价；第 4 个板块是人文社会科学领域评价；第 5 个板块是教育领域评价；第 6 个板块是经济领域评价。图中标号为 7 的板块反映的是评价方法和评价指标体系研究等方面的主题，它主要可以反映我国评价科学应用的理论深度。

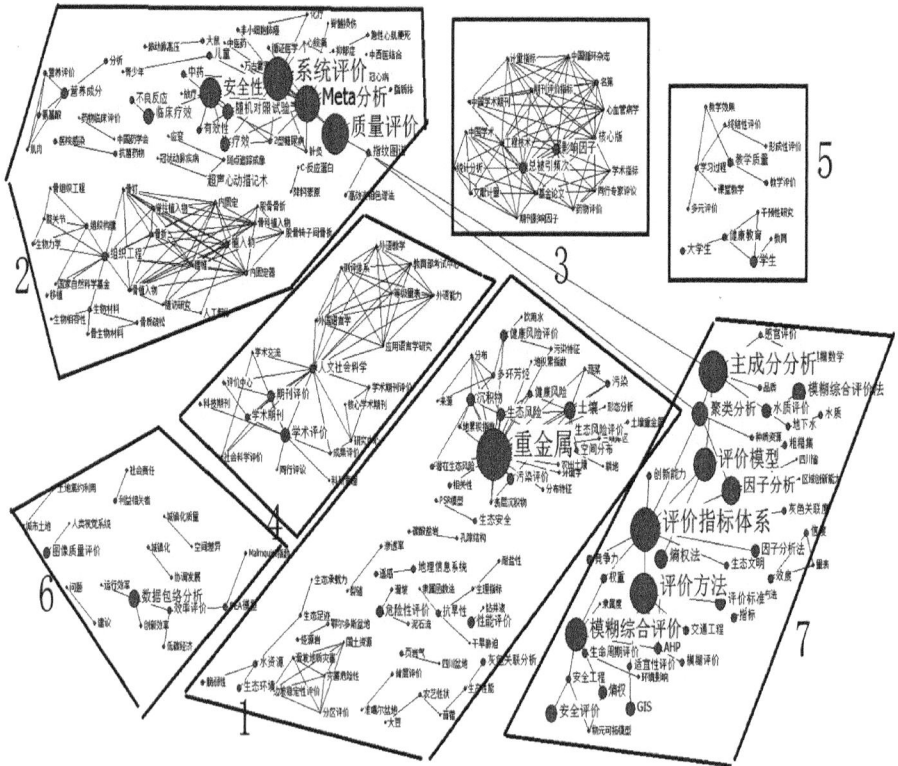

图 8-1　评价研究的主题结构

二、从学术著作看评价科学应用领域的发展

本书采集的图书出版数据主要来自中国国家图书馆联机公共目录查询系统。因为相对于其他图书馆来说，该数据库系统收录的图书是最齐全的。本书的具体检索方法是以"评价"作为检索词进行"正题名"检索，时间样本选择2016年，经过数据清洗和剔除重复数据后获得了628部图书的数据。

为了便于下一步的文献计量工作，我们首先对这些图书数据逐条进行了出版参数整理，每条数据都包括书名、作者/编者/译者、出版地、出版者、出版时间、版次。为了便于分析这些图书的主题，我们又通过计算机技术和手工操作相结合的方法，主要按照书名和出版社信息，对每本图书的主题从评价领域分类的视角进行了提取和标示。经过上述步骤，最终建成为一个Excel表数据库。

为了便于从宏观上鸟瞰我国评价应用领域的整体版图，对评价的复杂性、多样性、结构组成以及演进规律有大致的了解和整体的把握，我们按照评价领域的不同标示进行了统计，并用可视化分析软件 NetDraw 进行了知识图谱绘制，如图 8-2 所示。图 8-2 中点的大小和标签字号的大小代表该类型评价著作数量的多少，点和标签字号越大，表示该类型著作的出版数量越多。

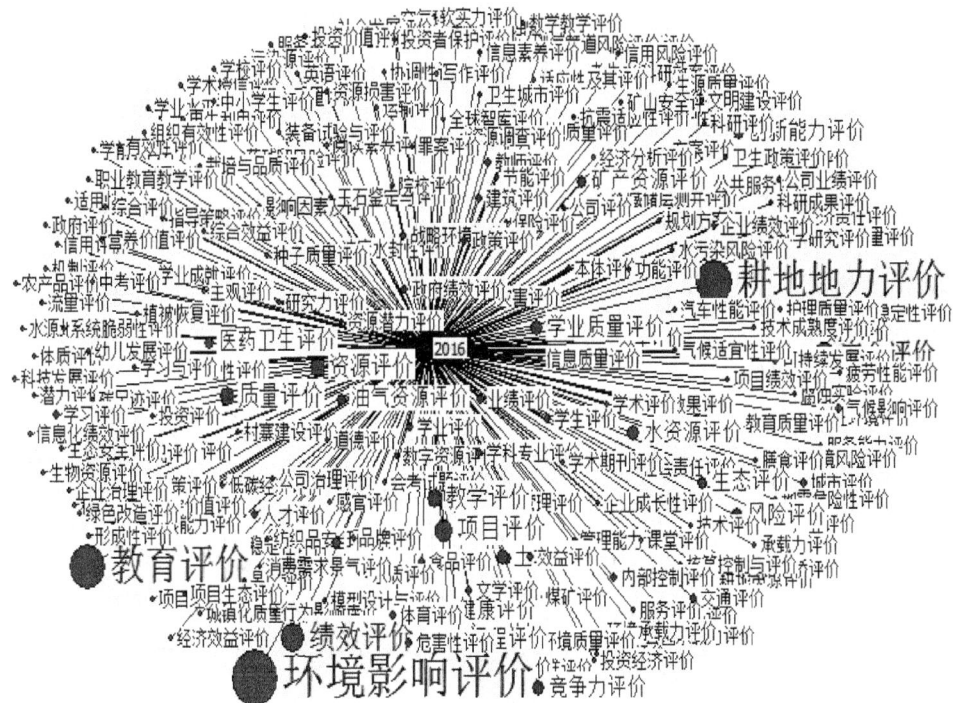

图 8-2　2016 年著作的主题内容和数量

由图 8-2 可见，近年来，我国的评价科学应用领域主要集中在环境（影响）评价、耕地（土地）评价、教育评价、绩效评价、项目评价、资源评价、质量评价、竞争力评价、水资源评价、安全评价、生态评价、医药卫生评价、城市评价、风险评价、学科专业评价、气候影响评价等方面。值得指出的是，从整体和宏观的角度看，随着时代的发展，我国评价科学的应用领域正呈现出评价的对象越来越广和越来越多样、评价的规模越来越大、评价活动的复杂度和知识集成度越来越高的特征。如图 8-2 显示的绩效评价、竞争力评价、城市评价、学科专业评价、气候影响评价、政策评价、生态评价、消费需求景气评价、数字资源评价、流量评价、政府评价、信息化绩效评价等都是近年来研究数量增加较快的一些评价应用领域，同时也是知识高度密集、评价难度比较大的一些评价应用领域。①

三、我国评价科学的主要应用领域

根据上述几个视角得到的数据分析结果，结合社会发展对评价科学提出的现实需求和学科发展的一般规律，可以发现我国评价科学的主要应用领域有矿产资源评价、科技评价、政策评价、水资源评价、项目评价、司法评价、植物资源评价、工程评价、制度评价、生态评价、体育评价、设计评价、草地评价、经济评价、商品评价、林地评价、教育评价、管理评价、土地评价、学术评价、品牌评价、耕地评价、政府评价、图书评价、土壤评价、城市评价、服饰评价、环境影响评价、农村评价、文学作品评价、气候影响评价、企业评价、艺术品评价、医疗卫生评价、医院评价、文化评价、药物评价、军力评价、绩效评价、玉石鉴赏评价、图书馆评价、质量评价、数据资源评价、安全评价、景观评价、人物评价、风险评价、建筑评价、人才评价、竞争力评价等。

第二节　世界一流大学和一流学科评价

自2017年教育部、财政部、国家发展和改革委员会公布世界一流大学和一流学科（简称"双一流"）建设高校及建设学科名单以来，"双一流"建设正式进入实施阶段。我们早在2006年就开始研发和出版《世界一流大学与科研机构学科竞争力评价研究报告》，并连续研发世界一流大学排行榜。为了适应和满足"双一流"建设的需要，我们于2015年将这个评价报告改名为《世界一流大学和一流学科评价研究报告》，为建设高等教育强国贡献力量，对于我国加快建设世界一流大学和一流学科具有重要的理论价值和现实意义。

---

① 　蔡铁权，陈丽华. 我国科学教育研究述评[J]. 全球教育展望，2011，40（6）：74-83.

一、评价目的与意义

对世界一流大学和一流学科进行评价研究的目的主要是清楚地认识我国大学与学科目前在世界上所处的位置，用国际化的视角来观察我国高等教育的发展状况、存在的不足，为逐步、有重点地培养一批具有国际影响力的大学提供详细而准确的数据参考，以促进我国大学和学科的国际化，最终推动我国高等教育的健康、快速发展。因此，该评价研究具有重要的现实意义。

1）贯彻落实有关文件精神，为我国大学管理和促进科技创新与进步提供有力保障。1998年，江泽民在庆祝北京大学建校一百周年大会上首次提出"为了实现现代化，我国要有若干所具有世界先进水平的一流大学"①，并第一次从教育质量的角度全面提出了一流大学办学的目标和评价标准——培养一流的人才，创造一流的科研成果，提供一流的社会服务。1998年12月24日，教育部制定了《面向21世纪教育振兴行动计划》，明确提出要"创建若干所具有世界先进水平的一流大学和一批一流学科"。2006年，《国家中长期科学和技术发展规划纲要（2006—2020年）》明确指出要"深化科研机构改革……加快建设'职责明确、评价科学、开放有序、管理规范'的现代科研院所制度"，并且指出"加快建设一批高水平大学，特别是一批世界知名的高水平研究型大学，是我国加速科技创新、建设国家创新体系的需要"。尤其是把"建成若干世界一流的科研院所和大学以及具有国际竞争力的企业研究开发机构，形成比较完善的中国特色国家创新体系"作为要实现的八大目标之一。2010年的《国家中长期教育改革和发展规划纲要（2010—2020年）》也明确提出要改革教育质量评价和人才评价制度，改进教育教学评价，根据培养目标和人才理念，建立科学、多样的评价标准；开展由政府、学校、家长及社会各方面共同参与的教育质量评价活动，以及"推进专业评价。鼓励专门机构和社会中介机构对高等学校学科、专业、课程等水平和质量进行评估。建立科学、规范的评价制度。探索与国际高水平教育评价机构合作，形成中国特色学校评价模式。建立高等学校质量年度报告发布制度"等重要任务。根据党中央、国务院做出的重大战略决策，国务院于2015年11月5日公布《统筹推进世界一流大学和一流学科建设总体方案》，该方案"坚持以中国特色、世界一流为核心，以立德树人为根本，以支撑创新驱动发展战略、服务经济社会发展为导向，加快建成一批世界一流大学和一流学科，提升我国高等教育综合实

---

① 江泽民在庆祝北京大学建校一百周年大会上的讲话[EB/OL]. http://www.moe.gov.cn/jyb_sjzl/moe_177/tnull_2475.html[2021-05-26].

力和国际竞争力"。2017年9月20日，教育部、财政部、国家发展和改革委员会公布世界一流大学和一流学科名单，标志着世界一流大学和一流学科建设正式进入实施操作阶段。入选的高校使命光荣，责任也非常重大。世界一流大学和一流学科建设高校也不是只在国内竞争，而是在国际舞台上与名校进行比拼，应该意识到"建设"与"建成"虽只有一字之差，但不是一码事。世界一流大学和一流学科应着力于建设一流师资队伍，培养拔尖创新人才，提升科学研究水平，传承创新优秀文化，着力推进成果转化。参考国际一流名校，国内大学要完成每一项任务都不容易。本次评价着重从论文被引次数、专利数和网络排名等不同角度综合评价世界大学和学科竞争力，切实地为实现国家中长期科技发展规划和教育规划提供决策依据和数据支持。

2）为政府管理部门的科学管理和决策提供定量依据。政府管理部门在建设世界一流大学过程中起着重要的宏观管理和调控作用。要建成世界一流大学和一流学科，必然要有大量资金的投入和分配、学科资源的重新整合和调节，这就要求我国高等教育管理部门对各科研院所在世界科研机构范围内的相对位置做到心中有数，从而制定相关资助政策和管理政策。然而，要做到这些，必然需要详细而准确的定量数据的支持。

3）为国内大学的世界竞争和发展提供定位信息。近年来，国内大学都在朝着世界一流大学的目标前进，却无法清楚地认知到底距离世界一流大学还有多远，哪些学科已经达到国际水平，哪些学科还有较大的差距。我们现在所做的评价就是要使我国的一些大学明确自己在世界上的相对位置，从而发挥比较优势，找出问题和差距，寻找合作和学习的伙伴单位，明确改革方向，制定相应的对策，从而提高国际竞争力和影响力，吸引其他国家的杰出人才来我国学习、交流和工作，为将来的持久发展提供人才保障。

4）为青年学子提供详细、深入的出国留学咨询报告。《关于建立海外高层次留学人才回国工作绿色通道的意见》提出："积极引进海外高层次留学人才回国工作，是应对国际人才竞争，提高我国自主创新能力，加强人才队伍建设的需要。"从中可见国家对留学人员的高度重视。一些国家有着一流的大学和科研院所，它们引领着科技发展的方向，掌握着绝大多数核心技术，在长期实践中又开创了许多著名的学术理论，我们要吸收它们的先进理念和技术，就需要广泛交流。现在不少学子都积极出国深造，但是并不是国外的所有大学都是优秀的，一定要对国外大学及其专业有一个大概的了解，不能盲目出国。我们提供的报告无疑在一定程度上满足了广大学子准确选择一流大学和专业的迫切需求，为他们出国留学提供了权威、可信的咨询报告。

5）为世界其他国家或地区的大学竞争发展提供数据参考。我们按照统一的数据来源和统一的统计标准进行评价排名，从对比中可以分析出各所大学及学科具有的优势与劣势、面临的挑战与机遇，这对于任何一所大学的长远发展都是有益的。另外，从我们提供的数据中可以分析出世界一流大学的国家或地区分布，使每个国家或地区在整体上对自己的科研竞争力有所了解，从而在国民经济预算分配上进行适当的调节，并制定切实可行的、促进本国或地区科技进步和发展的政策。

二、评价指标

我们认为，世界一流大学和一流学科的评价指标主要由师资力量、教学水平、科研能力、影响力四个部分组成。其中，针对大学科研竞争力评价，我们在此次评价中以网络排名指标来进一步考察各学校的声誉情况，将高被引论文数作为Web环境下的科研影响力评价的补充，以实现从科研产出到现实影响再到网络影响的综合实力评价。网络影响力主要以网络排名这一指标为衡量标准，之所以在此次评价中加入声誉影响力这一指标，是因为网络排名与其他排名一个很大的不同在于网络排名覆盖的学校范围广，排名数据均来自网上，这使得那些欠发达地区的大学能够在学术网站排名上有一席之地，有机会在另一方面展示自己，获得提升。传统大学评价则未能做到这一点，因为传统大学评价指标对于那些历史积累较多、学术能力较强、社会地位和影响力较大的学校来说更具优势，使得欠发达地区的学校难以超越。

本次世界一流大学与一流学科评价采用的网络排名是综合西班牙人文与社会科学研究中心网络计量实验室发布的"世界大学网络计量排名"和中国科学评价研究中心发布的"中国重点大学网络影响力排名"而得出的。排名的指标分为五大项：①网站规模，即统计各大搜索引擎如Google、Yahoo!、Alta Vista、All the Web 和 Bing 等收录的各大学网站的页面数；②学术文件数，即由谷歌学术（Google Scholar）搜集到的大学网站中的学术文章、报告及其他相关学术研究文档的数量；③文档丰富度，即由统计搜索引擎如Google、Yahoo!、Alta Vista、All the Web 和Bing收录的各大学网站中的多种类型文档数量，包括Adobe Acrobat（PDF）、Adobe Postscript（PS）、Microsoft Word（DOC）、Microsoft Powerpoint（PPT）和Microsoft Rich Text Format（RTF）等格式的文档；④被链接数，即统计搜索引擎如Yahoo!收录的各大学网页被链接数；⑤显示度，即由百度搜索到的与大学相关的结果页面数和大学词条浏览数按比例合并计算得到。各个大学的网络排名由这五个指标的排名按比例计算得出。

对于大学和学科的评价有不同的评价体系，这些思想也在本次评价中得到了体现，具体指标体系如表8-2所示。

表 8-2　世界一流大学与一流学科评价指标体系表

一级指标	二级指标
师资力量	专职教师数
	高被引科学家数
教学水平	杰出校友数
	国际合作论文数
科研能力	ESI收录论文数
	篇均被引次数
	高被引论文数
	德温特专利数
影响力	西班牙数据排名
	进入ESI排名学科数

（1）师资力量

我们用专职教师和高被引科学家来体现一所大学的师资水平，代表了一流大学的人才储备，是衡量一流大学的重要指标。其中，专职教师是一流大学的骨干力量，而高被引科学家则是师资力量的最高表现形式，是高质量人才的象征。

（2）教学水平

我们用杰出校友数和国际论文合作数来反映教学水平。从教学水平的深度来看，杰出校友数是教学质量的重要体现形式之一，而国际论文合作数展示了跨国合作的范围，也恰好体现了教学内容的广度。

（3）科研能力

我们用发布排行榜当年及之前的10年的发表论文数（被ESI收录的论文数量）、篇均被引次数、高被引论文数和德温特专利数4个指标来衡量。2009—2019年的发表论文数反映了该机构或学科对世界学术交流量的贡献，被ESI收录的论文都是经过同行评议的论文，各论文发表的期刊也在该学科有着显著的影响力，都是质量较高的论文。高被引论文数是反映论文质量的一个重要指标，而篇均被引次数则反映出某一单位、团体的总体论文质量，比总被引次数更能反映机构的科研能力。德温特专利数是科技进步的重要体现，是体现科研能力的知识财富之一。

（4）影响力

我们用网络排名和进入ESI排名学科数这两个指标来衡量高校的影响力。同时，将网络排名这一指标作为衡量标准，网络排名可以告知各大学的学术知识与资料在网络上公开出版的程度，网络排名越靠前，说明该单位的影响面越大，学术辐射范围越广泛，引起的关注就越多。进入ESI排名学科数体现了大学的国际影响力，代表了学校声誉。

三、评价对象

本次进入"世界一流大学和一流学科排行榜"的大学为美国ESI数据库中包含两个学科及以上的1534所大学（中国包含一个学科的大学也进入评价对象中）。另外，ESI数据库根据学科发展的特点等因素设置了22个学科，其中包括一个交叉学科，分学科将大学和科研院所按照近11年来论文总被引次数进行排列，只有排在前1%的学科才可以进入ESI学科排行，2019年共有6009所大学和科研院所进入ESI学科排行，经筛选满足本次评价要求的大学有1534所。总的来说，这些大学可以满足我们评价的需要，其数量和代表性都可以得到较好的保证。

此次评价中我们彻查了所有评价对象，把同一所学校的不同名称进行了合并，当然学科数要根据情况另定。2014年，只涉及了名称合并，不涉及数据合并，对同一所高校的不同名称，选取各项指标较高的作为我们的评价对象，合并的大学有迈阿密大学（UNIV MIAMI和MIAMI UNIV）、坦佩雷大学（UNIV TAMPERE和TAMPERE UNIV）等。

四、数据来源

关于论文指标，我们使用的是美国ESI数据库2019年3月15日的数据；关于专利指标，我们使用的是美国 德温特世界专利索引数据库 2015—2019年的数据，专利数据下载于2019年6月18—27日；网络排名指标由西班牙国家研究理事会人文与社会科学研究中心网络计量实验室发布的"世界大学网络计量排名"获得，数据下载于2019年7月10日。

其中，有几个指标的概念解释如下：①高被引论文，是ESI确定的在相应学科领域和年代中的总被引次数排在前1%的论文；②高被引科学家，数据来源于汤森路透科技信息集团公布的全球2017年高被引科学家名单（Highly Cited Researchers 2018）；③国际合作论文数，即某一国家与其他国家间合作产出的论文数量；④杰出校友数，即《时代周刊》近10年来每年评选的全球100位最具影响力人物和毕业生中诺贝尔奖、菲尔兹奖获得者数量。ESI划分的22个学科如下：按名称的英文字母排列，依次为农业科学、生物学与生物化学、化学、临床医学、计算机科学、经济学与商学、工程学、环境科学与生态学、地球科学、免疫学、材料科学、数学、微生物学、分子生物学与遗传学、综合交叉学科、神经科学与行为科学、药理学与毒物学、物理学、植物学与动物学、精神病学与行为科学、社会科学、空间科学。

五、评价方法

我们将前600名定义为世界高水平大学，但是我们结合国内一些大学对自己的定位与规划，又将世界高水平大学分为三个档次：①前100名为世界顶尖大学；②第101—300名为世界高水平著名大学；③第301—600名为世界高水平知名大学。其中，世界顶尖大学和世界高水平著名大学统称为"世界一流大学"。

与界定什么是世界一流大学一样，我们有必要界定什么是世界一流学科。对于学科，主要是根据我们评价的22个学科的不同评价单位来划定世界一流学科数量的，其标准为某学科排名前10%的科研单位的学科为世界一流学科，世界一流学科也划分为三个档次：①某学科前1%（含1%）的科研单位的学科为世界顶尖学科；②某学科前1%—5%（含5%）的科研单位的学科为世界高水平著名学科；③某学科前6%—10%（含10%）的科研单位的学科为世界高水平知名学科。

六、评价结果

本次的国家或地区科研竞争力评价有80个国家或地区进入榜单。美国在科研竞争力方面依然占据榜首位置，几乎各项指标的得分都居于首位，显示了绝对领先的科研水平，紧随其后的是中国、英国、德国、法国、意大利、澳大利亚、加拿大、日本和西班牙。榜单中的前30强如表8-3所示。

表 8-3　世界各国家或地区科研竞争力排行榜（前 30 强）

排名	国家/地区	发表论文得分	论文被引得分	专利得分	高被引论文得分	国际合作论文得分	总分
1	美国	100.00	100.00	64.53	100.00	100.00	100.00
2	中国	86.63	83.17	100.00	72.38	79.17	86.00
3	英国	71.16	72.39	60.23	71.39	79.34	74.67
4	德国	69.12	69.67	60.23	67.45	72.22	70.16
5	法国	66.76	69.53	60.30	67.00	69.04	68.37
6	意大利	66.06	67.87	60.08	64.63	67.61	66.86
7	澳大利亚	66.14	64.88	60.10	64.98	69.02	66.72
8	加拿大	66.06	64.33	60.11	64.93	68.05	66.16
9	日本	66.17	66.97	61.32	62.50	64.64	65.31
10	西班牙	64.52	65.79	60.18	62.55	65.61	64.96
11	荷兰	63.60	62.13	60.05	63.48	65.43	63.89
12	韩国	65.18	64.14	60.97	61.86	63.32	63.73
13	瑞典	62.54	62.46	60.07	62.14	64.31	63.14
14	巴西	63.95	62.71	60.18	61.18	63.28	62.91
15	比利时	61.83	61.83	60.03	61.58	63.94	62.62
16	瑞士	62.08	61.67	60.09	62.19	63.49	62.54
17	中国台湾	62.72	64.22	60.69	60.72	61.76	62.48
18	伊朗	62.42	62.13	60.27	62.08	61.61	61.97
19	丹麦	61.55	60.84	60.02	61.41	62.43	61.68
20	土耳其	61.83	62.80	60.11	60.58	61.21	61.63
21	波兰	61.73	62.27	60.06	60.68	61.52	61.61
22	奥地利	61.03	61.82	60.02	60.80	61.80	61.50
23	葡萄牙	61.27	61.27	60.02	60.66	61.74	61.35
24	芬兰	61.15	61.32	60.02	60.83	61.66	61.34
25	南非	61.07	61.20	60.05	60.72	61.65	61.28
26	印度	61.43	62.09	60.17	60.37	60.97	61.26
27	希腊	60.87	61.94	60.06	60.66	61.19	61.24
28	挪威	60.98	61.21	60.03	60.77	61.55	61.22
29	中国香港	61.18	60.90	60.08	60.92	61.41	61.15
30	新加坡	60.92	60.51	60.06	60.90	61.48	61.03

注：这里的"中国"数据指"中国内地（大陆）"数据（不包含港澳台地区的数据）

另外，我们又对世界一流大学行列中的前10强和所有中国大学的分指标排名情况做了进一步的统计分析，如表8-4所示，中国的一流大学在高被引论文数、高被引科学家数、国际合作论文数和篇均被引次数这些表征质量的指标还有非常大的提升空间。不过，与同档次的世界大学相比，浙江大学、清华大学、华南理工大学、东南大学和天津大学的专利指标还是名列前茅的；中国科学院大学、上海交通大学、浙江大学、清华大学、北京大学的ESI收录论文数也是值得肯定的。

表8-4　2019年世界一流大学前10强和部分中国大学分指标排名情况

总排名	中文全称	国家	专职教师排名	高被引科学家数排名	学科数排名	ESI收录论文数排名	篇均被引次数排名	高被引论文数排名	国际合作论文数排名	专利数排名	网络影响力排名	杰出校友排名
1	哈佛大学	美国	25	1	1	1	6	1	19	70	1	2
2	斯坦福大学	美国	39	2	1	10	10	2	3	77	2	2
3	麻省理工学院	美国	12	9	28	31	2	3	18	60	3	5
4	剑桥大学	英国	406	5	1	14	30	10	22	473	11	5
5	牛津大学	英国	19	4	1	8	15	5	11	462	4	22
6	华盛顿大学	美国	209	6	1	12	22	6	12	78	7	22
7	哥伦比亚大学	美国	180	16	1	18	34	12	15	92	9	11
8	加利福尼亚大学伯克利分校	美国	30	3	1	22	7	8	69	44	5	11
9	美国西北大学	美国	39	17	79	51	35	24	89	90	29	11
10	爱丁堡大学	英国	409	19	1	75	47	32	13	254	33	8
22	清华大学	中国	98	31	79	21	622	37	16	6	44	63
27	北京大学	中国	379	45	28	23	523	56	32	41	54	22
53	上海交通大学	中国	65	87	79	17	849	98	26	9	82	63
56	浙江大学	中国	89	49	129	16	824	87	31	2	84	63
71	南京大学	中国	98	137	155	77	626	144	135	40	166	63
76	复旦大学	中国	98	67	79	52	591	126	103	43	112	63
80	中山大学	中国	168	117	79	65	760	140	85	56	201	63
90	香港中文大学	中国	185	117	79	177	418	161	160	154	146	63
100	中国科学技术大学	中国	43	78	304	98	534	103	166	59	146	63
117	香港大学	中国	121	63	49	135	366	142	169	208	48	63

续表

总排名	中文全称	国家	专职教师排名	高被引科学家数排名	学科数排名	ESI收录论文数排名	篇均被引次数排名	高被引论文数排名	国际合作论文数排名	专利数排名	网络影响力排名	杰出校友排名
119	武汉大学	中国	326	211	155	130	880	214	200	24	164	63
121	台湾大学	中国	105	211	79	60	597	185	144	89	619	63
135	华中科技大学	中国	172	98	239	71	982	167	148	10	193	63
152	西安交通大学	中国	190	211	269	100	1 135	231	142	11	203	63
153	山东大学	中国	271	256	195	84	948	257	185	14	188	63
158	中南大学	中国	217	211	195	119	1 120	202	166	13	304	63
179	四川大学	中国	408	256	155	72	1 078	259	199	28	275	63
183	哈尔滨工业大学	中国	172	137	376	101	1 092	169	215	8	208	63
186	香港城市大学	中国	81	117	376	264	628	250	285	146	188	63
190	厦门大学	中国	366	211	195	237	735	266	278	39	253	63
191	香港科技大学	中国	76	137	304	360	310	265	454	140	197	63
205	中国科学院大学	中国	52	321	155	7	859	70	42	94	420	63
218	吉林大学	中国	591	256	343	92	985	300	246	7	282	63
225	天津大学	中国	221	256	473	162	1 081	287	218	4	273	63
228	同济大学	中国	240	405	343	148	1 085	297	179	26	246	63
231	华南理工大学	中国	591	117	473	195	763	221	350	3	319	63
240	东南大学	中国	270	117	376	159	1 054	219	253	5	252	63
247	南开大学	中国	371	129	343	247	460	235	433	64	284	63
258	香港理工大学	中国	59	98	304	231	734	253	264	166	224	63
269	北京师范大学	中国	345	211	269	273	898	327	274	72	272	63
281	苏州大学	中国	313	51	376	204	732	225	344	27	356	63

七、结果分析

（一）我国高水平大学建设成效明显

2019年，中国大学进入ESI排行的大学有298所［中国内地（大陆）大学进入1个学科，中国港澳台地区进入2个学科］，其中内地（大陆）大学共有259所，台湾地区有32所，香港地区有6所，澳门地区有1所。我国内地（大陆）大学进入前100名的有10所，比2018年增加了3所；进入前200名的有27所，比2018年增加了11所；进入前300名的有35所，比2018年增加了10所；进入前400名的有53所，比2018年增加了15所；进入前500名的有70所，比2018年增加了2所；进入前600名的有83所，比2018年增加了17所。相比之下，我国香港地区和台湾地区稍有逊色，香港、台湾地区没有大学进入前100名，香港地区进入前200名的大学为4所，台湾地区进入前200名的大学为2所。从总体排名来看，我国高水平大学的数量位于世界前列，我国在建设世界一流大学的道路上取得了可喜的成绩。

（二）我国需要加大世界一流大学建设力度

虽然中国大学的数量增长取得了令人欣喜的进步，但是我们还要意识到我国大学距离世界一流大学仍然有较大的差距。美国排名前100名的世界顶尖大学占了50%，前200名占了35.5%。英国前100名世界顶尖大学占了8%，前200名占了13.5%。这两个国家拥有全世界绝大多数的高水平大学，也有着雄厚的科研实力和强大的科研影响力。

通过与2018年的数据对比，我们发现，2019年中国大学[①]进入前300名的共有35所，比2018年增加4所，但是比例仍然只有11.67%；进入前600名的共有83所，占13.83%。与2018年相比，进入前600名的大学数量增加了14所，进入前100名、前200名和前300名的大学数量分别增加了3所、12所和8所，虽然与历年数据相比均有增加，但是增长比例不高，这说明我国建设世界一流大学取得了实际效果，但是仍然需要加大建设力度。

（三）我国高质量的论文数量与世界科研强国相比差距依然较大

从表8-5可以看出，中国内地（大陆）在ESI收录论文数位居第2位，高被引论文数位居第2位，专利数位居第1位，三个指标均保持2018年的名次，这反映了我国大学科研实力的稳定性。但是我们依然要意识到，我国大学与世界科研强国的差距仍然比较大，尤其是高被引论文数量的相对差距比较明显。例如，排在世界前20名的大学高被引论文均数为3318.7篇，其中哈佛大学的高被引论文数高达9819篇，但是在中国排名第1位的清华大学的高被引论文数仅为1599篇。尽管

---

① 此处的数据不包含港澳台地区。

中国的 ESI 收录论文数、高被引论文数和位次继续保持国际领先地位，但是从具体的大学来看，中国要建设世界一流大学，其论文的质量急需大幅度提升。高质量的论文数量少，从侧面反映了我国大学缺少在国际上影响力较大的科学家，生产具有全球影响力的创新知识的人才较为稀缺，这对于我国高等教育的长期发展是非常不利的。中国要出一流的科学家和诺贝尔奖获得者，需要具备具有国际影响力的高质量论文和世界一流成果。因此，我国应该不断完善科研行为管理制度和服务保障机制，激发科研人员的创新创造活力，在政策、机制、资金、环境等方面给予各大学保障，以改变中国现在科研方面的被动局面。

表 8-5　2019 年与 2018 年中国各地区科研实力具体指标对比分析

地区	ESI 收录论文数排名			高被引论文数排名			专利数排名			篇均被引次数排名		
	2019年	2018年	变化	2019年	2018年	变化	2019年	2018年	变化	2019年	2018年	变化
中国内地（大陆）	2	2	→	2	2	→	1	1	→	2	2	→
中国香港	29	25	4↓	29	20	9↓	16	18	2↑	37	31	6↓
中国台湾	13	15	2↑	17	27	10↑	7	6	1↓	14	12	2↓

注：表中的"↑"表示上升，"→"表示无变化，"↓"表示下降

（四）我国需要提升具有世界影响力的科研成果的产量

一个国家的专利水平和热门论文数都是反映该国在世界上的科研创新能力的指标。从表 8-5 可以看出，我国在专利总量上的排名连续两年保持在第 1 名。此外，我国大学的篇均被引次数指标排名居第 2 位，但是与篇均被引次数位于第 1 名的美国相比，差距还很大。在取得可喜成绩的同时，我们也同样看到我国与世界科研强国之间仍存在很大的差距。因此，从我国的科研产出总量和创新型科研成果可以看出，创新型科研成果所占比例相对较小，这与我国建设创新型国家和世界一流大学还相距甚远，是一个需要长期努力和加强建设的方向。

（五）世界一流学科的建设仍需大力加强

在此次评价中，中国（不包含港澳台地区的数据）进入 ESI 排行的学科数有 21 个，对于"空间科学"这个学科，尚无高校进入。在各学科排名中，我国也不乏许多大学进入学科前 10 名，例如，中国地质大学、清华大学、中国科学院大学、浙江大学、北京大学的地球科学专业；中国科学院大学、清华大学、中国科

学技术大学、浙江大学、北京大学的化学专业；清华大学、东南大学、华中科技大学、上海交通大学、浙江大学的计算机科学专业；哈尔滨工业大学、清华大学、上海交通大学、浙江大学、东南大学的工程学专业等。

同时，表8-6和8-7显示，2019年，中国的农业科学、生物学与生物化学、计算机科学、材料科学、数学、药理学与毒物学、物理学、化学、临床医学、工程学、环境科学与生态学、地球科学、植物学与动物学13个学科都进入了世界一流学科的行列，其中农业科学、计算机科学、材料科学、化学、工程学和地球科学6个学科中，中国部分高校进入了学科排名全球前10名。

表8-6　2019年世界一流大学学科分布表（前10名与部分中国大学）

排名	学校名称	国家	进入ESI排行的学科		前10名的学科	
			数量（个）	占22个学科的比例（%）	数量（个）	占进入排行学科的比例（%）
1	哈佛大学	美国	22	100.00	13	59.09
2	斯坦福大学	美国	22	100.00	12	54.55
3	麻省理工学院	美国	21	95.45	9	42.86
4	剑桥大学	英国	22	100.00	5	22.73
5	牛津大学	英国	22	100.00	7	31.82
6	华盛顿大学	美国	22	100.00	6	27.27
7	哥伦比亚大学	美国	22	100.00	5	22.73
8	加利福尼亚大学伯克利分校	美国	22	100.00	10	45.45
9	美国西北大学	美国	19	86.36	1	5.26
10	爱丁堡大学	英国	22	100.00	1	4.55
22	清华大学	中国	19	86.36	4	21.05
27	北京大学	中国	21	95.45	2	9.52
53	上海交通大学	中国	19	86.36	2	10.53
56	浙江大学	中国	18	81.82	5	27.78
71	南京大学	中国	17	77.27	0	0
76	复旦大学	中国	19	86.36	0	0
80	中山大学	中国	19	86.36	0	0
90	香港中文大学	中国	19	86.36	0	0
100	中国科学技术大学	中国	13	59.09	1	7.69
117	香港大学	中国	20	90.91	0	0
119	武汉大学	中国	17	77.27	0	0

续表

排名	学校名称	国家	进入ESI排行的学科		前10名的学科	
			数量（个）	占22个学科的比例（%）	数量（个）	占进入排行学科的比例（%）
121	台湾大学	中国	19	86.36	0	0
135	华中科技大学	中国	15	68.18	1	6.67
152	西安交通大学	中国	14	63.64	0	0
153	山东大学	中国	16	72.73	0	0
158	中南大学	中国	16	72.73	0	0
179	四川大学	中国	17	77.27	0	0
183	哈尔滨工业大学	中国	11	50.00	1	9.09
186	香港城市大学	中国	11	50.00	0	0
190	厦门大学	中国	16	72.73	0	0
191	香港科技大学	中国	13	59.09	0	0
205	中国科学院大学	中国	17	77.27	2	11.76
218	吉林大学	中国	12	54.55	0	0
225	天津大学	中国	9	40.91	0	0
228	同济大学	中国	12	54.55	0	0
231	华南理工大学	中国	9	40.91	0	0
240	东南大学	中国	11	50.00	2	18.18
247	南开大学	中国	12	54.55	0	0
258	香港理工大学	中国	13	59.09	1	7.69
269	北京师范大学	中国	14	63.64	0	0
281	苏州大学	中国	11	50.00	0	0
307	大连理工大学	中国	9	40.91	0	0
318	中国农业大学	中国	10	45.45	1	10
320	北京航空航天大学	中国	5	22.73	0	0
322	湖南大学	中国	7	31.82	0	0
341	重庆大学	中国	8	36.36	0	0
348	兰州大学	中国	12	54.55	0	0
357	台湾成功大学	中国	16	72.73	0	0
372	北京理工大学	中国	6	27.27	0	0
378	上海大学	中国	8	36.36	0	0

排名	学校名称	国家	进入ESI排行的学科		前10名的学科	
			数量（个）	占22个学科的比例（%）	数量（个）	占进入排行学科的比例（%）
383	南京理工大学	中国	4	18.18	0	0
387	华东师范大学	中国	12	54.55	0	0
391	台湾清华大学	中国	9	40.91	0	0
398	华东理工大学	中国	6	27.27	0	0
399	电子科技大学	中国	7	31.82	0	0
400	武汉理工大学	中国	3	13.64	0	0
406	深圳大学	中国	6	27.27	0	0
421	中国地质大学	中国	6	27.27	1	16.67
426	西北工业大学	中国	4	18.18	0	0
438	北京科技大学	中国	4	18.18	0	0
439	江苏大学	中国	6	27.27	0	0
448	郑州大学	中国	6	27.27	0	0
454	华中农业大学	中国	8	36.36	0	0
456	北京化工大学	中国	4	18.18	0	0
460	中国医学科学院	中国	12	54.55	0	0
468	南京农业大学	中国	8	36.36	0	0
474	暨南大学	中国	8	36.36	0	0
476	福州大学	中国	3	13.64	0	0
494	中国石油大学	中国	4	18.18	0	0
496	西南大学	中国	7	31.82	0	0
508	台湾交通大学	中国	8	36.36	0	0
511	南京工业大学	中国	4	18.18	0	0
513	华中师范大学	中国	3	13.64	0	0
517	台湾"中国医科大学"	中国	9	40.91	0	0
522	东华大学	中国	3	13.64	0	0
526	南京航空航天大学	中国	4	18.18	0	0
528	南昌大学	中国	7	31.82	0	0
538	扬州大学	中国	7	31.82	0	0

续表

排名	学校名称	国家	进入ESI排行的学科		前10名的学科	
			数量（个）	占22个学科的比例（%）	数量（个）	占进入排行学科的比例（%）
540	青岛大学	中国	5	22.73	0	0
544	首都医科大学	中国	7	31.82	0	0
549	合肥工业大学	中国	5	22.73	0	0
553	江南大学	中国	6	27.27	1	16.67
557	南京医科大学	中国	7	31.82	0	0
560	中国海洋大学	中国	9	40.91	0	0
561	浙江工业大学	中国	5	22.73	0	0
563	中国东北大学	中国	4	18.18	0	0
567	南京信息工程大学	中国	4	18.18	0	0
569	香港浸会大学	中国	12	54.55	0	0
571	澳门大学	中国	5	22.73	0	0
572	西北农林科技大学	中国	6	27.27	0	0
577	台湾"中央大学"	中国	8	36.36	0	0

表8-7 2019年中国大学进入世界一流学科排名情况

排名	学校名称	档次	学科
2	中国农业大学	顶尖	农业科学
9	江南大学	著名	农业科学
10	浙江大学	著名	农业科学
12	南京农业大学	著名	农业科学
13	西北农林科技大学	著名	农业科学
15	中国科学院大学	著名	农业科学
16	华南理工大学	著名	农业科学
39	上海交通大学	知名	生物学与生物化学
47	中国科学院大学	知名	生物学与生物化学
1	清华大学	顶尖	计算机科学
3	东南大学	顶尖	计算机科学
5	华中科技大学	著名	计算机科学

排名	学校名称	档次	学科
7	上海交通大学	著名	计算机科学
8	浙江大学	著名	计算机科学
12	电子科技大学	著名	计算机科学
13	西安电子科技大学	著名	计算机科学
14	香港城市大学	著名	计算机科学
18	哈尔滨工业大学	知名	计算机科学
19	南京信息工程大学	知名	计算机科学
21	大连理工大学	知名	计算机科学
25	北京邮电大学	知名	计算机科学
26	中南大学	知名	计算机科学
28	西安交通大学	知名	计算机科学
30	香港理工大学	知名	计算机科学
33	北京航空航天大学	知名	计算机科学
1	清华大学	顶尖	材料科学
3	中国科学院大学	顶尖	材料科学
7	浙江大学	著名	材料科学
10	北京大学	著名	材料科学
12	中国科学技术大学	著名	材料科学
13	苏州大学	著名	材料科学
14	上海交通大学	著名	材料科学
15	华南理工大学	著名	材料科学
16	复旦大学	著名	材料科学
19	哈尔滨工业大学	著名	材料科学
22	北京科技大学	著名	材料科学
23	华中科技大学	著名	材料科学
24	武汉理工大学	著名	材料科学
25	中南大学	著名	材料科学
27	西北工业大学	著名	材料科学
29	西安交通大学	著名	材料科学
31	吉林大学	知名	材料科学
32	天津大学	知名	材料科学

续表

排名	学校名称	档次	学科
34	南京大学	知名	材料科学
35	四川大学	知名	材料科学
36	北京航空航天大学	知名	材料科学
37	香港城市大学	知名	材料科学
40	南开大学	知名	材料科学
42	山东大学	知名	材料科学
47	北京理工大学	知名	材料科学
48	中山大学	知名	材料科学
53	重庆大学	知名	材料科学
59	台湾大学	知名	材料科学
18	哈尔滨工业大学	知名	数学
28	北京大学	知名	药理学与毒物学
35	中国药科大学	知名	药理学与毒物学
37	苏州大学	知名	药理学与毒物学
46	上海交通大学	知名	药理学与毒物学
47	中山大学	知名	药理学与毒物学
48	浙江大学	知名	药理学与毒物学
51	中国医学科学院	知名	药理学与毒物学
12	清华大学	著名	物理学
16	中国科学技术大学	著名	物理学
21	北京大学	著名	物理学
41	南京大学	知名	物理学
1	中国科学院大学	顶尖	化学
2	清华大学	顶尖	化学
6	中国科学技术大学	顶尖	化学
7	浙江大学	顶尖	化学
8	北京大学	顶尖	化学
12	南京大学	著名	化学
13	南开大学	著名	化学
16	复旦大学	著名	化学
19	吉林大学	著名	化学

续表

排名	学校名称	档次	学科
21	华南理工大学	著名	化学
23	华东理工大学	著名	化学
27	中山大学	著名	化学
29	苏州大学	著名	化学
33	湖南大学	著名	化学
34	厦门大学	著名	化学
35	四川大学	著名	化学
36	天津大学	著名	化学
37	福州大学	著名	化学
40	大连理工大学	著名	化学
41	武汉大学	著名	化学
42	上海交通大学	著名	化学
47	山东大学	知名	化学
51	台湾大学	知名	化学
57	北京化工大学	知名	化学
66	武汉理工大学	知名	化学
77	哈尔滨工业大学	知名	化学
82	香港科技大学	知名	化学
85	兰州大学	知名	化学
93	上海交通大学	知名	临床医学
105	香港中文大学	知名	临床医学
1	哈尔滨工业大学	顶尖	工程学
2	清华大学	顶尖	工程学
3	上海交通大学	顶尖	工程学
5	浙江大学	顶尖	工程学
8	东南大学	顶尖	工程学
10	香港理工大学	著名	工程学
11	华中科技大学	著名	工程学
12	西安交通大学	著名	工程学
13	香港城市大学	著名	工程学
15	电子科技大学	著名	工程学

续表

排名	学校名称	档次	学科
16	北京航空航天大学	著名	工程学
19	同济大学	著名	工程学
20	湖南大学	著名	工程学
22	北京理工大学	著名	工程学
24	大连理工大学	著名	工程学
27	天津大学	著名	工程学
28	西北工业大学	著名	工程学
30	华南理工大学	著名	工程学
31	重庆大学	著名	工程学
36	北京大学	著名	工程学
38	中国科学技术大学	著名	工程学
40	香港大学	著名	工程学
41	华北电力大学	著名	工程学
42	中南大学	著名	工程学
45	中国科学院大学	著名	工程学
46	台湾成功大学	著名	工程学
47	西安电子科技大学	著名	工程学
49	中国石油大学	知名	工程学
57	南京航空航天大学	知名	工程学
58	香港科技大学	知名	工程学
59	南京理工大学	知名	工程学
65	中国东北大学	知名	工程学
70	武汉大学	知名	工程学
81	台湾大学	知名	工程学
82	四川大学	知名	工程学
86	北京交通大学	知名	工程学
15	中国科学院大学	著名	环境科学与生态学
39	北京大学	知名	环境科学与生态学
45	清华大学	知名	环境科学与生态学
6	中国地质大学	著名	地球科学
13	北京大学	著名	地球科学

续表

排名	学校名称	档次	学科
19	中国科学院大学	著名	地球科学
14	中国科学院大学	著名	植物学与动物学
24	中国农业大学	著名	植物学与动物学
25	华中农业大学	著名	植物学与动物学

从世界一流大学学科竞争力的排名结果还可以看出，中国大学在学科建设上仍然表现较弱，每所大学或科研院所进入ESI学科排行的学科数量还是偏少，绝大多数的中国大学进入ESI排行的学科只有10个以内，而且能够进入学科前10名的大学不多，除了农业科学、计算机科学、材料科学、化学、工程学和地球科学6个学科有我国大学位居学科排名前10名的以外，其他学科几乎都没有进入前10名的大学。同时，总排名前10名的世界一流大学学科都很齐全，并且每个学科的影响力都很大，如哈佛大学有13个学科位于世界前10强，斯坦福大学有12个学科位于世界前10强，麻省理工学院有9个学科位于世界前10强等。这都在一定程度上说明中国的大学在一流学科上需加大建设力度。

（六）世界一流大学与一流学科建设的内在逻辑与发展之策

2017年9月21日，教育部发布"双一流"建设名单，其中一共有137所高校被列入名单中。与以往"985工程""211工程"建设不同的是，"双一流"建设采用了退出机制，目的是引导和支持具备一定实力的高水平大学和高水平学科瞄准世界一流，汇聚优质资源，培养一流人才，产出一流成果，加快走向世界一流。在资金分配上，"双一流"建设更多考虑办学质量特别是学科水平、办学特色等因素，重点向办学水平高、特色鲜明的学校倾斜，在公平竞争中体现扶优、扶强、扶特。学科建设水平和能力的提高已成为中国高等教育历史性变化的最重要的标志。突出学科建设的基础作用，高度契合"双一流"建设目标和指向，加强一流学科建设，也是世界高等教育办学的有益经验和基本理念。事实上，世界一流大学是以若干一流学科为支撑的，是以若干个学科的优势和特色为标志的。我国排名前10名的大学的学科都很齐全，并且每个学科的影响力都很大。这在一定程度上反映了我国建设"双一流"大学和学科的科学性和合理性，将一流大学与一流学科联系在一起统筹推进，是我国世界一流大学建设进程的深化。但是，当前我国高校学科建设交叉重复、低层次循环的现象还多有存在，迫切需要创新发展理念、加强资源整合、提升建设水平，适应我国高等教育由大众化阶段向普及化阶段发展的需要，适应国家发展对高等教育的要求。

第三节　中国大学及学科专业竞争力评价

为了贯彻执行科教兴国战略、创新驱动发展战略和"双一流"建设与高等教育强国发展战略，适应国家在各个领域和工作中普遍采用"第三方评价"和"管、办、评"分离的需要，实行"培养人才、创新研究、评价服务"相结合的原则，大力促进我国评价科学的发展，为各级政府部门、企事业单位的管理和决策的科学化、规范化提供定量依据和智力服务，中国科教评价研究院沿袭一年一评的传统，连续 17 次发布《中国大学及学科专业评价报告》。

一、评价目的与意义

开展大学评价是为了响应我国高等教育改革发展的号召。本次大学评价的目的是快速推进世界一流大学和一流学科建设，提高高等教育质量和水平，促进高校的准确定位与有序竞争，满足广大考生和家长对信息的需求，促进高教强国战略计划实施。本次评价的指导原则是"分类评价、智能服务"，即根据不同的层次、不同的类型、不同的地区、不同的学科及专业对高校进行分类评价，使评价信息满足多个社会群体的需求，同时运用各种信息技术实现评价信息资源的深度开发与智能服务，通过搭建网络信息服务平台提供面向社会的开放信息服务，实现高等教育评价信息资源社会价值的最大化。

二、评价指标

本次中国本科院校竞争力评价指标体系设一级指标 4 个，二级指标 13 个，三级指标约 30 个。一级指标包括办学能力、科教产出、质量与水平、学校影响力，二级指标包括教师队伍、教育经费、项目与平台等，三级指标包括杰出人才、研究生导师数、专任教师数等。一级指标和二级指标如表8-8所示。

表8-8   中国本科院校竞争力评价指标体系

一级指标	二级指标
办学能力	教师队伍
	教育经费
	项目与平台
科教产出	学生数量
	学生获奖
	科研成果（含RCCSE权威期刊论文）
	效率与效益
质量与水平	学生质量与水平
	教学质量与水平
	科研质量与水平
	学科质量与水平
学校影响力	学术影响力
	社会影响力

学科专业竞争力评价指标体系一级指标包括师资队伍、教学水平、科研水平、学科声誉，二级指标包括教师数、博导数、杰出人才等17个，三级指标包括杰出人才数、全国性学生竞赛获奖数、国家自然科学基金项目数等约30个。一级指标和二级指标如表8-9所示。

表8-9   学科专业竞争力评价指标体系

一级指标	二级指标
师资队伍	教师数
	博导数
	杰出人才
	教育专家
教学水平	博硕士学位点数
	人才基地
	教学成果
	人才培养

续表

一级指标	二级指标
科研水平	科研基地
	科研项目
	论文发表（含RCCSE权威期刊论文）
	发明专利
	论文被引
	科研获奖
学科声誉	国家一流学科
	ESI全球前1%学科
	上年度优势学科

三、评价对象

我们以教育部公布的《2019年全国高等学校名单》为依据，结合学校的实际招生情况，将具有普通高等教育招生资格的977所普通本科院校（包括42所一流大学，779所一般大学，156所民办本科院校）、261所独立学院、1429所高职高专院校作为此次大学评价的对象。我们按照教育部公布的《普通高等学校本科专业目录（2012年）》，对普通本科院校的专业、专业类和学科门类进行了评价。纳入普通本科院校学科专业评价的对象为12个学科门类、92个专业类、436个专业。

四、数据来源

在本次大学及学科专业评价中，收集的原始数据种类多、数量大。本次评价的原始数据主要来自以下五个方面：①政府有关部门的统计数据资料（包括汇编、年鉴、报表等）；②国内外有关数据库；③有关政府部门、高校的网站信息；④有关刊物、书籍、报纸、内部资料等；⑤研究团队在多年评价工作基础上建立的"基础数据库"。本次评价采集的所有数据为2019年整年的指标增量，其中院士数据采用累加数据。各种数据的统计范围和获取渠道如表8-10所示。

表8-10 各种统计指标和数据来源

项目	统计指标	数据来源
论文	SCI、SSCI、A&HCI论文数； CSSCI论文数； CSCD论文数； CNKI期刊论文数	Web of Science； 中文社会科学引文索引（CSSCI）数据库； 中国科学引文数据库（CSCD）； 中国知网
课题	国家社会科学基金类项目	全国哲学社会科学规划办公室网站
	国家自然科学基金类项目	国家自然科学基金委员会网站
	教育部的相关项目	中华人民共和国教育部网站
	文化和旅游部的相关项目	中华人民共和国文化和旅游部网站
专利	发明专利数	中华人民共和国国家知识产权局网站
奖励	国家自然科学奖、国家技术发明奖、国家科学技术进步奖、教育部高等学校科学研究优秀成果奖	中华人民共和国科学技术部网站；中华人民共和国教育部网站

五、评价方法

评价结果以三种形式给出：①百分制分数；②按分数从高到低排序；③层级标记。大学及学科专业的星级标记体系由5★+、5★、5★-、4★、3★、2★、1★组成，分别对应于大学或学科专业评价排名的前1%、1.1%—5%、6%—10%、11%—20%、21%—50%、51%—90%、91%—100%大学或学科专业。其中，4★及以上的大学或学科专业统计为优秀的大学或学科专业，5★+的大学或学科专业统计为顶尖的大学或学科专业。

六、评价结果

（1）2020年中国本科院校竞争力总排行榜

2020年中国本科院校科研竞争力评价结果排序前30强如表8-11所示。在2020年的本科教育评价结果中，北京大学超过清华大学，排名第一，其他院校变动幅度也较为平稳，吉林大学和中国科学技术大学从第11名和13名跃进前10。

（2）2020年中国大学分类型竞争力排行榜

2020年中国大学分类型竞争力评价结果排序如表8-12所示。在我们的评价对象中，将本科院校分为10种类型：综合类、理工类、师范类、医药类、文法类、财经类、艺术类、体育类、民族类和农林类。为便于大家更好地了解每所高校在

表8-11 2020年中国本科院校竞争力总排行榜

排名	院校名称	总分	地区内序		类型序		排名	院校名称	总分	地区内序		类型序	
1	北京大学	100.00	北京	1	综合	1	16	四川大学	94.57	四川	1	综合	9
2	清华大学	99.65	北京	2	理工	1	17	东南大学	94.57	江苏	2	理工	7
3	浙江大学	99.49	浙江	1	综合	2	18	北京师范大学	94.34	北京	5	师范	1
4	上海交通大学	98.59	上海	1	理工	2	19	同济大学	93.54	上海	3	理工	8
5	复旦大学	98.18	上海	2	综合	3	20	西安交通大学	92.63	陕西	1	理工	9
6	南京大学	97.88	江苏	1	综合	4	21	山东大学	92.54	山东	1	综合	10
7	武汉大学	96.40	湖北	1	综合	5	22	天津大学	92.48	天津	1	理工	10
8	中山大学	96.21	广东	1	综合	6	23	中南大学	92.16	湖南	2	理工	11
9	吉林大学	96.00	吉林	1	综合	7	24	厦门大学	91.92	福建	1	综合	11
10	中国科学技术大学	95.93	安徽	1	理工	3	25	华东师范大学	91.21	上海	4	师范	2
11	华中科技大学	95.77	湖北	2	理工	4	26	北京航空航天大学	91.03	北京	6	理工	12
12	中国人民大学	95.59	北京	3	文法	1	27	南开大学	91.01	天津	2	综合	12
13	中国科学院大学	94.80	北京	4	综合	8	28	大连理工大学	90.94	辽宁	1	理工	13
14	哈尔滨工业大学	94.68	黑龙江	1	理工	5	29	华南理工大学	90.92	广东	2	理工	14
15	国防科技大学	94.64	湖南	1	理工	6	30	北京理工大学	90.84	北京	7	理工	15

其所属类型中的水平和位置，我们秉承"分类评价、同类比较"的原则，分别对不同类型的高校进行了评价和排序，得到了 2020 年中国大学分类型竞争力排行榜，如表8-12 所示。

表8-12 2020年中国大学分类型竞争力排行榜

类型	第1名	第2名	第3名	第4名	第5名
财经	中央财经大学	上海财经大学	对外经济贸易大学	中南财经政法大学	西南财经大学
理工	清华大学	上海交通大学	中国科学技术大学	华中科技大学	哈尔滨工业大学
民族	中央民族大学	中南民族大学	西南民族大学	广西民族大学	云南民族大学
农林	中国农业大学	南京农业大学	华中农业大学	西北农林科技大学	华南农业大学
师范	北京师范大学	华东师范大学	南京师范大学	华中师范大学	东北师范大学

续表

类型	第1名	第2名	第3名	第4名	第5名
体育	北京体育大学	上海体育学院	武汉体育学院	成都体育学院	天津体育学院
文法	中国人民大学	中国政法大学	中国传媒大学	北京语言大学	上海外国语大学
医药	首都医科大学	北京协和医学院	南京医科大学	天津医科大学	南方医科大学
艺术	中央美术学院	中央音乐学院	中国美术学院	中国音乐学院	南京艺术学院
综合	北京大学	浙江大学	复旦大学	南京大学	武汉大学

七、结果分析

（一）我国高等教育规模迅速扩张，但质量提升相对缓慢

从近几年招生人数、论文数量等指标逐年递增的情况来看，我国高等教育在规模和数量上实现了迅速扩张，我国高等教育的发展力量在逐步壮大。但是，相较数量、规模的快速提升，论文被引等质量指标的变化相对缓慢。高等教育规模的迅速扩张为我国高等教育发展打下了良好的基础，但我国很多知名高校在国际上却鲜为人知，除了国内外政治、地域、语言等因素的影响外，还有很大一部分原因是我国高等教育在发展质量上与美国、英国等高等教育强国还有很大差距。"双一流"建设中期评价会的专家意见已明确指出我国本科教育的发展方向：以立德树人为根本，促进学科交叉融合发展，建立本科人才成长体系。这将会是今后很长一段时间我国高等教育质量提升的重要着力点。

（二）我国"双一流"建设成效初显，各校积极寻求自身发展方向

从评价工作采集的数据来看，近年来，无论是办学规模还是办学质量，我国大学的发展都很明显，整体实力提升较快。特别是随着建设进程的加快，整体来说，"双一流"大学的资源集聚能力已经显著增强，科研产出也有了显著增加，学术影响力进一步提升。相对来说，大多数其他学校的资源集聚能力则很难得到比较彻底的改善。因此，在"双一流"建设的大背景下，在看到高等教育整体实力明显提升的情况下，如何提高一般大学和民办院校的质量、水平和实力，仍然是一个值得探索的问题。为了实现更好的同型比较，我们将部属院校和地方院校单独做了排名，部属院校整体表现优于地方院校。部属院校中除了综合类大学外，还有很多带有专业特征标签的特色类院校，这类大学在争创世界一流大学的

征途中极具优势。地方院校要想在短时间内超越部属类院校，取得突破性进展，有一定的难度。地方院校寻求地方支持，加强与地方政府、企业的联系，提升自身服务社会经济发展的能力，更有利于其促进自身发展，打破固有格局。

（三）高校着力学科专业发展，凸显中国特色、地方一流

高校的发展归根结底是学科专业的发展。如何结合时代和社会发展机遇，整合资源，形成优势学科群，进而带动整个高校的发展，是当下每所高校必须思考的重点。为了响应教育部"双万计划"的号召，2020年我们新增了专业评价结果，公布4★及以上专业。其中，北京物资学院的采购管理、中国计量大学的标准化工程、扬州大学的烹饪与营养教育等专业排名第一，说明部分一般院校也能拥有自己的王牌特色专业。从2015年以来的评价结果看，沿海等经济发达地区的院校虽然最开始实力一般，但上升势头迅猛，不容小觑。例如，浙江地区的高校高考录取分数线明显高于同一层次的其他地方高校，其学生质量、本科教育和就业率等指标表现优异，已形成一个良性循环。随着高等教育改革的推进，多元化办学理念深入人心，如何对新兴的各类大学和发展迅猛的部分地方院校进行科学的评价，已成为评价工作一个新的关注点。另外，如何在评价中做到重过程、轻结果，在多样性和统一性中找到平衡点，探寻高校发展之路，也是我们评价工作者必修的课题。

第四节　中国学术期刊评价

学术期刊是发表科学研究成果的主要阵地，是传播科学知识信息的重要工具。期刊评价通过对学术期刊的发展规律和增长趋势的量化分析，揭示学科文献在期刊中的分布规律，为优化学术期刊的管理和使用提供重要参考，同时也可以为评价科研项目、成果、人才、机构等提供参考依据。在我国，学术期刊占期刊总数的70%左右，是整个期刊体系的主体，因此如何科学、合理、客观、公正地评价学术期刊的质量、水平及学术影响力，是广大作者、读者、期刊编辑部、图书馆与文献信息单位和出版管理部门十分关注的重要课题，也是摆在科研管理部门及期刊评价人员面前的一项非常重要和紧迫的任务。显然，期刊评价工作是评

价科学应用中的一个重要领域，下面主要以中国科学评价研究中心、武汉大学图书馆和中国科教评价网等共同完成的2017年中国学术期刊评价工作为例介绍其相关情况。

一、评价目的与意义

学术期刊是学科发展到一定阶段的必然产物。学术期刊作为学术成果的传播载体，是科学交流的重要平台，在科学发展与交流的过程中居于独特地位，发挥着其他形态的文明不可取代的作用。学术期刊蕴含的学术价值是一个社会的灵魂和旗帜，它在本质上是一种人文之光和科学之光，是推动经济、社会发展的重要力量。因此，开展学术期刊的评价工作，无论对于匡正学术风气、提升研究水准，还是促进科学研究的广泛交流，都有着不可或缺的重要作用。

具体来说，本次核心期刊评价的目的主要有三个：①为科学评价和管理提供依据，为科学领域其他各项评价提供基础和条件；②为期刊采购、优化馆藏和开展有效的信息服务提供必要的工具；③为广大读者和作者选择核心期刊重点阅读与投稿提供指南。

二、评价指标

（一）中文学术期刊的评价指标体系

为较为全面、准确、公正、客观地描述、评价和利用学术期刊，同时结合中文学术期刊的实际情况，本次中国学术期刊评价指标体系力求从期刊发文和被引用两个方面定量反映期刊的学术质量和影响力，结合相关专家的意见，选择了如下期刊评价指标：基金论文比、总被引频次、影响因子、Web即年下载率、即年指标、二次文献转载或收录（社会科学期刊被二次文献转载，自然科学期刊被国外重要数据库收录）。中文学术期刊综合评价指标体系由相应的评价指标及其权重系数组成。RCCSE（2017—2018年）的评价指标体系是在RCCSE（2015—2016年）的基础上，根据当下学术期刊出版传播的主流趋势及各大学科评审专家的意见和建议，做出适当调整而得出的（各指标权重数值仅保留两位小数）。最终构建的中文学术期刊综合影响力的评价指标体系如表8-13所示。

表8-13　中文学术期刊综合影响力的评价指标体系

评价指标	总被引频次	影响因子	即年指标	基金论文比	Web即年下载率	二次文献转载或收录	专家定性评审
指标权重1	0.15	0.35	0.10	0.10	0.10	0.15	0.05
指标权重2	0.15	0.35	0.05	0.10	0.10	0.20	0.05

注：指标权重1适合自然科学学科类期刊，指标权重2适合哲学、人文、社会科学学科类期刊

（二）高职高专成高院校学报的评价指标体系

本项评价工作在广泛调研高职高专成高院校管理和教育专家、一线学报编辑和主编的基础上，综合考虑数据的可获得性，最终确定了总被引频次、2年影响因子、总下载频次、Web即年下载率、二次文献转载（或国外重要数据库收录）和专家定性评价6个指标。2015年3月，RCCSE（2015—2016年）高职高专成高院校学报的首次独立评价结果公布后，高职高专成高院校学界和业界对此很是关注，在给出了诸多鼓励的同时，也给出了很多建议。在本次评价工作中，我们在深入调研的基础上，吸收了诸多专家的建议。本次高职高专成高院校学报的评价指标体系在RCCSE（2015—2016年）的基础上做了适度调整，具体如表8-14所示（权重部分保留2位小数）。其中，需要说明的是，考虑到高职高专成高院校学报自然科学类期刊的学科综合性和国外数据库收录收据的学科局限性，我们适当调低了高职高专成高院校学报自然科学类的国外重要数据库收录指标的权重；也是考虑到高职高专成高院校学报社会科学类期刊的学术性尚达不到众多二次文献转载文摘或数据库的标准，我们也适当调低了社会科学综合部分的二次文献转载指标的权重；而对于体现网络传播效率的Web即年下载率指标和体现对期刊内容"普通使用"的总下载频次指标的权重进一步提高。整体上来讲，本次指标体系的调整工作均是基于对高职高专成高院校学报事业发展水平和发展环境的现实考虑而做出的，因此本版评价指标体系更符合或接近高职高专成高院校学报的发展实际，如表8-14所示。

表8-14　高职高专成高院校学报综合影响力的评价指标体系

评价指标	总被引频次	影响因子	基金论文比	总下载频次	Web即年下载率	二次文献转载或国外重要数据库收录	专家定性评审
指标权重1	0.15	0.25	0.15	0.25	0.10	0.05	0.05
指标权重2	0.15	0.25	0.15	0.25	0.05	0.10	0.05

注：指标权重1适用于自然科学综合类学报，指标权重2适用于社会科学综合类学报

（三）中文 OA 学术期刊的评价指标体系

随着网络技术的飞速发展，开放存取（open access，OA）成为学术界传播学术信息的一种新方式。通过网络技术，任何人都可以免费获得各类文献，从而促进科学信息的广泛传播，推动学术信息的交流与出版，提升科学研究的共利用程度，保障科学信息的长期保存。OA 期刊是经由同行评审的电子期刊，以免费的方式提供给读者检索、阅读、下载和复制。其质量源于所收录的期刊实行同行评审（或者由编辑进行质量控制），故而对于学术研究内容有很高的参考价值。近十多年，OA 期刊在全球范围内被学界和业界人士广泛呼吁、践行。OA 学术期刊只通过在线网络方式传播，因此评价 OA 学术期刊的影响力，一方面需要重点考察其在学术信息传递过程中的使用情况；另一方面则需要考察其在网络环境下的直接传播情况，而且考察这两个大的方面也需要同时兼顾学术内容本身的质与量、内容传播效果的深与广。笔者在理论研究的基础上，通过多种渠道和方式对 OA 办刊专家、新闻传播学学者以及其他业界和学界的专业人士进行深度调研后，总结确定本次中文 OA 学术期刊的综合影响力评价仍然采用定量评价和定性评议相结合的方式进行，其中定量评价部分采用"多指标"的综合评价法，定性评议部分采用专家打分法。作为中文 OA 学术期刊的首次评价研究，项目组确定了本次试行的定量评价指标，包括发文量、基金论文比、总被引频次、影响因子、总下载频次 5 个定量评价指标，经过专家打分和层次分析法确定了各指标的权重，如表 8-15 所示。需要说明的是，虽然发文量是一个数量指标，在非 OA 学术期刊的评价中，不太推荐使用该指标，但是就当前的学术成果发表环境来看，学术成果的认定机构对于在 OA 学术期刊上发表的成果还存在一定偏见，特别是对于中文 OA 学术期刊，学术成果认定环境还不成熟。可见，目前学者在 OA 学术期刊上发表学术成果实际上存在一定的后期风险。因此，当前与中文非 OA 学术期刊争夺优质稿源对中文 OA 学术期刊是一个不小的考验，将"发文量"作为当前中文 OA 学术期刊评价的一项指标应该是科学合理的，但也是为了避免少数期刊的无节制发文行为，故将此项评价指标权重适当降低，如表 8-15 所示。

表8-15　中文 OA 学术期刊综合影响力的评价指标体系

评价指标	发文量	基金论文比	总下载频次	总被引频次	影响因子	专家定性评审
指标权重	0.10	0.15	0.20	0.20	0.25	0.10

三、评价对象

本次评价工作继续加大对学术期刊的筛选力度，除了刊载一次文献的纯学术性期刊外，继续把公开出版发行一次文献的半学术性期刊保留在评价对象中，严格排除了内部交流性的学术期刊和以书号代替刊号出版的学术"期刊"（暂且定为期刊，但不是真正意义上公开出版的期刊）。在选择刊载一次文献的半学术性期刊时，仍依据"其刊载学术论文的数量是否超过了该刊刊载论文总数的50%（以最新一年论文的统计数据计算）"这一标准。对于中文学术期刊评价对象，本次按照新闻出版广电总局的学术期刊评定要求，在《中国学术期刊评价报告（武大版）（2015—2016）》6201种中文学术期刊评价对象的基础上严格剔除了91种本版不适合评价的期刊（主要包括变更外文刊、停刊、变更为非学术期刊等），并加入了83种新刊（主要是2012—2013年新办且能连续出版3年的中文学术期刊），最终确定6193种中文学术期刊作为《中国学术期刊评价研究报告（2017—2018）》中我国中文学术期刊的评价对象。

四、数据来源

对于中文学术期刊评价和高职高专成高院校学报的评价工作，采用的评价指标如基金论文比、总被引频次、影响因子、Web即年下载率、即年指标、总下载频次这6项评价指标的数据主要来自《中国学术期刊综合引证报告》（2014年、2015年）和《中国期刊引证报告（扩刊版）》（2014年、2015年）。社会科学期刊的二次文献（《新华文摘》《中国社会科学文摘》《人大报刊复印资料》）转载率及被SSCI&AHCI数据库收录的论文数据时段统一设置为2014—2015年。自然科学期刊被国外重要数据库收录的时间截止到2015年12月31日。值得注意的是，对同一数据库中同一指标的两年数据两两求和、求平均，如果每两两数据中有一个指标值为0，此时不再需要求和、计算平均值，而是直接取另一个不为0的数据作为结果；如果某期刊只有一年数据，就直接取该年数据作为最后的指标数据。其后，再将两个数据库分别对应的期刊数据与最后确定的评价来源期刊比对，确定评价来源期刊中每一种期刊的评价指标数据。对于中文OA学术期刊的评价工作，采用的评价指标如发文量、基金论文比、总下载频次、总被引频次和影响因子的数据均通过刊物OA网站和谷歌学术网站检索后统计得出。本次所有数据的统计时间段为2014—2015年。所有指标数据收集、核查后均采用单个指标内归一化处理。

五、评价方法

在分一级学科的学术期刊评价中，按照集中与离散分布规律，我们按各期刊的综合评价得分排序，并依次分为6或5个等级：在评价结果中，学术期刊总评价按照学科领域分A+、A、A−、B+、B、C级6个等级排序，在数量分布上，A+（权威期刊）取前5%，A（核心期刊）取前6%—20%，A−（核心期刊）取前21%—30%，B+取前31%—60%，B取前61%—90%，C取前91%—100%。高职高专成高院校学报按照自然科学综合和社会科学综合两个综合分类，各类下的期刊等级分为A、A−、B+、B、C 5个等级，在数量分布上按照A取前5%，A−取前6%—30%，B+取前31%—60%，B取前61%—90%，C取前91%—100%。中文OA学术期刊分为OA01理学综合、OA02农林水产综合、OA03医学综合、OA04工学综合和OA05社会科学综合五大类，各类下的期刊等级分为A、A−、B+、B、C 5个等级，在数量分布上按照A取前20%，A−取前21%—30%，B+取前31%—60%，B取前61%—90%，C取前91%—100%。这三种评价体系中的数量划分均呈现中间大、两头小的正态分布，也与文献计量学的期刊文献的载文规律和引用规律相吻合。

六、评价结果

本次评价得出了65个学科的中文学术期刊排行榜、2个高职高专成高院校学报排行榜和5个中文OA学术期刊排行榜，覆盖面广、信息量大，因此下面仅列出一小部分结果作为示例。

（一）中文学术期刊排行榜

中文学术期刊排行榜，如表8-16—表8-18所示。

表8-16　110数学（共30种）

排名	期刊名称	等级	排名	期刊名称	等级	排名	期刊名称	等级
1	《计算数学》	A+	7	《高校应用数学学报（A辑）》	A−	13	《运筹学学报》	B+
2	《数学学报（中文版）》	A+	8	《应用数学学报》	A−	14	《纯粹数学与应用数学》	B+
3	《数学的实践与认识》	A	9	《工程数学学报》	A−	15	《数学杂志》	B+
4	《数学物理学报》	A	10	《数学通报》	B+	16	《数学进展》	B+
5	《中国科学（数学）》	A	11	《应用数学和力学》	B+	17	《应用数学与计算数学学报》	B+
6	《模糊系统与数学》	A	12	《应用概率统计》	B+	18	《应用数学》	B+

B（共9个）：《应用泛函分析学报》《大学数学》《数学季刊（英文版）》《数学理论与应用》《高等数学研究》《高等学校计算数学学报》《数学年刊A辑（中文版）》《数学研究》《数学通讯》

注：表中展示的只是部分数据，标题中括注的是总数量，下同

表8-17　120信息科学与系统科学（共11种）

排名	期刊名称	等级	排名	期刊名称	等级	排名	期刊名称	等级
1	《系统工程理论与实践》	A+	4	《中国科学（信息科学）》	A	6	《系统工程学报》	A
2	《系统工程》	A−	5	《复杂系统与复杂性科学》	B+	7	《系统管理学报》	B+
3	《系统科学与数学》	B+						

B（共3个）：《科研信息化技术与应用》《保密科学技术》《中国信息安全》

表8-18　130力学（共16种）

排名	期刊名称	等级	排名	期刊名称	等级	排名	期刊名称	等级
1	《摩擦学学报》	A+	5	《计算力学学报》	A−	9	《水动力学研究与进展A辑》	B+
2	《力学进展》	A	6	《振动工程学报》	A−	10	《应用力学学报》	B+
3	《振动与冲击》	A	7	《振动、测试与诊断》	B+	11	《实验流体力学》	B+
4	《力学学报》	A	8	《固体力学学报》	B+			

B（共3个）：《实验力学》《噪声与振动控制》《力学与实践》

（二）高职高专成高院校学报排行榜

高职高专成高院校学报排行榜，如表8-19所示。

表8-19　GZ01自然科学综合（高职高专成高院校学报类）（共60种）

排名	期刊名称	等级	排名	期刊名称	等级	排名	期刊名称	等级
1	《现代中药研究与实践》	A	13	《河南医学高等专科学校学报》	A-	25	《信阳农林学院学报》	B+
2	《继续医学教育》	A	14	《安徽电子信息职业技术学院学报》	A-	26	《浙江纺织服装职业技术学院学报》	B+
3	《山东农业工程学院学报》	A	15	《四川旅游学院学报》	A-	27	《北京教育学院学报（自然科学版）》	B+
4	《中国环境管理干部学院学报》	A-	16	《山东医学高等专科学校学报》	A-	28	《承德石油高等专科学校学报》	B+
5	《河南教育学院学报（自然科学版）》	A-	17	《山西职工医学院学报》	A-	29	《菏泽医学专科学校学报》	B+
6	《安徽卫生职业技术学院学报》	A-	18	《江汉石油职工大学学报》	A-	30	《成都纺织高等专科学校学报》	B+
7	《北京农业职业学院学报》	A-	19	《金华职业技术学院学报》	B+	31	《柳州职业技术学院学报》	B+
8	《建材技术与应用》	A-	20	《桂林航天工业学院学报》	B+	32	《辽宁省交通高等专科学校学报》	B+
9	《北京工业职业技术学院学报》	A-	21	《湖南生态科学学报》	B+	33	《广东交通职业技术学院学报》	B+
10	《昆明冶金高等专科学校学报》	A-	22	《浙江交通职业技术学院学报》	B+	34	《江苏工程职业技术学院学报》	B+
11	《武汉工程职业技术学院学报》	A-	23	《苏州市职业大学学报》	B+	35	《成都航空职业技术学院学报》	B+
12	《廊坊师范学院学报（自然科学版）》	A-	24	《西安航空学院学报》	B+			

B（共19个）：《长江工程职业技术学院学报》《黄河水利职业技术学院学报》《宁德师范学院学报（自然科学版）》《郑州牧业工程高等专科学校学报》《辽宁农业职业技术学院学报》《浙江水利水电学院学报》《兰州石化职业技术学院学报》《南京工业职业技术学院学报》《武汉船舶职业技术学院学报》《南通航运职业技术学院学报》《扬州职业大学学报》《重庆电力高等专科学校学报》《江西电力职业技术学院学报》《黔南民族医专报》《河北工程技术高等专科学校学报》《广州航海学院学报》《安徽冶金科技职业学院学报》《安徽电气工程职业技术学院学报》《石家庄铁路职业技术学院学报》

（三）中文OA学术期刊排行榜

中文OA学术期刊排行榜，如表8-20—表8-22所示。

表8-20 OA01理学综合类（共27种）

排名	期刊名称	等级	排名	期刊名称	等级	排名	期刊名称	等级
1	《现代物理》	A	7	《应用物理》	A−	13	《生理学研究》	B+
2	《物理化学进展》	A	8	《统计学与应用》	A−	14	《运筹与模糊学》	B+
3	《理论数学》	A	9	《计算生物学》	B+	15	《地理科学研究》	B+
4	《应用数学进展》	A	10	《微生物前沿》	B+	16	《合成化学研究》	B+
5	《地球科学前沿》	A	11	《自然科学》	B+			
6	《生物过程》	A−	12	《凝聚态物理学进展》	B+			

B（共8个）：《渗流力学进展》《力学研究》《生物物理学》《天文与天体物理》《分析化学进展》《有机化学研究》《流体动力学》《土壤科学》

表8-21 OA02农林水产综合类（共5种）

排名	期刊名称	等级	排名	期刊名称	等级	排名	期刊名称	等级
1	《植物学研究》	A	2	《农业科学》	A−	3	《林业世界》	B+

B（共1个）：《海洋科学前沿》

表8-22 OA03医学综合类（共23种）

排名	期刊名称	等级	排名	期刊名称	等级	排名	期刊名称	等级
1	《护理学》	A	6	《医学诊断》	A−	11	《国际神经精神科学杂志》	B+
2	《临床医学进展》	A	7	《亚洲兽医病例研究》	A−	12	《免疫学研究》	B+
3	《亚洲心脑血管病例研究》	A	8	《生物医学》	B+	13	《世界肿瘤研究》	B+
4	《亚洲儿科病例研究》	A	9	《眼科学》	B+	14	《药物资讯》	B+
5	《中医学》	A	10	《亚洲妇产科病例研究》	B+			

B（共6个）：《外科》《亚洲肿瘤科病例研究》《亚洲耳鼻咽喉科病例研究》《亚洲外科手术病例研究》《亚洲急诊医学病例研究》《医学美容》